U0901705

演讲与口才教程

李燕杰　刘　吉◎主审　　颜永平　杨　赛◎主编

编　委

颜永平　中国演讲与口才协会

杨　赛　上海音乐学院

张爱凤　广州大学

徐少华　安徽财经大学

杨学明　广西民族大学

李　军　中国海洋大学

周光凡　中国浦东干部学院

王　琪　电子科技大学

李　霞　云南国土资源职业学院

王晨琛　中国人民大学

华东师范大学出版社

·上海·

图书在版编目(CIP)数据

演讲与口才教程/颜永平，杨赛主编. —上海：华东师范大学出版社，2011.12
ISBN 978-7-5617-9204-9

Ⅰ.演... Ⅱ.①颜...②杨... Ⅲ.①演讲学—高等学校—教材②口才学—高等学校—教材 Ⅳ.H019

中国版本图书馆 CIP 数据核字(2011)第 279691 号

中国演讲与口才协会推荐教材
演讲与口才教程

主　　编　颜永平　杨　赛
责任编辑　范耀华
审读编辑　朱妙津
责任校对　王丽平
装帧设计　卢晓红

出版发行　华东师范大学出版社
社　　址　上海市中山北路 3663 号　邮编 200062
网　　址　www.ecnupress.com.cn
电　　话　021-60821666　行政传真 021-62572105
客服电话　021-62865537　门市(邮购)电话 021-62869887
地　　址　上海市中山北路 3663 号华东师范大学校内先锋路口
网　　店　http://hdsdcbs.tmall.com

印 刷 者　杭州日报报业集团盛元印务有限公司
开　　本　787 毫米×1092 毫米　1/16
印　　张　18.25
字　　数　365 千字
版　　次　2012 年 3 月第一版
印　　次　2022 年 12 月第二十三次
书　　号　ISBN 978-7-5617-9204-9/G·5503
定　　价　40.00 元

出 版 人　王　焰

(如发现本版图书有印订质量问题，请寄回本社客服中心调换或电话 021-62865537 联系)

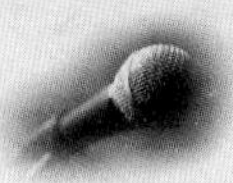

序一

李燕杰

今天，我十分高兴，永平到我家中，让我为《演讲与口才教程》写序。迄今为止，我已经为年轻人写过近400篇序，其中关于演讲学的就有19种，这本书的序，是我写的关于演讲学、演讲艺术、演讲美学、演讲集之类的书的第20本。我仔细看了《演讲与口才教程》的大纲和相关章节，觉得这是一本实用性、科学性、创新性很强的演讲与口才的教科书；是一本充满中国式演讲智慧，饱含了中国演讲经验的书；是一本代表了中国演讲界当下水平与国际水平接轨的书；是一本值得向广大演讲家及喜欢演讲的朋友推介的好书。

自从1949年2月在北京大学红楼沙滩民主广场听了郭沫若同志和陶铸同志的演讲，我就爱上了演讲，爱上了像郭沫若同志、陶铸同志所作的那样既有学问，又有智慧的演讲。后来，我在读大学时，当班长、学生会主席、团支部书记，还当过大学生民兵团政委……我从不大会演讲，到被中央和国务院派到北美、欧洲、亚洲的华盛顿、纽约、温哥华、渥太华、多伦多、伦敦、罗马、巴黎、东京、大阪等地的著名大学作巡回演讲。我发现人们都很喜欢听演讲，特别是喜欢听我的中国式的学者型的演讲。他们告诉我，中国是一个伟大的智慧之邦，也是一个善于演讲的国度，甚至还提到人类演讲史，特别是中国的演讲史，一定起源于伏羲氏，因为他教人们织网打鱼，告诉人们婚嫁之礼，这些难道不是通过演讲传播的么？一位德国朋友说，伏羲氏，一定是中华民族演讲第一人。一位法国朋友讲，遗憾的是那时没有文字记载，后来的盘庚为了迁都进行演讲，是有文字记载的，有人讲盘庚是中国有文字记载的演讲家第一人，但那也是3000年前的事了。我听了十分高兴。

最近，接待意大利的一位哲学家，他被人们誉为新时期的小马可·波罗，他在和我谈国学时，也谈到人们在沟通思想传播学问时，一方面用笔写，一方面要用嘴巴讲。我和他聊了几次之后，他对我讲的中国传统文化史中的演讲史非常感兴趣。他很赞成我讲的，眼睛是心灵的窗口，嘴巴是智慧的大门。我告诉他在2500年前，中国出现的老子、孔子、庄子、孟子等全是演讲家，当然也是学者型的演讲家。后来，他们因为善于讲学、传道，加之人品的高洁，被后人尊为圣人、圣哲、圣贤。这给我的启示是从事演讲的人，应当向这些圣哲学习，取法乎上，仅得其中，取法乎中，仅得

其下。所以我一再强调，学演讲之初，就要魂、道、器、术相结合，不仅要学形而下的器与术，而且要学形而上之魂与道。作为中国人，演讲家一定要了解中国传统文化，要以文化人，以文化德，以文化美。

“文革”后，1977 年，我率先走出象牙之塔，奔向十字街头，走上社会大讲堂演讲，到目前为止已到过海内外 700 多个城市，演讲 5000 余场。如果把我在 60 年中的讲学、讲课都算是演讲，那么，我大约早已超过了万场。在演讲实践中，我一直主张："口能言之，身能行之，国宝也；口不能言，身能行，国器也；口能言，身不能行，国用也；口言善，身行恶，国妖也；治国者，重其宝，爱其器，重其用，除其妖。"

一个人品不好的人是不配演讲的，评论某某人是否是演讲家，如果其人品德不好，就要一票否决。初学演讲的人，也要懂得，一个人身体不健康，可能成为废品，学问不好，可能成为次品，思想道德不好，一定是危险品。

为此，我建议初学演讲的人，要不断增长德、识、才、学，心中要修、齐、治、平，在与同学们、同志们切磋中要逐渐达到习、熏、悟、化，成为一个德识、才学兼备的人，如此才能达到至真至善至美。以上几点，曲啸、刘吉、彭清一、朱伯儒、张海迪、郭海燕、蔡朝东、颜永平等同志做到了，还有我那上百名弟子，也基本上做到了。中国演讲界已涌现出共和国四大演讲家、十大演讲家、百名卓越的演讲家，这些人不为名不为利，一心只为铸魂育才系统工程添砖加瓦，他们绝不是那种既没学问，又无品德，光耍嘴皮子的人。

当然，好的演讲一定要从形式到内容全面关注，正如《文心雕龙》所要求的，不仅提到“一人之辩重于九鼎之宝，三寸之舌强于百万之师”，还要“观位体，观置辞，观通变。观奇正，观事义，观宫商”。一次出色的演讲从主题、题材到情节、结构，乃至语调都要非常重视。这就要求我们必须静下心来，花点时间和精力来学习演讲的知识，了解演讲的艺术，运用演讲的技巧，从而不断提升自己的表达能力。

今天，我一高兴，写了这些想法，作为一个 81 岁的老人，或称之为老“80 后”，送给演讲界的一份礼物，供大家分享。最后，我想说，颜永平和杨赛两位老师共同主编的《演讲与口才教程》，既有思想的深度，又有实践的广度；既有理论的高度，又有知识的宽度；既有艺术的角度，又有信息的密度。参加编写的 10 位作者都是各高校演讲课程的主讲老师，而且他们都在全国演讲比赛中获过大奖，可以说这是理论与实践相结合、讲授与训练相结合、演练与点评相结合、教学与示范相结合、案例与实用相结合的一本很有特色的学习演讲与口才的好教材。

读者朋友们，让我们在聆听中央的智慧、体察学者的感悟、感受弱势群体之疾苦时，经常想人民之所思，思人民之所需。我们要在演讲中，一心一意开拓科学发展之路，一言一行成就文明和谐之道，一心一意促进民族复兴之业，一点一滴弘扬民族精神之风。愿与作者、读者共同勉励。是为序。

2011年10月11日晚12时

于智慧书苑

李燕杰简介

李燕杰，(1930—2017)，我国第一位德育教授、著名演讲教育艺术家，社会活动家，第五届中共北京市委委员，第六、第七届全国政协委员，有突出贡献的专家，北京市劳动模范，首都师范大学离休干部。

序二

刘 吉

伟大的时代呼唤演讲家。十三亿中国人民凭借自己的勤劳与智慧，经过艰苦卓绝的努力，经济与文化实力显著提高，社会主义事业取得了举世瞩目的成就。中华民族正走在伟大复兴的征程中。然而，由于发展的不平衡，利益的多元化，也产生了不少的问题。由于年龄、经历、文化、社会地位乃至利益的差异，人们对这些问题产生了不同的看法，迫切需要演讲家们去进行有效的沟通，以达成共识，凝聚人心。

1962 年，我从清华大学工程物理系毕业时，被抽调留校当政治辅导员。此后，我又调到原子能工业部，从事原子能的研究和管理；1979 年，我调到无锡市委工作，1981 年任无锡协新毛纺厂党委书记。1985 年，我奉军委的命令参军，参加了南太平洋同步卫星发射任务。从 1986 年到 1989 年，我先后担任中国科学技术大学党委副书记、代书记，国防科技大学书记。以后又调到国家体委，担任亚运会中国代表团的党委书记，国家体委副主任。1998 年，我又调到国务院稽查总署，任特派员。我先后担任过 13 个不同的职务，有幸了解中国改革开放的方方面面和基本发展过程，对改革开放全过程有深刻的了解和参与。我还有幸考察了几十个国家，对国外的历史、现状与发展也有些粗浅的见识。这样，看中国国内的问题也就更清楚了。

从参加工作起，40 年来，我用各种身份在各种场合发表了很多演讲，涉及的话题很广，也很深入，听众包括工人、学生、战士、记者、运动员、企业家和各级干部。他们听后都会以各种形式向我提出一些问题，我集中回答的问题就有近万个。我出版过《时代的思考》、《对话的艺术》、《警世语论》、《话不在多》、《刘吉答大学生 700 问》等 5 本对话的书，书中收集了我比较深刻的一些问答。中央电视台专题播放了我的“答青年问”，在社会上引起了很大反响。我觉得，与听众进行对话与沟通是令人愉快的，也是很必要的。我们的听众真的很需要那些讲真话、诉真情、谈真理，与群众心灵相通的演讲。我就是抱着这样的态度与听众进行交流的。

随着中国经济的发展，国际化趋势日益明显，跨文化交往日益增多。当代中国的演讲家，肩负着双重使命。第一，新时代的演讲家是要向世界说明中国。中华民族伟大复兴的事业是世界和平与发展的重要组成部分，新时代的演讲家应该与不同文化背景的人们，以他们能够接受的方

式进行有效沟通。第二，新时代的演讲家要向中国说明世界。中国的进一步发展、更深入的改革开放，需要从全球化的角度来审视，用国际化的视野来思考，既要贴近中国的实际，又要符合国际的潮流。中国当前发展过程中产生的某些问题，有些是必然的，有些是偶然的，有些是阶段性的，有些是长期的，有些在世界其他国家的发展中也曾经出现过。当代演讲家，更应该是思想家，是公关专家，是社会的缓冲剂，在政府、社会、公民中做沟通与协调工作，尽量减少快速发展过程中的摩擦。我们的社会，需要大量这样的演讲家。中国的发展，需要每一个杰出的青年都成为一名演讲家。

《演讲与口才教程》，就是为我们的社会培养这样的演讲家而编写的，这个出发点我就很赞成。我相信，随着越来越多的青年人热爱演讲艺术、参与演讲，我们整个国家的演讲水平一定会大大提高，演讲会在社会发展中起到更重要的作用。

劉吉
2011.12.

刘吉简介

刘吉 1937 年生，吉林洮南人，从事过原子能研究与管理，担任过大企业厂长和党委书记、地方政府官员、部队高级军官。在清华大学、国防科技大学、中国科学技术大学担任过领导工作，原国家体委副主任，国务院第一批稽察特派员，现任中国经济发展研究中心主任，建设创新型国家战略推进委员会副主席，中国演讲与口才协会会长，国家行政学院、清华大学以及广东省委党校等院校的兼职教授。

长期从事管理工作实践和理论研究，先后出版《走出困惑》、《刘吉教育艺术文集》、《中国商道》、《碰撞三十年》、《坦言三十年》、《科学发展观理论与实践》等著作，并为各界作报告两千余场。刘吉被誉为“著名的思想教育艺术家、演讲家和理论家”。

前 言

正在崛起的中国呼唤一大批演讲家。不断崛起的中国必然出现一大批杰出的演讲家。

经受了三十多年改革开放洗礼的中国,正以全新的姿态屹立在世界人民面前。中国与世界的经济联系日益紧密,中国文化、中国社会、中国经验成为世界普遍关注的对象。然而,除了我们自己,没有人能清楚地说明中国五千年的灿烂文化;除了我们自己,没有人能深切体会中华民族与生俱来的密切联系;除了我们自己,没有人能理解中国人民对土地、对居所、对信仰的态度。中国人民在广袤的土地上创造的文化、进行的建设、从事的实践是世界文明最重要的组成部分之一。中国经验的累积,从上古到中古到近古到当代,从未间断。中国经验,就像黄河、长江及其众多支流一样,深深地渗透到每一片乡土,每一个村落。中国有五千年的书写史,也有五千年的演说史。中国新一轮发展,急切需要各种身份、各种层次,热爱中国文化、热爱中国乡土的演讲家,在世界各国人民面前介绍中国。我们相信,亿万中国人的声音交织在一起,就能成为世界的洪音,让世界听到中国的声音,理解中国,支持中国,向往中国,一起分享中国的价值、智慧与成果。

新时代的演讲者,要做跨文化沟通的使者。世界在走进中国,中国也在走进世界。向世界说明中国,不仅仅是政府的责任、媒体的责任,也是每一个中国人的责任,特别是每一位中国演讲者的责任。每一位中国演讲者,都要不断提高自己的演讲水平,以对方能接受的方式将中国经验介绍给世界。

跨文化沟通,不仅限于中国与世界的对话与交流。中国的国情异常复杂,地区经济社会情况各不相同,民风民俗更是千差万别,国内就存在跨文化的问题。比如,城乡发展不平衡,怎样实现都市文化与乡土文化的对接?中国的城市化进程迅猛推进,怎样让8亿农民实现华丽转身,既保留深厚的人文传统,又享受现代都市新生活?发展速度总会有快有慢,利益分配总会有少有多,民众心理总会有喜有忧,权力掌控总有发生更替,这些矛盾如果不及时疏导,就会影响国家稳定,损害民族团结,阻碍民族复兴的进程。我们每一位新时代的演讲者,都是民族和谐的桥梁,各阶层利益的协调人,社会情绪调节的润滑剂。演讲者不仅是巧舌如簧的辩者,更是明辨是非的智者,胸怀天下苍生的仁者。这是新时代对演讲者提出的新要求。

我们处在高度发达的信息时代,全球化浪潮波涛汹涌。每一位演讲者都面临着巨大的挑战。互联网已经深入到社会生活的各个领域。互联网使人们的舌头延长了,地球的半径缩短了。一

方面，它将人们紧紧捆绑在信息的终端，我们可以随时、随地、随意地发布和接收的信息。另一方面，它又将我们割裂在个人生活的小空间里，甚至淹没在信息的海洋中，真假莫辨，是非不分。它把世界变得很小，哪怕用很小的声音说话，遥远的角落也可以听见；又把世界变得很大，再遥远的事情，也能在很短的时间内被爆料。信息时代的演讲者必须有很强的信息处理能力，必须尽量掌握多方面的信息，掌握准确的信息，发布独家的信息，还要将信息提炼成思想。信息时代的演讲者，更应该是一个思想者，用深刻的思想来打动听众。

新时代呼唤着千万个演讲家。演讲家应肩负起时代赋予的使命。演讲不应该成为一些人的专门职业，而应该成为每一位当代中国青年的基本素质。每一位社会的卓越人物都应该具备较高的演讲水平。

抱着这样的宗旨，中国演讲与口才协会联盟的同仁们合作编纂了这本教材。本书由李燕杰老师、刘吉老师担任主审，由颜永平、杨赛设计全书的章节结构，撰写前言、后记，并统稿。全书共分五个部分：第一部分为演讲与人生，包括演讲的古往今来、我的演讲、我的听众等三章；第二部分为演讲的准备，包括话题、演讲的材料、演练等三章；第三部分为演讲的效果，包括演讲的语言、演讲的态势语、演讲的氛围等三章；第四部分为演讲的过程，包括开场白、中场调节、结尾等三章；第五部分为演讲的类别，包括说服型演讲、沟通型演讲、即兴演讲、辩论演讲等四章。各章由导语和案例导入，下设若干节。各节下设若干主题，节尾附有演讲实践练习。颜永平撰写第一章、第十六章，徐少华撰写第二章、第十四章，王晨琛撰写第三章，杨学明撰写第四章、第五章，李霞撰写第六章、第十五章，张爱凤撰写第七章、第十章，王琪撰写第八章，李军撰写第九章，杨赛撰写第十一章、第十二章，周光凡撰写第十三章。

编者

2011 年 11 月 20 日

目　录

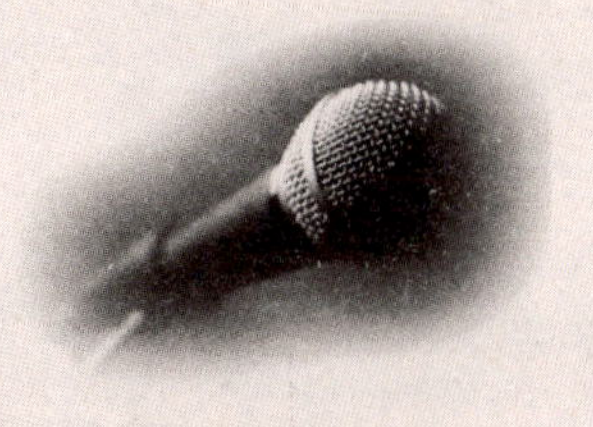

第一部分

演讲与人生

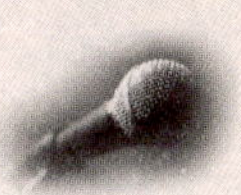

第一章　走近演讲

【导语】

演讲是一种源远流长的社会现象和重要的社会实践活动，是“讲”与“演”密切结合的口语表达的最高形式，是以广大听众为对象，以发表主观思想感情为内容，以说服人、感染人、培养人、改变人的思想和行为为目的的说话形式；是人类交流思想、阐述观点、传播信息的重要手段。演讲作为一种社会口头文化现象，是人类社会交际需要和政治文化发展的精神产物，并推动着社会政治、文化生活的发展。

在新的世纪里，演讲这个古老而又年轻的艺术正展示出她无穷的魅力。茫茫世界，高山之巅，大海之上，高雅之堂，法庭之中，谈判桌前，大厦厅里，会场上下，校园内外，无不激荡着演讲者的洪钟之声。这些都充分说明：演讲与时代进步、社会和谐、政治民主、经济发展息息相关，演讲艺术在我们的工作、学习、生活中占有十分重要的地位；演讲事业正在我们的地球村如火如荼、方兴未艾地发展、壮大和走向辉煌！

【案例】

我国著名演讲艺术家李燕杰教授，从 20 世纪 70 年代起至今，在地球村已经走了 700 多个城市，在海内外演讲 5000 余场，讲了 280 多个专题。他被称为青年的“良师益友”、“点燃心灵之火的人”，被联合国和平基金会称为“世界上最可爱的人”。

演讲是历史的宠儿，演讲是时代的呼唤，演讲是社会的强音，演讲是成功的桥梁！演讲是人格的展现，演讲是传播的工具，演讲是科学的武器，演讲是综合的艺术！演讲是心灵的共鸣，演讲是情感的奔放，演讲是思想的闪光，演讲是真理的呐喊！演讲是沟通的手段，演讲是知识的迸发，演讲是智慧的象征，演讲是口才的升华！

第一节　什么是演讲

我们正处在一个伟大的时代，这是改革开放的时代，是市场经济和知识经济竞争日益激烈的时代，是科学技术和文学艺术不断繁荣发达的时代。通讯工具、广播、电视、互联网的广为普及，现代传声技术的迅速发展，使人们的舌头延长了，地球的半径缩短了。不论天上、地下，还是水面、海底，乃至月球、宇宙，凡是人能到达的地方，都能做到直接通话。过去许多靠文字传递的信息，今天都能用声音来代替了。这就要求人们必须准确、简洁、具体、生动、形象、清楚地用语言表达出自己的思想和感情。任何前言不搭后语、吞吞吐吐、含含糊糊、结结巴巴、啰里啰嗦，半天也说不清、道不明的讲话，无疑都是在浪费别人的宝贵时间，影响工作效率。因此，我们每一个人只有尽快地提高自己的演讲水平和口语表达能力，才能适应时代和社会发展的要求。要提高演讲水平和口才，首先就必须对演讲与口才的重要性、演讲的历史和作用有一个全面的了解。

一、演讲与口才的界定

随着演讲活动的蓬勃开展和日益普及，喜爱并研究演讲的人越来越多。人们都知道演讲是工具，是武器，演讲是一门艺术，更是一门科学。但对演讲的定义却众说纷纭，演讲学术界的研究者和专家，根据自身对演讲的认识和理解，对演讲下着不同的定义。从 20 世纪 30 年代到近年的不少演讲著作，都给演讲下着这样或那样的定义。那么究竟什么是演讲，演讲的定义到底是什么？

比较通用和公认的定义是：演讲就是说话者在特定的时境中，借助有声语言（为主）和态势语言（为辅）的艺术手段，针对社会的现实和未来，面对广大听众发表意见、抒发情感，从而达到感召听众并促使其行动的一种现实的信息交流活动。

从以上定义的阐述中，我们可以清楚地看到，演讲是一种最直接、最灵活、最经济和极有效的口语表达形式和宣传教育艺术，它有着与一般口头语言和书面文章不同的特点和作用。

特定的时境，一般指的是演讲者和听众同处的时间与环境。特定的时境是演讲的重要基础之一，是演讲活动不可缺少的物质要素。同时，特定的时境又对演讲这一口语表达活动起着突出的制约作用，随着特定时境的转移与变化，演讲的内容、语言和表情动作等，都要做相应的调整与变化，只有这样，才能适应特定时境这一物质要素转移与变化的需要，才能取得演讲的最佳效果。

有声语言是演讲活动的最主要的物质表达手段，它以流动的方式，运载着演讲者经过组织的思想与感情，传入听众的听觉器官，从而产生很强的说服力、吸引力与感召力。好的有声语言，具有准确清晰、清亮圆润、富于变化、有力耐久的特征。它能在流动的过程中产生一种美感，勃发一

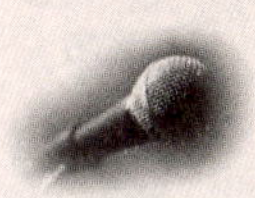

种情趣，形成“余音绕梁，三日不绝”之佳境；它能以起伏自如、轻重有致、自然和谐、音义兼美的艺术魅力，使广大听众受到思想上的感染，得到精神上的熏陶和艺术上的享受。

态势语言又称形体语言或无声语言，它是指能在一定程度上表达思想感情的眼神、面部表情、手势动作、体态、举止和礼仪等。如同话剧演员、戏剧演员的形体动作那样，这种态势语言也属于流动着的形体动作。这种动作如果运用得自然、真实、鲜活，能在一定程度上弥补有声语言的不足，增强有声语言的表现力和感染力。态势语言是演讲中重要的信息交流手段。

演讲就是在特定的时境中，借助于有声语言和态势语言这些物质手段，来组合一个和谐、统一的传达系统，从而达到发表意见、抒发情感、启迪和感染听众的目的。在有声语言和态势语言这两大物质手段中，有声语言始终处于主导地位，态势语言则处于辅助的地位，二者犹如红花绿叶，有机地、和谐地统一在一起，从而构成高级、完美、音美、意美、形美、富有审美价值的口语表达活动。

那么，什么是口才呢？口才就是说话的能力，驾驭语言的能力，口才就是说话过程中所体现出来的个人才能。它是一个人的知识储备、文化底蕴、智慧才华、社会阅历、思想品德、理论修养、性格气质、兴趣爱好等综合素质的具体体现和展示。

所以说，口才是思想感情的流露，是知识渊博的反映和人生智慧的体现，好的口才是事业成功的阶梯。

语言是思维的外壳，一言而知其贤愚。一个人的文化知识底蕴、思想品德素养都会在与别人的交流中流露无遗。培养卓越的口才已经成为人们驾驭生活、改变命运、追求成功的一项必备技能。

全国人大原副委员长许嘉璐曾说过，口才不单是口才问题，口才实际上是人的整体素质的外化，培养人们的口才就是提高人们的素质。

二、演讲的特点

演讲是一种独特的语言表达形式，主要有以下四个特点。

（一）具有群众性、目的性、鼓动性和真实性

广泛的群众性。演讲是一项综合性的、群众性的社会实践活动，是演讲者和听众之间思想感情、知识信息的交流过程，因此演讲必然有听众。听众可多可少，少则几十人，多则成千上万人，所以演讲者要从听众的实际出发，使演讲的内容能够尽量多地为群众接受。

鲜明的目的性。每次演讲都要有一个或几个既定目的。整个演讲过程就是实现既定目的的过程，所以事先应围绕既定目的做好充分准备，条理清晰地、完整地体现这个目的。

强烈的鼓动性。一次演讲，或者为了让听众接受某种主张、观点，或者为了让听众得到某种

新知识、新信息，或者为了打动听众，使听众激动、感奋。要达到这些目的，从演讲的内容到演讲的语言都应当有较强的宣传鼓动性。

现实的真实性。演讲者的活动，不同于表演艺术者的活动。演讲者是现实中的自己，走到讲台上也仍然是他自己面向广大听众直接发表自己的主张和观点。而表演艺术者在舞台下是他自己，一走上舞台就不是自己了，而是要按着规定的角色，运用多种艺术手段去表现，他在舞台上只是发表着所扮演的角色的主张和意见。

（二）一人讲，多人听

演讲总是在特定的时境中，以个人面对听众的形式直抒己见，表现为一人讲、多人听的外部特征。在美国，面对两人以上的讲话就称之为演讲。从广义上说，集会上的讲话、讨论会上的发言是演讲；讲课、竞选、推销产品、举行记者招待会等也是演讲。我们通常所说的演讲是指狭义的演讲。人们平时谈话、争论问题，可以你一言，我一语，七嘴八舌，议论纷纷，以此达到联络感情、交流思想、协调行动的目的。而演讲则不同，演讲只允许一个人在台上讲，众人在台下听。即使是辩论性质的演讲，也只能一个人讲完，另一个人再讲。个别谈话和小组讨论，一般是两个或者较多的人就某些问题互相讨论，商量研究，这种场面类似音乐会中的“对唱”或“合唱”，而演讲却是“独唱”。

随着电子通信技术的迅猛发展，使得一个人可以通过电视、电台、互联网向千家万户发表演讲，这更加强化了演讲“一人讲、多人听”的特征。科学技术的发达，使得演讲的场面已经扩大到数以亿计的听众都能在同一时间内收听、收看某个人的演讲，这给古老的演讲增添了雄伟壮观的气势。所以，只要是演讲，就必然以“一人讲、多人听”为其基本特征。

（三）既“讲”又“演”，以“讲”为主，以“演”为辅

演讲不同于一般的语言表达形式，而具有一定的“表演”性质。演讲的“演”其本义固然不是演戏的“演”，而是演绎的“演”和演义的“演”。《说文解字》注解为水流的意思，转义为语流，引申为说话像流水一般通畅，表示语言的流利和顺畅。我们平常形容一个人说话“口若悬河”、“滔滔不绝”，“河”与“滔”均从水。所以说，演讲是需要既“讲”又“演”的。“讲”，即陈述，运用有声语言这一手段，把经过组织的思想内容有条不紊地表达出来；“演”，指辅助语言表达的表情、动作和姿态等态势语言。而且，这个“讲”虽然是语言的艺术，但仍然是演讲者根据思想、情感的需要，进行现实的、真实的“讲”，而不是表演艺术者根据人物的需要所进行的那种艺术的，甚至是夸张的“讲”。演讲者虽然也有“演”的艺术性，但这个“演”不仅形式不同于艺术的“演”，而且就其演的作用来说，也不同于艺术的“演”。

在有声语言和态势语言两大手段中，有声语言始终居于首要的、统帅的地位。它主要作用于听众的听觉器官，是听众的听觉接受对象和欣赏对象。态势语言则处于辅助的、从属的地位。

它主要作用于听众的视觉器官，是听众的视觉接受对象和欣赏对象。在特定的环境中，运用这两大手段把自己有准备、有组织的思想观点和内容在听众中公开化，把自己的情感向听众公开抒发，以此达到晓之以理、动之以情、喻之以利、感之以德、导之以行的目的，便成了演讲。由此可见，既“讲”又“演”，以“讲”为主，以“演”为辅，这是演讲区别于其他口语表达形式的又一特征。

（四）具有多种艺术形式的一些特点和因素

演讲是一种综合的艺术，是“拼盘”艺术。就演讲的“表演”性质来说，它需要借鉴、移植播音、诗朗诵、话剧、相声、评书、讲故事、演小品、主持等表演艺术中的一些表达方法与技巧。比如，演讲者活动在固定空间的舞台上，这在某些方面就带有话剧和戏剧等艺术形式的特点；演讲者在讲台上滔滔不绝地发表演讲时，所运用的主要物质手段——有声语言，就具有相声语言生动形象、幽默感强的特点和诗歌语言感情丰富、优美精练的特点；演讲者在叙述事件的发展过程和绘声绘色地描绘人物的音容笑貌时，就兼备了小说创作和戏剧创作的一些艺术特点；许多卓越的演讲家善于运用的面部表情和手势动作等，又往往具有雕塑艺术的意义和美感。

正因为演讲具有多种艺术样式的一些特点和因素，就使得它具有丰富的表现力和艺术力。又因为这些特点和因素不是简单地相加和拼凑，而是有机地、自然和谐地统一在一起，从属于演讲，服务于演讲，所以，演讲也就成为一种独立的、高级的、典雅的口语表达形式。

【演讲实践】

1. 为什么每当社会发生巨大变革时，都会有一批演讲家站在时代的前列鼓与呼？
2. 你能用自己的语言和感受给演讲和口才下一个定义吗？
3. 为什么说演讲是综合艺术、拼盘艺术？

第二节　演讲的古往今来

一、演讲的过去

人类自产生语言起，就有了演讲。早在公元前，人们就深知语言的巨大力量。古埃及一位年迈的法老谆谆告诫准备继承王位的儿子麦雷卡说：“当一个雄辩的演讲家，你才能成为一个坚强的人……舌头是把利剑……演讲比打仗更有威力。”拿破仑说过：“一支笔，一条舌，能抵三千毛瑟枪。”我国古代文学评论家刘勰认为：“一人之辩，重于九鼎之宝；三寸之舌，强于百万之师。”

演讲远在古代的埃及、希腊、巴比伦、印度和中国就已经高度发展，成为一种相当普遍的社会

现象。不过，就整个世界来看，被公认为演讲的发源地的是古希腊，演讲的理论正是在那里产生形成的。

公元前25世纪，埃及人普霍特就写了如何说话的教谕；公元前5世纪的伯利克里时代，古雅典随着经济的繁荣，文化艺术和演讲也达到鼎盛时期。各地学者云集，雅典成为"希腊的学校"。古希腊"智者派"集团，在高尔吉亚、普罗塔哥拉等一些知识渊博、口才出众的演讲高手组织下，专门以传授演讲的逻辑、论辩的形式和技巧等知识为业，从而大大推动了演讲的发展。在"智者派"的影响下，古希腊、古罗马时代，先后涌现出一大批富有才华和声望的演讲家，如苏格拉底、柏拉图、亚里士多德、德摩斯梯尼等。

20世纪以来，西方的演讲理论逐渐完善而形成系统，演讲专著大量涌现。对演讲学的研究，已从过去重点研究演讲的方式和演讲的语言风格，发展到对演讲学、演讲逻辑学、演讲心理学、演讲美学、论辩术、谈话术和演讲发展史的全面研究，演讲活动和演讲学的研究进入了兴盛时期。

中国古代演讲事业不仅源远流长，经久不衰，而且形成了独特的风格与理论体系。

有文字记载的我国的第一位演讲家，恐怕要推殷商时期的盘庚了。《尚书》中有关于盘庚迁都前后的三次演讲记录，那时距今已有3000多年的历史。到了距今2000多年前的春秋战国时期，诸子百家、策士说客如雨后春笋，层出不穷，他们或办学授徒，传播自己的政治信仰、道德观念，或游说诸侯，纵论天下之事，阐述立国安邦之策。当时，演讲风气盛况空前，像孔子、孟子、苏秦、张仪等等，都是能言善辩、才学出众的人物，实际上也就是一些很了不起的演说家。学习过先秦文学的人都知道，那一篇篇流传于世的文章，就是这些演讲家的演说辞或交辩辞。战国末年，楚国伟大的爱国诗人屈原是一位"娴于辞令"的演讲家，秦末农民起义领袖陈涉也是一位善于鼓动的演讲家。

中国的封建社会，从公元前221年秦始皇统一中国开始，到1911年清代灭亡，长达两千年。在这个漫长的时期，演讲经历"偶语者弃市"的秦王朝，遭到严重的摧残。其后，一直受到封建统治者的严厉压制而处于低潮。但是，就演讲的整个趋势来说，仍在曲折缓慢地发展着。1898年"戊戌变法"前后，随着改良运动和民主革命思潮的兴起，中国的演讲又出现了新的高潮。

到了辛亥革命，演讲和辩论已经蔚然成风。伟大的革命先行者孙中山，思想家、宣传家章太炎和革命家黄兴、宋教仁、陈天华、徐锡麟、秋瑾等等都是演讲的高手，论辩的巨擘。特别是孙中山先生，一生作了无数次的演讲，以他革命先行者的远见卓识，高度的爱国主义激情，雄辩的口才，鼓动革命，唤醒人民，立下了丰功伟绩。

1911年辛亥革命的成功宣告了中国封建社会的结束。此后，中国经历了旧民主主义、新民主主义和社会主义革命阶段。革命者、爱国者的演讲成了唤醒民众的号角，成为争取民族解放的有力武器。无数志士仁人为了挽救民族危亡而四方奔走，振臂高呼，那激昂慷慨的言词，至今读来

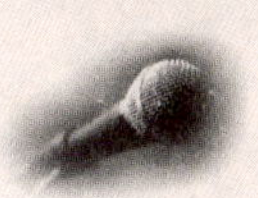

还令人振奋，催人泪下。在举世闻名的“五四”运动中，各种演讲团体纷纷成立，反帝救国的演讲遍及全国。在新民主主义革命时期，演讲在反帝反封建，建立一个独立、民主、繁荣昌盛的新中国的过程中，发挥了重要的作用。演讲成为共产党人在不同革命阶段宣传群众，组织群众，争取群众，打倒敌人的强有力的武器之一。这无一不显示了演讲在我国政治历史舞台上的地位和作用。

人类的文明史诞生了语言，而演讲是语言艺术化的象征。上下五千年的文明历史为演讲提供了良好的生存空间，而“一人之辩，重于九鼎之宝”的演讲艺术又为历史车轮向前飞奔起到了积极的促进作用。

二、演讲的现在

党的十一届三中全会后，人们的思想得到了极大的解放，沉寂了数十年的演讲事业重放光彩，获得了令人欣慰的振兴与发展，为物质文明、政治文明和精神文明建设作出了不可磨灭的贡献。与此同时，演讲与口才的学术研究与理论创新也得到了前所未有的繁荣。

新时期的演讲事业和学术研究从20世纪80年代初到新世纪的今天，一直是蓬勃发展，方兴未艾，越来越受到人们的重视，显示出了强大的生命力。这一时期演讲的主要特点是：

（一）演讲家纷纷涌现

历史和现实都已经证明，每当时代发生变革，都会出现一批知识渊博、思想解放、血气方刚、口才出众的演讲者，他们走在时代的前列，摇旗呐喊，为社会的发展鼓与呼，为时代的奋进唱赞歌，他们讲出了人民的心声，唱出了时代的最强音。当代著名演讲家、首都师大教授李燕杰是最早走向社会为广大青少年演讲、启迪青年心灵的演讲家。他的演讲实践和理论开创了演讲的新风。1977年，“青年是我师，我是青年友”的李燕杰老师率先掀起了“李燕杰旋风”。从此，演讲之风席卷全国。而后，“真、善、美的使者”景克宁、“真正的牧马人”曲啸、“对话艺术大师”刘吉、“当代的保尔”张海迪、“传播民族精神最可爱的人”蔡朝东等著名演讲教育艺术家相继出现，活跃在中华大地的讲台上，成为唱响时代主旋律的呐喊者。他们的演讲恰似那进军的号角、高昂的战歌，给听众以奋发向上的力量、信心和勇气。

（二）演讲与口才刊物、文章、著作纷纷问世

百花齐放，百家争鸣，中国大地上出现了历史上前所未有的演讲学术成果大丰收。在新时期演讲事业的开拓者邵守义老师的精心策划和主编下，1983年，我国第一本研究口语表达能力的刊物《演讲与口才》在吉林市诞生，之后风靡全国，成为全国最畅销的刊物之一。1985年9月，邵守义总结了群众演讲活动的实践，撰写了新中国第一部演讲学专著《实用演讲学》。随后，高瑞卿的《演讲稿写作概要》、李燕杰的《演讲美学》、刘德祥主编的《演讲学》、刘吉的《对话的艺术》、颜永平的《演讲艺术与实践》等著作纷纷出版，其著作之多、内容之广、发行量之大是前所未有的。二十

多年来，我国出版发行的有关演讲与口才的书籍已多达数千种，其中很大一部分是读者最喜爱的和书市中最畅销的。

（三）各级演讲学术与社会团体纷纷成立

1981年5月，我国第一个校园演讲协会在上海复旦大学成立。1987年4月，吉林省演讲学会成立。1988年11月，全国最早的地级市演讲协会——湘潭市演讲协会成立。1989年10月，上海市演讲学研究会成立。1992年9月，湖南省演讲与口才学会成立。2000年1月，云南省演讲学会成立。随后，黑龙江省演讲协会、浙江省口才研究会、贵州省演讲学会、广东演讲学会相继成立。

特别是2008年1月中国演讲与口才协会联盟的成立，对中国当代演讲事业的发展起到了巨大的推动作用。中国演讲与口才协会联盟在会长刘吉的领导下，聚集了中国当代最著名的演讲家和各省市演讲组织的精英，他们为时代鼓与呼，为正义呐与喊，为祖国唱赞歌。中国演讲与口才协会自成立以来，开展了一系列有影响的演讲公益活动，在短短三年多的时间里，举办了六次不同主题的全国演讲大赛、两次全国演讲教学研讨会，编辑出版了两百多万字的演讲宣传资料，得到了有关部门的认可和社会各界的一致好评。尤其是由中国演讲与口才协会联盟连续主办的三届全国大学生演讲大赛，已经成为我国目前层次最高、规模最大、效果最好、影响最强、人数最多、品牌最佳的演讲赛事；是我国目前最权威、最专业、最有活力、最有吸引力、最有影响力的演讲盛会；也是许多城市争相夺取举办权的高雅有品位的政治文化活动。

演讲团体的成立，顺应了时代的召唤，为我国当代演讲事业的发展和演讲与口才活动的开展打下了良好基础，起到了积极有效的促进作用。

（四）各种形式的演讲与口才培训方兴未艾

与此同时，越来越多的教师、家长，在培养、教育学生、子弟时，早已不满足于他们能写会算，还希望他们能说会道、能言善辩。越来越多的各级各类学校和培训机构，纷纷开设演讲与口才实用技巧、领导沟通艺术、销售语言技巧、谈判口才、司法口才、导游口才、公关口才等课程。如今在大中专院校里，“演讲与口才”课程是学生最喜爱的首选的必修课或选修课目。在各个培训机构中，演讲口才与沟通的培训也是十分火爆，深受欢迎的。

不同时代的每一次大的变革，都会带来举国上下的极其广泛的群众性演讲高潮。无论是党和国家领导人的演讲报告，还是人民群众自己组织起来的演讲活动，几乎都紧密配合当时的方针政策和每一项具体工作的实施，都带有极强的时代色彩。随着时代的发展，社会的进步，人们文化水准、道德水平的提高，特别是民主政治和法制建设的加强，演讲与口才的艺术必将更加普及和提高，而且将会进一步渗透到社会生活的各个方面，在政治、经济、军事、法律、思想、文化、教育等各个领域发挥巨大的作用。

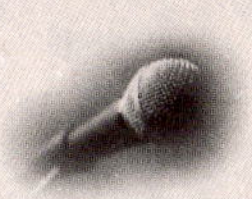

第三节　演讲与社会人生

梁代文论家刘勰说过:“一人之辩,重于九鼎之宝;三寸之舌,强于百万之师。”古语还有“一言可兴邦,一语可误国”、“善言使人笑,恶语使人跳”、“良言一句三冬暖,恶语伤人六月寒”等。德国的政治家、诗人海涅说过:“言语之力,大到可以从坟墓唤醒死人,可以把生者活埋,把侏儒变成巨人,把巨人彻底打垮。”西班牙的学者卡德龙认为:雄辩的口才要比准确的子弹更有力。语言是最危险的武器,语言刺的伤口要比刀剑刺的伤口更难治愈。

在第二次世界大战时,人们曾经把“舌头、原子弹、金钱”视为赖以生存和竞争的三大战略武器;如今,人们又把“舌头、美元、电脑”作为竞争、成功的三大战略武器。第二次世界大战已经过去半个多世纪,但是,舌头仍显赫地居于三大战略武器首位。

当今社会,人们都想掌握和利用这一武器。于是从事演讲学、修辞学和口才学研究的人越来越多,演讲和口才教育也日益普及,世界各地成千上万的演讲家和口才大师不断涌现,一股空前的说话艺术热正在世界兴起。

一、增添机遇,适应竞争

我国民主政治建设日益完善,竞争上岗作为干部人事制度改革的一项措施,推进的速度逐渐加快。特别是党的十七大以来,中央机关竞争上岗的工作力度不断加大,采用竞争演讲与考试考核选任干部的部门越来越多,一大批干部通过竞争上岗的方式走上领导岗位。而在竞争上岗的环节中,对竞选者的演讲水平与口才有着很高的要求。

二、促进成长,自我完善

演讲家不是天生的,是演讲的实践练就的。一位演讲者站在讲台上口若悬河、滔滔不绝地讲述的时候,并不是他仅有嘴上的功夫。当然,声音、语调、声调、咬文吐字、态势语言是不可缺少的,但比它们还要重要的,是“诗外”的功夫。那就是演讲者自身必须有站在时代的前面,去勇敢地探索先进的思想和孜孜不倦地吸取广博的知识。

美国著名的教育家、演讲家戴尔・卡耐基认为:“一个人的成功百分之十五取决于自身的知识和技术,百分之八十五取决于发表自己意见的能力和激发他人热情的能力。”一个人虽然思想精深,学识渊博,令人敬佩,但如果在大众面前发言的时候,说不清,讲不明,茶壶煮饺子——有货“道”不出,那未免太遗憾了。现代作家鲁迅、闻一多他们不仅能写,而且能说。因而这就能多渠道地、有效地、充分地表达自己的思想,展现自己的才智。不管哪个领域,不管哪个阶层,在思想、

学识、技能等相差无几的情况下，能说会写的人，比只能写的人，其贡献要大得多。这是简单然而却是不容忽视的道理。

在当今社会，人与人之间的关系和交往日益密切，思想文化、科学技术的交流日益广泛，知识、信息的传播日益频繁，传声技术和交流的手段日益现代化，电话通信和电视机、录像（音）机、影碟机、电脑、互联网的广为普及和应用，使得语言的留转技术和转换技术已经达到尖端的水平。如今，人们讲话已不再受时间和空间的限制，可以利用各种手段，把声音传向远方，延至后世。同时，信息传递的方式已不限于人与人之间，而扩大到人与电脑之间。人与机器的对话已经成了一种新的信息传递和交流方式。在这种形势下，不用说一个思想平庸、知识浅薄、口齿不清的人根本无法适应时代的飞速发展；就是一个品德高尚、学识渊博、技巧超群的人，如果不善言谈，词不达意也是无法充分发挥自己的聪明才智的。而演讲在人类口语中是最高级、最完善、最具有美学价值的一种口语表达形式。除此之外，演讲需要综合知识，它既需要演讲学本身的理论和经验，又需要运用哲学、美学、逻辑学、心理学、教育学、语言学和写作学等学科的基本理论和知识。如果，我们学习、了解、掌握了演讲艺术并付绪实践，那么就能使自己增长才干，开阔眼界，陶冶情操，积累知识，加强修养，锻炼口才，培养气质，展示形象，扩大知名度，提高事业的成功率。学习演讲和演讲实践的过程是一个不断提高口语表达能力、综合素质能力、敏锐的观察能力、深刻的分析能力、敏捷的思维能力、准确的判断能力、超人的想象能力、机智的应变能力和良好的记忆能力的过程，是不断自我完善的过程。

三、展示才智，树立形象

演讲和口才作为一种社会实践活动是由于社会的需要才产生的。一些自然科学家，如伽利略、布鲁诺、居里夫人、爱因斯坦等人所作的那些著名演讲，既是一种传授智慧与知识、社会生活经验、科学技术的重要教育手段，又是由于社会的需要而进行的一种社会实践活动。

英国幽默大师、文豪、演讲家萧伯纳说过这样一段话，他说："我有一个苹果，你有一个苹果，我们交换一下，得到的将只有一个苹果；如果你有一种思想，我也有一种思想，我们彼此交换一下，那么得到的将各有两种思想。"彼此交换，靠什么交换？就是靠语言来交换。

信息时代，信息之所以能以最快的速度、最短的流程传播，就在于主要采用了口头语言的方式。语言传递大大快于文章写作。说不受时间、职业、条件、地点的限制；一个人几天甚至几十天不写字都可以，但是几天不说话是不行的。如果你能说、能写，那是全才；如果你能说，不能写，那是将才；如果你只能写，不能说，那你就是文才；不能写又不能说，应该是无用之才。历史和现实早已证明：说比写更容易成才，更容易展示自己的才能。

比如，你荣调到一个新单位担任领导工作，或当你大学毕业后，竞聘到一个新的工作单位，不

可能在较短的时间里和那里的每个人相识或很快地使别人了解你。但从你到新的工作单位的第一次见面、登台或讲话起，大家就认识了你，并从你的第一次讲话中，产生了对你的第一印象。如果你能说会道，有很好的口语表达能力，那么人们就会说，新来的领导或大学生是有水平的，讲起话来头头是道，条条有理，有魄力、有气质、有口才、有水平。那么，听众和同事个个都会对你充满一种新的希望，而这种新的希望，很容易使你打开工作的新局面。相反，你不能说、不能讲，没有很好的口语表达能力，那么给大家的第一印象就是：此人不怎么样，听了半天也不知道他讲的是什么东西，连几句话也说不清，还不如某某，这样的人能打开工作局面吗？这样，即使你专业水平很高、能力很强，也需要相当长的时间，才能扭转大家对你的初次印象，这就不利于你打开工作的新局面。

现代社会是人们交往日益密切的社会，是信息广为交流和传播的文明社会。演讲者不仅在台上需要有悬河之口和文雅的举止，就是在台下，其一言一行也要起到表率作用。他们的言谈应是谦逊、高雅的，他们的举止应是得体、大方的。这样的言行举止，不仅有利于创造祥和的气氛，而且也有利于人们的交往。人们常说："有良好的人际关系，才有良好的经济关系。"在现代社会中，无论是个人交际场合，还是团体交际场合，都可以进行演讲，而社交中的演讲可进一步地深入人与人之间、团体与团体之间、国家与国家之间的友谊和亲切关系。

演讲者必须有良好的情感。这种良好的情感，对于影响听众的情感和形成听众对于现实生活的态度，以及激励和促进人们的行动，都能起到极大的作用。演讲者用正确的道德情感、理智情感和美感来感染和影响听众。具体来说就是要用正确的思想观点去说服人，用美好的感情打动人，用优美的语言、优雅大方的仪表去感染人，从而形成听众的良好情感，诸如爱国主义情感、国际主义情感、集体主义情感、革命英雄主义情感等等。只有高尚而美好的情感，才有益于听众，有益于社会。每位演讲者都必须以高度责任心，以自己高尚而美好的情感，来影响和培养听众的良好情感，促进人类社会的文明建设。

四、传播真理，服务社会

演讲的作用是通过对听众的直接作用而实现的。对听众作用的大小直接影响对社会作用的大小。

演讲有以下六个方面的作用。一是真理的启迪作用。即思想观点上的理性教育作用。演讲是要以理服人的，"理"（社会的、科学的、人生的）的真理性启迪，是演讲最主要的教育作用。二是情感的激发作用。演讲对理性的阐述总是伴随着情感激发进行的，以情感人是演讲不可缺少的情感作用。三是知识和信息的传播作用。演讲向听众传播它所包含的大量知识和最新的信息，是演讲作用的重要组成部分。四是艺术审美作用。有声语言和态势语言表达艺术的综合作用，

不仅能有效地表达内容，也能给听众以美感愉悦。演讲艺术的表演性，有“以美娱人”的美感作用。五是扶正祛邪的作用。人类社会的文明史，就是真、善、美与假、丑、恶的斗争史。而这种斗争不管多么曲折和复杂，最后总是以真、善、美的胜利而告终的。而这种斗争的武器之一就有演讲。古今中外一切正义的演讲家，他们都是拿着演讲这个工具和武器，宣传真理、捍卫真理，向一切丑恶的势力，进行着艰苦卓绝的斗争，从而唤醒民众，把社会一步一步推向前进。六是行动的导发作用。演讲的最高宗旨在于最终能导发听众符合演讲目的而行动。听众的行动是演讲一切理想感性作用的最集中最实际的体现。不能导发行动的演讲，其作用是浅层的、微弱的，不会有更深远的社会价值和历史意义。

五、推销产品，传播价值

在现代社会中演讲与口才的作用，对一个组织、一个企业和个人来说都非常重要。是否拥有熟练掌握演讲技巧的人才，能直接影响企业的生存和事业的发展。国内有一家制药厂，出了一种高效能的新药品，而且他们更新了先进的设备，产品的质量明显提高。但由于缺乏宣传，消费者不太了解，对公司的设备更新情况、药物的质量情况都了解甚少，不懂得药品的服用方法、治疗的原理和治疗的效果。因此这种新产品销路不好，很少有人问津。为了改变这种情况，这个制药厂就决定挑出一批有口才的员工，进行专门的演讲与口才的培训和药品性能的业务培训，然后分到全国各城市进行演讲，宣传介绍自己的产品。这些演讲活动使公众了解了新药品的制作和性能，增加了知名度，树立起了良好的企业形象。随后，其药品的销量大幅度地往上升。由此可见，演讲是公共关系中的一种重要的工具。企业若能自觉地利用演讲来为它的产品和形象进行宣传，必然能起到意想不到的效果。正如古希腊哲学家德谟克利特所说：“要使人信服，一句话常常比黄金更有效。”从俄罗斯人的一句民谚也可得到印证，那就是：“语言不是蜜，却可以粘住一切。”

企业的发展需要演讲与口才，同样，演讲与口才的发展和运用也需要企业化、商业化、市场化的机制和运作。在我国虽然有各种演讲学会、协会等团体，也有不少有关演讲口才咨询策划与培训的公司。在欧美等经济发达国家，演讲公司早已星罗棋布。其操作方式类似演出经纪公司，根据市场需求，从全国、全球各地请人来演讲，同时不断收集市场与听众的意见、建议反馈给演讲者，以充分满足市场与听众的需求。其性质属于智力产业，所需要资金与设备不多，但需要一批综合素质高的创业者，在进行广泛而深入的市场调查的基础上，逐步分门别类地建立储存数量成百上千的大小题库与学科齐全、风格流派百花齐放的演讲人才库，并不断调整、充实、更新，以开拓、适应、扩大市场。

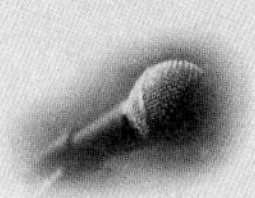

六、成就事业，助人成功

法国的大文豪雨果说："语言就是力量。"演讲是一种最好的语言，演讲的语言艺术所能造成的力量，是排山倒海的、攻无不克的、战无不胜的。古今中外，无数仁人志士和热血青年，都用它来战斗、来呐喊。

英国电影《国王的演讲》是2011年年初大热佳片。影片讲述了乔治六世临危受命，登基加冕，克服巨大的生理和心理障碍，学习演讲的传奇经历。二战期间，乔治六世用演讲与口才鼓舞英国人民的士气，成为一名卓越的精神领袖。

乔治五世非常重视演讲，他是历史上第一位通过广播发表演讲的英国国王。片中有一个情节，老国王做完广播演讲之后，让儿子乔治六世也做尝试，口吃的王子紧张地说："父亲我我……恐怕做不来。"老国王开导他说："以前的国王都要穿上军装骑在马上对众人演讲，现在我们只需要坐在家里说就可以了，没有比这更容易的了。"乔治五世逝世后，沉湎酒色的长子继位，即爱德华八世，他执政325天便退位了，留下烂摊子给弟弟艾伯特王子，即乔治六世。乔治六世自幼性格内向，还口吃，他从来没想过要当国王，但历史和命运偏偏选择了他。爱德华八世退位，乔治六世面色苍白地出现在群臣面前，语气迟缓地宣读即位演说："事已至此我决心倾尽全力，我的妻子将与我共渡难关，希望所有的国民也能支持我。"乔治六世实践了诺言，也许是自身的缺陷令他格外勤奋并怀有更强烈的责任感，他很快就用自己的行动赢得了人们的信任和尊重。第一项行动，就是克服口吃，学习演讲，练习口才。1939年9月1日，纳粹德国闪击波兰；3日，英国向德国宣战。当天，乔治六世拒绝了内阁提出的王室撤离伦敦的请求，他宣布全家将留守伦敦直到战争结束，并发表了练习多次的演讲，这就是电影《国王的演讲》的高潮部分："在这个庄严的时刻，也许是我国历史上最生死攸关的时刻，为了捍卫我们珍视的一切，我们必须接受这个挑战。我将永远和我的人民在一起。"国王诚恳朴实的一句话，唤起雷鸣般的掌声，鼓舞了全国人民反法西斯的斗志。

演讲和口才已经成为一切有志向、有抱负的人尤其是有作为的青年人走向社会和从事一切社会活动的阶梯，是人们事业成功的武器。演讲口才的作用已经渗透到当代社会生活的各个领域。演讲报告、外交谈判、社会交际、公共关系、业务洽谈、推销产品、学术交流、论文答辩、记者采访、新闻发布、法庭论辩、教学授课、座谈讨论、竞争上岗、朋友相叙、家人读心，可以说七十二行，行行都需要演讲和口才。而缺乏演讲与口才能力的人，将会在事业、工作、学习、生活等各方面越来越感到举步维艰。

七、雄辩滔滔，口舌战略

舌头是一把利剑，它能产生比武器更大的力量。有一个"巧舌一动十城得"的故事。战国时

期，齐国乘太子燕易王初立，政局动乱之机，出兵攻占了燕国十座城池。苏秦见到齐王后说："俯而庆，仰而吊。"令齐王大惑不解，问："是何庆吊相随之速也？"是啊，什么原因使他庆贺和哀吊如此紧密相随呢？苏秦答道："今燕虽弱小，即秦王之少婿也。大王利其十城而长与强秦为仇……"这里，苏秦抓住了燕王与秦国的翁婿关系，层层论证，令齐王大惊，迫于秦国的强盛，终于归还了用武力夺得的十座城市。

【演讲实践】

1. 演讲与口才的重要性主要表现在哪几个方面？举出一个自己身边案例说明。
2. 看了《国王的演讲》之后，你的主要感想是什么？
3. 对自己演讲与口才的能力做一个评判。

第四节　演讲家是这样炼成的

闻名于世的杰出演讲高手都不是天生的天才，而是经过长期不懈的艰苦锻炼才获得成功的。正如美国久负盛名的演讲家戴尔·卡耐基说的那样："演讲绝不是上帝给予少数人的特别的才能。"世界上没有什么天生的演讲家，如果有的话，那就是奋斗不息的你。要想提高演讲水平和口才，就必须要做到"八多"：多看、多听、多问、多写、多记、多想、多学、多练。

一、多看

第一，多看一些演讲与口才方面的书籍和文章。演讲具有很强的科学性和艺术性，因此，演讲者必须认真系统地看一些与演讲相关的书籍如：演讲学、演讲美学、修辞学、逻辑学、心理学、语言学、交际学、伦理学、教育学等，全面掌握演讲知识和规律，打下扎实的理论基础后，再由理论到实践，用理论指导实践。这样就能使自己的演讲与口才水平在实际运用中得到较快的提高。第二，多看别人演讲，多看一些名人的演讲录像，多看一些电视谈话节目和电视论辩赛。这样就能增强对演讲的感性认识，提高对演讲态势语言技巧运用的理解，并从中感悟出演讲的真谛和精义。第三，认真仔细地观察社会，观察生活，观察人与人之间微妙的关系和变化，观察与演讲内容相关的事物。要善于用自己的眼睛看表面，看本质，看点，看面，看深，看细，看过去，看现在，看未来。对客观世界的方方面面切不可心不在焉，听而不闻，视而不见，而是要用眼睛做摄像机把生活中的各种各样的现象和素材拍摄下来，经过大脑的分析，整理后在储存在脑海里或记录在本子上。

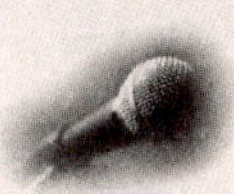

二、多听

一是多听别人演讲，多听别人说话，以提高有声语言的表达能力。资产阶级革命家、美国第十六任总统林肯，是闻名于世的大演讲家。他的成功就在于他从青少年时代就开始了对演讲口才的刻苦练习，并做到了多看、多听。他年轻时当过农民、伐木人、店员、邮电员以及土地测量员等等。为了成为一名律师，他常常徒步30英里，到一个法院去听律师们的辩护词，看他们如何辩论，如何做手势。回来后也学他们的样子，对着树林和玉米地反复练习演讲。演讲的成功使林肯终于成为一名雄辩的律师并最终踏入政界。二是多听电台、电视台播音员、节目主持人播音、讲话，提高自己普通话的标准程度和音色、音质、音量的水准，以达到演讲语言流畅悦耳、优美动听的目的。三是多听自己的讲话练习或录音(像)。正如罗马哲人塞涅卡说的那样："在向别人说些什么之前，首先要把它说给自己听听。"初学演讲者在正式上台讲话之前，应该反复地练习讲几遍，可以对亲朋好友讲，可以找个偏僻无人的地方讲，也可以对着镜子或录音(像)机讲。每讲一遍，自己都要留心的听，仔细地找出语言上的毛病，或请内行人挑剌指出弱点和不足，并认真加以改正。如果每次演讲、发言之前都能坚持试讲、试听几遍，长此以往，其口语表达能力则会不断提高。四是学会"听"话的艺术。要学会说话，首先就应该学会"听"话。"听君一席话，胜读十年书。"会"听"话的人既能很好地领会、理解别人说话的意思，又能仔细地欣赏、揣摸别人说话的技巧，更能从别人的言谈中听出言下之意和弦外之音，同时，还要做到察言观色。有一个年轻人，去拜访苏格拉底，向他求教演讲术，苏格拉底刚开口没说几句话，这位年轻人不但不认真听，反而打断老师的话，自己滔滔不绝讲了许多，以显示自己的才能。苏格拉底说："我可以教你演讲，但必须收双倍的学费。"年轻人问："为什么要双倍呢?"苏格拉底说："要教你两门课，除演讲外，还要上一门课：怎样闭住嘴听别人说话。"

三、多问

演讲是一门学问，有许多客观规律和成功的经验。但不少人都有这样一个误解，认为说话是天生的，一个人两三岁就会咿咿呀呀说话了，好像也没有花多大功夫，自然而然就会了。因此，很多人对说话的艺术和技巧都不大在意，更谈不上用心去求教，去学习，去研究了。有的人虽然觉得说话、演讲有东西可学，但又只限于看看书或听听录音，而不好意思开口向别人请教，结果只能是事倍功半。柏拉图说过："不知道自己的无知，乃是双倍的无知。"英国诗人雪莱说过："我们学得越多，就越发现自己无知。"我国古代教育家孔子也说过："知之为知之，不知为不知，是知也。"一个人要想提高自己的演讲水平和口才，就必须放下架子，丢掉面子，向有经验的演讲者和对口才有研究的专家虚心求教，不懂就问，不耻下问，这样就能使自己的演讲与口才能力发生质的变化，收到事半功倍的效果。

四、多写

对于初学演讲和语言即兴表达能力不是很强的人来说，多写是一种提高口才能力的有效途径。多写的要求主要有两个方面。一是多写发言稿、演讲稿。不管是什么规模和级别的会议或活动，只要认为自己有发言的可能，就应该争取机会并抓紧时间提前做好准备，认真写好文字稿，并不断的修改、完善，然后把稿子背熟，做到胸有成竹。上台发言时尽量不带讲稿，如能长期坚持下去，循序渐进，即：先写书面稿，背熟，上台脱稿；慢慢地只写几点提纲；再到只打一下腹稿；发展到最后不要任何准备，能临场发挥、见机行事、出口成章、口若悬河，其演讲口才水平就会由量变到质变，到达一个较高的层次。二是多写一些学习演讲与口才的心得体会，把自己对演讲口才的认识、感受用文字写下来，并上升到理论的高度。同时，把自己工作中和生活中所见、所闻、所思的闪光语言，写在本子上，记录下来，以便日后查阅使用，这就是我们常说的：好记忆不如烂笔头。

五、多思

第一，言为心声，正常情况下，一个人心里怎么想，嘴巴就会怎么说。嘴上说的，就是刚才想的；刚才想的，就是下面要说的。想与说，思维和表达，相互之间交流传递，循环往复。有声语言这种区别于书面语言表达的、想说就说、随想随说的特点，就决定了说话者既要才思敏捷、思维灵活，又要深思熟虑、三思而后"言"、"君子敏于行而纳于言"。这是多思的要求之一。第二，要经常冷静思考，反复分析，为什么有的人讲话非常受欢迎，有哲理，有深度，有广度，使人感动万分，受益匪浅；为什么有的人说话枯燥无味、漫无边际、毫无新意，甚至令人反感。多思者，就能从中悟出道理，获得经验和教训。第三，说话之前要在脑海里认真构思一下，这就是我们常说的打"腹稿"。在不同的情况下，要考虑好不同的说话内容，"到哪个山就唱哪个山的歌"。在不同的时间、不同的地方，和不同的对象说话时，要认真思考应该怎么说，哪些能说，哪些不能说，多琢磨，多推敲，力求做到"语不惊人誓不休"。"说一次之前想两次，你就会说得好一倍。"这是名人演讲的经验之谈。第四，要"一日三省吾身"。每天都要对自己所说的话进行反思，对那些比较得体、成功的讲话要总结归纳、举一反三；对有些失误、不妥的话，甚至得罪人、起反作用的话语，要分析原因，闭门思过，加以改正，尽量避免在今后的说话中言多必失、祸从口出的现象发生。

六、多学

"问渠那得清如许，为有源头活水来。"古今中外一切著名的演讲家，都是以学识渊博和阅历丰富为基础的。因此，任何一个想成为演讲家的人，想拥有出众口才的人，就必须在"多学"上下

功夫。第一，多学做人。演讲是一种思想性、政治性较强的现实活动；演讲是真理的呐喊，演讲是心灵的共鸣，演讲是人格的展现。因此，演讲者必须具有较高的政治素质，良好的道德品质，高尚的思想情操和无穷的人格魅力。只有这样演讲者才能说服人、感染人、打动人、鼓舞人，从而促使人们去行动。早在2500年前，孔子就说过："君子以行言，小人以舌言。"这里说的就是要言行一致。我国当代教育家、著名演讲家景克宁教授认为："作为演讲者站在讲台上，必须言行一致、理直气壮，必须表里统一、通体透明，必须心口如一、言而有信。"第二，多学知识。英国哲学家、政治家培根说："知识就是力量。"苏联的伟大作家高尔基曾说过："用知识武装起来的人是不可战胜的。一个人知道得越多，他就越有力量。"一个口才出色的人，必须要有广博的知识，丰富的联想，演讲起来，才能上下几千年，纵横数万里，山南海北，古今中外，旁征博引，融会贯通，谈吐自如。一个机智风趣的演讲家还必须具有随机应变、对答如流的能力，演讲起来才能谈笑风生，妙语连珠，巧问妙答，左右逢源。而要做到这一点，没有渊博的知识积累是无法实现的。第三，多学演讲技巧。一个人敢说话、会说话，还不等于有口才，正如一个人会骑自行车还不是艺术一样，只有杂技演员娴熟的骑车表演才称得上艺术。演讲是一种综合艺术，要真正掌握这种艺术，并非易事，它包括很多方面的技巧，诸如声音的字正腔圆、吐字归音，形体动作、面部表情和仪表礼节，控场、应变的方法，即兴说话的诀窍，论辩的艺术，对话的妙法等等。这些都需要我们从理论到实践，对演讲的技巧进行系统的学习和运用。

七、多记

这里的"多记"是指把知识储存起来，记在脑子里。记忆，是演讲者储存材料、发挥联想、出口成章的前提条件。优秀的演讲家往往都有惊人的记忆力。演讲需要记忆力，离开了记忆或照本宣科，则会影响演讲效果。因为演讲者必须熟记演讲内容才有可能随时随地当众表达。所以说，学习演讲能够训练一个人的记忆力，而增强了记忆力又能使演讲水平不断提高，这是一个良性循环的过程和结果。人的记忆力是无限的，只有用心地记，经常地记，反复地记，积少成多，由量变到质变，那么，随着知识的储备越多，口才也就会越来越出色。

八、多练

毛泽东说："语言这个东西，不是随便可以学好的，非下苦功不可。"演讲与口才的技能不是天生的，也不是无师自通的。同其他任何才能一样，口才的获得来之于勤奋的学习、刻苦的练习。"宝剑锋从磨砺出，梅花香自苦寒来。"古今中外一切口若悬河、舌辩滔滔的演讲家，一切能言善辩、口才出众的雄辩家，一切口齿伶俐、善于应酬的交际家，都不是天生的，都是在后天的努力和苦练的基础上，靠自信、勇气、拼搏、锻炼造就而成的。我国著名演讲家李燕杰，从小不爱讲话，更

不爱在大庭广众之中讲话。刚参加工作时，连在小组会上发言都不敢，人们都说他腼腆。后来参加南下工作团，做群众工作以后，慢慢地锻炼得敢讲话了。他说："即使一个口才笨拙，不敢面对群众讲话的人，只要肯努力实践，刻苦练习，并且把演讲与事业连在一起，是完全可以成为很好的演讲者的。"

【演讲实践】

1. 为什么说演讲的作用是巨大的？
2. 人才需要有口才，有口才一定能成才，你同意这句话吗？
3. 提升演讲与口才的水平有秘籍吗？

第二章　我的演讲

【导语】

演讲者是演讲现场的灵魂人物。演讲中，尽管演讲者的举手投足、音容笑貌影响着现场的每一个听众；但是，演讲者的准备更直接关系到演讲的效果，因此，作为一个演讲主体，只有把演讲者应该具备的素质内化于心，才能把一个生动的演讲外化于行，充分展示演讲者的魅力。

第一节　我渴望演讲

人类在没有文字以前，传承文明的一个重要手段就是口口相传。到了今天，尽管人类文明已经进入了信息化时代，但是以口语表达为表现形式之一的人际传播、公众传播依然是传播的重要组成部分。现实生活的丰富多彩给了人们渴望将其表达出来的愿望，于是就有了音乐家、舞蹈家、画家等多种艺术门类的专家，和这些专家一样，很多人渴望将自己的思想、经验、感悟以一种最便捷、最及时、最通俗的方式表达出去，于是就有了演讲。

一、积极思考，乐于分享

人的一生离不开思考，思考一旦成熟，人们便需要借助于分享来实现思考的价值和快乐，所以，人生有一种快乐叫分享。分享幸福，分享快乐，分享悲伤；分享知识，分享智慧……不可否认的是，人们在与别人分享的过程中成长，同时也有责任去与别人分享自己的所思所感。在这个投桃报李的过程中，能够从别人身上分享到很多独自思考所不能得到的知识和智慧。分享的冲动可以让自己把转瞬即逝的灵感认真保存；分享的过程可以向听众阐明自己的观点，或者在与听众的交流中修正自己的观点；分享的结果还可以拉近表达者与听众的距离并使智慧得到闪光。送人玫瑰手留余香，分享是一种受益别人又提高自己的积极行动。

不难发现，但凡成功人士，其成功的过程中总会带动一群人的进步，这其中与成功人士的乐于分享不无关系。

二、承担责任，启迪引领

一个人不可避免地会在生活和工作中出现各种失误，但由于自己对目标的坚守，在不断的调整之后还是会收获成功。《劝学》中的“吾尝终日而思矣，不如须臾之所学也”表达了两个方面的内容，一个显性的道理是我们需要通过学习来获得大量知识；但这其中还有一个隐性的道理，那就是如果有能力，还应该有责任有义务将自己的所学无私地传递给别人。家长这样做可以避免孩子少走弯路，老师这样做可以帮助几代人选择一个良好的价值取向，树立正确世界观人生观；如果整个社会都这样做，社会文明才能够传递下去。秋瑾说：“要开化人的知识，感动人的思想，非演讲不可。”和平时代，不需要用浴血奋战报效国家，用正确的价值观、人生感悟去不断地引领、教诲、激励周围，同样也是社会使命感和责任感的良好表现。

人类的心灵需要互相帮助，我要做的就是把它呈现出来让大家看到。当通过提问将心灵的细节展现出来的时候，你会发现，原来每个人都深深地嵌在这个世界里，你不帮助他，你可能也会孤立无援。传播的力量就是要把这些东西渗透下去，然后才能生长出新的叶子。

假如没有对人的真正的关切，就不能成为记者；假如仅仅停留在对人的关切，而不是对问题的求解上，就不会成为一个好记者。与其诅咒黑暗，不如点亮灯火。

柴静的这段话给了我们一个很好的类比，那就是作为传播者，需要有一种责任感和使命感去开启蒙昧、碰撞思想，以达到提升引领的目的。套用柴静的话可以得出：假如没有对人的真正的关切，就不能成为好的演说者；假如仅仅停留在对人的关切，而不是对问题的求解上，就不会成为一个受大众欢迎的演说者。

三、吸引关注，引起思考

生活在一个繁复的社会中，社会问题错综复杂；而分散在社会各个行业的人就是社会问题的监督者。在对公平正义的追求中，随着民主化进程不断加快，每个人都应该是社会问题的发现者、分析者和问题解决的参与者。因此，演讲在其传播文明的同时，也肩负着监督社会、引领社会的功能。邵守义先生谈到演讲的功能时，认为演讲有着“祛邪扶正，形成正确的舆论，促进社会文明发展”的积极作用，改革开放以来，中国的演讲文化进入了一个新的时代，大量有价值的演讲对社会文明的发展起到了促进作用。学者姜兰波认为，“演讲通过对受众个体，乃至群体的施效，在受众身上会发生神奇的思想教育功效，若从宏观鸟瞰这种功效，就可视作社会舆论作用和社会宏观控制的实施”。二战期间戴高乐的演讲激起了法国人民抗击法西斯的热情，马丁·路德·金的梦想激发更多人加入反种族歧视的行列中，万隆会议上周恩来的话语也让亚非国家团结在求同存异思想下。这些都彰显了演讲的价值，用演讲聚合问题，用演讲引发思考，用演讲号召关注。演讲就是一个观点的放大，它对社会问题的关注、讨论和建议都有着积极作用。

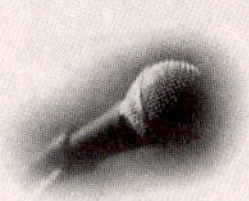

建设中国特色的社会主义，是13亿中国人民的庄严选择。中国30多年的变化，得益于改革开放；中国未来的发展，仍然要靠改革开放。改革开放，要贯穿中国现代化建设的始终。倒退没有出路，停滞也没有出路。只有坚定信心、继续前进，中国才能建设成为富强、民主、文明、和谐的社会主义现代化国家，中国人民才能更加普遍和以更高水准过上有尊严的幸福生活。尽管前进的道路上还会有这样那样的艰难险阻，但这一历史进程不可逆转！

……

走和平发展道路，是中国政府和人民根据时代潮流和自身利益作出的战略抉择，是中国积极参与经济全球化、最终实现现代化的必由之路。中国的和平发展，对世界不是威胁，而是机遇。

2011年6月27日，温家宝总理在英国皇家学会发表了《中国将充分实现民主法治》的演讲，文中对中国政策的阐述，坚定了改革的信念，憧憬了中国社会不断富强、民主、文明、和谐的希望，再一次让世界关注深化改革下的中国，让世人坚定中国是世界机遇的信心。

四、塑造形象，服务社会

春秋战国时期，诸子百家四处游说，阐述自己的主张，一旦其思想主张被接纳，便会停留在这个国家施展自己的才华，成就自身的社会价值。因此有了苏秦说六国以合纵，张仪说秦惠文王以连横这些流传千古的故事。众所周知的美国总统竞选也是一场表达个人诉求，展示个人形象的角逐。如何让国民在很短的时间内接纳一个人做他们的总统，一个重要的了解过程就是要让他说，通过候选人的演讲，使选民得以与候选人进行磨合，对候选人进行筛选。因此通过卓尔不群的演讲是美国历届总统赢得国民的认可，建树自己的形象，实现社会价值的有效途径。同样，通过演讲这种方式，世人领略了给领导干部提出“五条要求”、“约法三章”的刚正不阿的朱镕基、亲民爱民的温家宝的政治家风范；感受了见微知著的白岩松和柴静等传媒人的品格；体会了叱咤风云的马云、俞敏洪等商业人士的智慧与气魄。这些不同类别的演讲对社会的发展、文明的传承起着积极的推动作用。

朱镕基“五条要求”、“约法三章”

第一，要牢记自己是人民的公仆，全心全意为人民服务，不能搞特殊化。最近，中纪委派出巡视组到一些地区和部门进行检查，查出不少问题。我就想不到，其中很多人还是我的老朋友，这么无法无天，哪儿还有半点公仆的气味?！爬到这个地位，就以为可以为所欲为，就可以随便享受啊？这怎么得了！

第二，要恪尽职守，敢于说真话。如果本届政府都是“好好先生”，我们就对不起人民，要做“恶人”，不要说“我们现在这个社会已经变成庸人的社会，都不想得罪人，我不同流合污就行了”，

这样想是不行的。首先，你们可以得罪我。我这个人气量不大，很容易发脾气，你要跟我辩论，我可以当场就会面红耳赤。虽然我的气量不大，但是我从不整人，从不记仇，这是事实可以证明的。相反的，对于那些敢于提意见的人，敢于当面反对、使我下不来台的人，我会重用他。当然，也不是对一切人都重用，如果他没有能力，我还是不能重用。但是我绝对不会记仇。

第三，要从严治政，不怕得罪人。从严治政，要严格一点，不能随便就放过了，这不是放过一个人的问题，而是一个制度问题，否则，我们国家的命运可能就被“放掉”了。现在，我们很多同志怕说真话得罪人，怕别人不高兴，但是，你要糊弄我也不大容易。我们一定要养成敢于说真话的习惯。

第四，要清正廉洁，惩治腐败。我们自己要清正廉洁，才能惩治腐败，否则做不到。

第五，要勤奋学习，刻苦工作。确实要学习好多新知识。亚洲金融危机，我们过去没遇到过，那只有学习。你不学习，你怎么应对现在这样变幻莫测的形势？不看材料，不看电视，不看报纸，民间疾苦你都不知道、不了解，你怎么工作？人民来信可能现在我批的是最多的。同志们一定要关心群众疾苦。你看了才知道，有许多事情荒谬得不得了，令人发指，看了以后血压都会升高。

我们是“命运共同体”，大家互相激励、互相支持、互相帮助，就可以为全国的政府系统做个表率。因此，我们要共同“约法三章”：

第一条，在国内考察工作，要轻车简从，减少随行人员，简化接待礼仪，不陪餐、不迎送。我们带头做起，国务院的总理、副总理、国务委员下去考察工作，只带一个副部长以上的干部，其他有关的部门最多去一个司局长。很多问题在下面根本解决不了，没有必要带那么多人。不然，副部长不够用。国务院这么多副总理，他们怎么陪得起？不要一大帮子人下去，又吃又喝的，把风气带坏了。……其实有一个省领导陪同就可以了，像我们下去都是代表政府工作的，省委书记就不必陪了。

第二条，精简会议，压缩会议时间，减少会议人员，不在高级宾馆和风景名胜区开会。我们可以到穷一点的地方去开会，大家去访贫问苦，也可以表示国务院对人民群众的关怀。

第三条，除党中央、国务院统一组织安排的活动外，国务院领导同志一般不出席各部门、各地方、各单位召开的会议。我们要刹一下“会议风”，什么都开会，讲的都是空话，最后还是不落实。国务院组成部门召开的会议，部长去讲，事先可以向主管副总理、国务委员汇报一下，该对你提的意见，当面就跟你讲了，你回去开会就行了。过去，我们把很多时间都泡在这种会议上面，没法思考问题。

还要作一下规定：国务院领导同志不参加接见、照相、颁奖、剪彩、首发首映式等事务性活动。

——《朱镕基讲话实录》

【演讲实践】

1. 关注身边问题，每天找寻热门话题，进行话题练习。

2. 大量阅读名人演讲，感受这些演说者的分享意识、责任意识以及达到的社会效果。

3. 寻找一定的场合，练习在公开场合表达。

第二节　让听众接受我的演讲

演讲者都希望自己演讲的内容被最大化地接受。而要实现这个目标，首先要给自己的演讲搭建一个让公众瞩目的平台，这个平台就是思想平台。因为，要想做一个公众接受的演讲，那么演讲的主体——演讲者首先要了解演讲的客体——听众的需求。听众是带着较高的期望值来倾听演讲的，他们希望所听的演讲能给自己解答疑惑、增进智慧、感受快乐、引航人生；但是需要关注的是这些听众无论听哪一类演讲，他们首先是一个道德评判的群体。长期的社会生活、知识摄取和情操陶冶培养了听众很强的道德分辨能力。他们对家庭伦理道德、社会道德、职业道德和政治道德等这些原生性道德文化有着深厚的认识与理解。正如，也许观众不会演戏但是能评判出演员的水平高低一样，在演讲中，听众会用他们长期形成的良好的道德判断首先拷问演讲者在演讲中所使用的世界观、是非观、道德观等观念是否有问题。因此，邵守义先生也认为成功的演讲者应该具有两方面的因素："第一，主观因素；第二，客观因素。所谓主观因素，即你的思想、你的道德、你的情操、你的学识、你的情感、你的阅历，等等。"亚里斯多德也在他的《修辞学》中，阐述了三种劝说模式：逻辑诉诸，人格诉诸，情感诉诸。此后，修辞者的可信度和人格威信，成了西方修辞学理论基础的第一要素。这些都说明古今关注演说的专家，都看重演说者的素养在劝说中的重要作用。

同时，演讲作为一种公众传播，应该具备传播媒体的功能，在著名的传播学者拉斯韦尔的倡导和查尔斯·赖特的补充下，传播媒体的四大功能被定义为：传承文明、监督社会、娱乐大众、宣传教育。而这四项功能都有一个不容忽视的前提，就是要有一个高尚的道德、先进的思想作为引领，低俗、无理、荒谬的内容是任何漂亮的外壳都难以包裹的。

一、政治素养

作为一个社会人，不可能脱离政治而生活，因此，一个语言表达者的政治修养直接成为人们评估其政治行为的重要因素，关系到语言表达的效果。

众所周知，尽管当时美国宪法已经给出了“人人生而平等”的信念，但是黑人的生存环境依然恶劣，不公平现象比比皆是，面对依然存在的种族隔离，马丁·路德·金凭借自身的政治素养，义正词严地提出了自己的反种族主义的主张：

美国民主的伟大光辉，正体现在有权利为正确的事情发出抗议。

只要黑人仍然遭受警察难以形容的野蛮迫害，我们就绝不会满足。

只要我们在外奔波而疲乏的身躯不能在公路旁的汽车旅馆和城里的旅馆找到住宿之所，我们就绝不会满足。

只要黑人的基本活动范围只是从少数民族聚居的小贫民区转移到大贫民区，我们就绝不会满足。

只要密西西比仍然有一个黑人不能参加选举，只要纽约有一个黑人认为他投票无济于事，我们就绝不会满足。

不！我们现在并不满足，我们将来也不满足，除非正义和公正犹如江海之波涛，汹涌澎湃，滚滚而来。

我梦想有一天，这个国家会站立起来，真正实现其信条的真谛：“我们认为这些真理是不言而喻的，人人生而平等。”

马丁·路德·金的《我有一个梦想》之所以能让“亲者快仇者痛”，就是因为良好的政治道德素养为他的演讲奠定了一个不可推翻的立论。

二、社会道德

社会在长期发展中，形成了属于这个社会的基本道德规范。作为一个社会人，只有具备了良好的社会道德，才能借助道德的力量说服人，打动人。演讲者是这些基本道德规范的传播者、实践者，演讲者只有通过自身的解读和亲身的经历来诠释这些社会道德，才能够在语言表达中得到听众的接纳和认可。因此，在大家共同认可的社会道德的基础上展开讨论，是使沟通顺利进行的前提。

当比尔·盖茨事业登峰造极的时候，作为一个有良知的企业家却在思考着一个拯救弱势的社会命题：

我们可以让市场更好地为穷人服务，如果我们能够设计出一种更有创新性的资本主义制度——如果我们可以改变市场，让更多的人可以获得利润，或者至少可以维持生活——那么，这就可以帮到那些正在极端不平等的状况中受苦的人们。我们还可以向全世界的政府施压，要求他们将纳税人的钱花到更符合纳税人价值观的地方。

如果我们能够找到这样一种方法，既可以帮到穷人，又可以为商人带来利润，为政治家带来

选票，那么我们就找到了一种减少世界性不平等的可持续的发展道路。这个任务是无限的，它不可能被完全完成，但是任何自觉地解决这个问题的尝试都将会改变这个世界。

俗话说："天之道，损有余以奉不足；人之道，损不足而奉有余。"当一个著名的政治家和企业家能以一种高尚的社会责任感身先士卒，行天之大道，使人的生存和政府、商家的利益在对立中寻求到一种较为完美的和谐和统一，这种社会道德观会最大限度的感动不同阶层、不同民族、不同年龄、不同财富的很多人，其社会引导作用和表率示范作用十分明显。

三、职业道德

作为一个社会人，对社会问题的关注和表达常常无法脱离职业的视角，反倒是立足职业的操守，更能给我们一个观察、思考、提高的可能。当被问及一个记者最应该具备的素质的时候，白岩松给出的答案是："我觉得是良知，但是我们可以把这个词拆开，一个是社会良心，一个是知识储备，光有良心没知识，有劲使不上，光有知识没良心，太可怕了！"

希波克拉底是来自希腊的，他现在来说是一个西医之父吧，他的有名不但是他那个时候，2400年前的一些医术，我想更重要的还是在于他的精神，希腊的青年凡是有志学医的，都把希波克拉底的誓言作为他宣誓的誓言。那么经过了2400多年，现在他这个誓言已经传遍了全世界，包括在我们中国，都把这个誓言作为一个医生的基本道德的准则。希波克拉底誓言挺长，也有很多版本，但是不管多少版本其中有一句话我倒是记得，这句话是这么说的，无论何种情况，男人或女人，贵人及奴婢，我的唯一目的就是为了病家谋幸福，并且经常检点吾身，不要做任何伤害别人的恶劣行为。

这是钟南山先生的一段关于医生职业道德的表述，2400年前的职业道德，在钟南山的解读下，让世人同样看到了它平凡中不失伟大的普世价值。

四、伦理道德

伦理侧重于反映人伦关系以及维持人伦关系所必须遵循的规则，而道德侧重于反映道德活动或道德活动主体自身行为的应当；伦理是客观法，是他律的；道德是主观法，是自律的。在我们日常生活和工作的方方面面都能看到伦理道德的影子，一个人的生活伦理、职业伦理常常就会通过他的言语不自觉地表达出来。由于这些道德已经广泛被广大人民所掌握，因此一旦偏离这些道德的言论，就会遭到世人的唾弃。

在当今多元化的社会中，人们的价值观也是多元的，这必然导致演讲观点的丰富多彩；但是无论演讲者的观点如何变化，其论证这些观点的逻辑推理方法，哲学思维方式，社会道德常识，法律基本素质都应该符合基本的认知，否则得出来的结论一定是不能被大众接受的。正如古罗马

时期的希腊学者修辞学家朗加弩斯所说：思想充满庄严的人，言语就会充满崇高。同样，对于道德，爱因斯坦也曾经说过："用专业知识教育人是不够的。通过专业教育，他可以成为一种有用的机器，但是不能成为一个和谐发展的人。……他必须对美和道德上的善有鲜明的辨别力。否则，他——连同他的专业知识——就更像一只受过很好训练的狗，而不像一个和谐发展的人。"

可见作为演讲者，首先要具备的是良好的道德审美，这样他才能在演讲中，以高尚的思想组织优质的内容赢得听众的支持和信赖。约翰哈斯林在《演讲力》一书中指出："人们在学习演讲的时候，通常认为最困难的部分是克服面对听众的恐惧感和学习演讲技巧。这两点可能会是学生们关注的首要问题，但是在演讲中需要考虑的最重要的问题其实是信息的质量。"这里，信息的质量的基本标准就是道德标准，一切低于这个标准的演讲都会遭到人们的冷落甚至反对。希特勒是一个非常富有煽动性的演说家，但是他用演讲屠杀犹太人，用演讲发动了第二次世界大战，这些违背社会道德伦理道德的演讲，永远遭到人类的唾弃。

同时，"演说"、"演讲"都是偏正词组，在这里，"演"是对"说"的一种修饰，而不是边演边说的并列关系。因此，一个好的演讲，内容上的审美尤其重要，否则，皮之不存，毛将焉附。

【演讲实践】

1. 关注身边发生的一些负面言语，分析这些言语在内涵上存在的道德修养问题。
2. "汝果欲学诗，功夫在诗外"，通过阅读、学习提升自身素养。
3. 阅读名人演讲，从道德修养方面分析其成功的原因。

第三节　我要讲的内容

演讲中选一个有意义、有价值的话题，对演讲来说至关重要。有些人的演讲就是喊口号，满是报纸电台里熟悉的一些形式化的语言，他的嘴巴里进我的嘴巴里出，或者就是用"长城"、"黄河"、"雄伟"、"浩荡"之类气势磅礴的词，结果导致演讲的选题被淡化，出现了演讲内容和语言同质化严重的现象，导致很多演讲比赛就是比普通话，比感情演绎与表达。听众根本不是被选题的内容所触动，而是被演讲者的情绪所震动，这种演讲难以达到振聋发聩的效果。因此，一个好的演讲必须要有一个好的内容。

一、讲现实的话题

白居易主张"文章合为时而著，诗歌合为事而作"，说明时事人文的价值和意义。在信息发达

的今天，大量出现的社会问题让我们迷惑不解，需要人们在交流中认识、分析，在碰撞中产生解决问题的智慧，在思辨中激发探讨真理的热情。而一些已经成为定论的问题就失去谈论的价值了。比如香港回归之前，我们需要交流讨论香港回归的办法、意义；而在香港已经回归的今天，再讨论这个话题就失去其意义，它只能是历史学家的问题了。当下，不如讨论香港作为一个一国两制的典范，对台湾实现一国两制的统一的借鉴意义。

因此，我们不难发现，民生、反腐、改革、民主是当下非常热门的政治话题，医疗、特权、道德、司法公正等是人们极为关注的社会话题，房产、通胀、保险、汽车等又是人们热切关注的经济话题，这些话题的探讨，对个人对社会都起着答疑解惑、针砭时弊、促进和谐的效果，所以，对这类问题的探讨有着积极的现实意义。

二、讲熟悉的话题

在一些命题演讲中，我们常常也会遇到同样的命题很多人都讲过的现象，并且有些命题不需要别人再说我们就能够明白和接受。比如爱国，没有人会说自己不爱国，但是为什么有些爱国演讲能够继续吸引人们去听呢？很显然，在道理大家都明白的情况下，我们怎么说就成了值得关注的问题。就像老舍写不出岭南风俗一样，每个人都有自己的生活轨迹，在每个人的生活轨迹上，虽然人们遇到的事情不尽相同，但是这些事情产生的结论以及给人的启迪却是相同的。那么我们只要把自己在生活中的这种体验过程说出来，就可以从自己独特的角度阐发一个大家熟悉的观点，使你的演讲成为众人启迪心灵的钥匙，使听众沐浴思想的春风，这样的演讲才更真实可信。

2001年5月21日，比尔·盖茨在美国哈佛大学毕业典礼上：

几年前，我去瑞士达沃斯旁听一个全球健康问题论坛，会议的内容有关于如何拯救几百万条生命。天哪，是几百万！想一想吧，拯救一个人的生命已经让人何等激动，现在你要把这种激动再乘上几百万倍……

那次经历之所以让我难忘，是因为之前我们刚刚发布了一个软件的第13个版本，我们让观众激动得跳了起来，喊出了声。我喜欢人们因为软件而感到激动，那么我们为什么不能够让人们因为能够拯救生命而感到更加激动呢？

拯救生命命题只有一个，但拯救生命的思考有很多种，而比尔·盖茨的独特思考深深地打着比尔·盖茨的烙印，同一个命题比尔·盖茨却给了人们一个独特的启发路径，这种个性化的思考给人耳目一新的感觉。

下面两段话分别来自乔布斯和李彦宏：

当我17岁的时候，我读到了一句话：“如果你把每一天都当作生命中最后一天去生活的话，那

么有一天你会发现你是正确的。"这句话给我留下了深刻的印象。从那时开始，过了33年，我在每天早晨都会对着镜子问自己："如果今天是我生命中的最后一天，你会不会完成你今天想做的事情呢?"当答案连续很多次被给予"不是"的时候，我知道自己需要改变某些事情了。

……

——你们的时间很有限，所以不要将它们浪费在重复其他人的生活上。不要被教条束缚，那意味着你和其他人思考的结果一起生活。不要被其他人喧嚣的观点掩盖你真正的内心的声音。最重要的是，你要有勇气去追随你的直觉和心灵的指标——它们在某种程度上知道你想要成为什么样子，所有其他的事情都是次要的。

我有个姐姐先我五年考上了北大，她告诉我北大的学生出国都很容易，她告诉我外面的世界很精彩。上了北大之后，我却发现我的情报学专业出国并不容易，而最先进的计算机技术那时候在美国。我被迫开始思考自己的下一步，并通过不断参与各种活动来丰富自己的视野。我去学了不少计算机系的课，我翻阅了很多美国有关情报学的论文，希望能够在国际学术期刊上找到自己的机会，我作为那时唯一的理科生参加了学校的"五四"辩论赛；我听了各种各样的讲座：气功、哲学、电影，我参加了合唱团，还在国庆的时候到天安门广场去跳集体舞，我尽情地享受着北大带给我的各种机会；我接触到了各种各样的人，每个人都有他们自己的思路，每个人都不一样，每个人都很精彩。这让我逐渐形成了不轻信、不跟风的思维方式。对于我未来人生道路的选择，北大四年让我具备了独立思考的能力……

以上两段话，一个是乔布斯2005年在斯坦福大学毕业典礼上的演讲，一个是李彦宏在2008届北大本科生毕业典礼上的演讲。他们都要表达一个观点，独立思考，不要墨守成规，但是由于生活经历不同却演绎出内容不同却同样有说服力的表达。需要明白的是听众能够接受相同的选题，但是不能容忍在内容上出现的大量同质化、毫无个性、毫无创新的现象。在一些命题演讲中，很多听众抱着强烈的"我知道这个道理，我就是要听你怎么解读这个道理"的心态来期待分享演说者的感悟，因此，自己熟悉的内容就构成了独特的表达魅力。

三、讲实效的话题

一个人读书的目的是什么？其中有一大部分的目的是为了发现问题、分析问题、解决问题，我们生活在一个被问题包围的社会和自然中，因此解决问题的能力就成了我们成功思考的一个标志。一个成功的演说者常常会用自己的独特思考来分析问题，找到解决问题的办法，让听众茅塞顿开，仿佛受到了心灵的洗礼，有一种醍醐灌顶的酣畅。古往今来，管理者们之所以能够成功，就是用解决问题的能力启发同伴启发下属；是解决问题的思考使之成为众人中的佼佼者，千军万

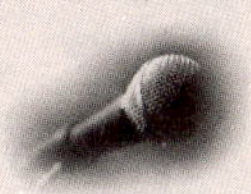

马的统率者。以下是一位老师的演讲：

当下很多年轻人以不同的方式表达着对社会的不满，殊不知，我们有两个社会，一个是现实社会，一个是理想社会。今天的现实就是过去的理想，历史就是在人们的努力下一步步朝着理想社会迈进的。

我们曾经让终日不满社会、意志消沉的学生作过一个这样的选择：如果从古到今让你选择，综合各方面因素，你愿意选择哪一个时代生活？深思后的学生回答：愿意活在当下！是的，当今社会文化的繁荣，对人性的崇尚，政治的民主、经济的发展、科技的发达等都是前所未有的。我们期待未来会更好，但在我们没有努力的时候，我们没理由要求这个社会是最完美的，在我们努力后，我们知道每一个完美又都是相对的。认识——分析——改变，让我们用行动诠释一个社会人的价值。

这位老师对学生思想问题的解读，给学生的迷茫找到了答案，让学生懂得了在努力中思考社会问题而不是一味地消极指责的道理，从而帮助听众在困惑中找到一条积极的人生方向，达到了拨云见日的效果。因此，要想真正做到开启心智，善于解决问题非常关键。

【演讲实践】

1. 在现实生活寻找话题，在知识中寻找话题，在思考中深化问题。
2. 善于记录个人感悟，及时捕捉出现的灵感。
3. 分析名人演讲的个性化语言的作用和意义。

第四节　让听众记住我的演讲

如果说让听众接受我的演讲重在提升的是演讲者的内在素质修养，那么让听众记住我的演讲更体现在演讲者的外在语言表达方式上。

一个演讲，就相当于一篇议论文，对于议论文来说，观点的成功确立离不开论据的合理使用。演讲中，事例是演讲者将观点输送给听众的一个桥梁。没有人愿意在口号式的灌输和连篇累牍的说理中接受一个强加给他的观点，听众都是喜欢听故事的，故事能达到深入浅出说明道理的目的。因此要想让听众记住我的演讲，需要在例子上下一番功夫。

一、举例新颖典型

典型是指具有代表性的人或事，它有独特的个性，又能反映社会本质的某些方面。典型人物及其典型事例形成于一定的典型环境即具体的现实关系中，并对它发生作用。但典型人物与典

型事例又往往超越时代的局限而具有某种永恒的性质。演讲中，运用典型事例进行有效劝说，其说服有着神奇的魔力。

世界上最富有的人，比尔·盖茨，他是个程序员，懒得读书，他就退学了。他又懒得记那些复杂的 dos 命令，于是，他就编了个图形的界面程序，叫什么来着？我忘了，懒得记这些东西。于是，全世界的电脑都长着相同的脸，而他也成了世界首富。

世界上最值钱的品牌，可口可乐。他的老板更懒，尽管中国的茶文化历史悠久，巴西的咖啡香味浓郁，但他实在太懒了。弄点糖精加上凉水，装瓶就卖。于是全世界有人的地方，大家都在喝那种像血一样的液体。

……

还有更聪明的懒人：

懒得爬楼，于是他们发明了电梯；

懒得走路，于是他们制造出汽车，火车，和飞机；

懒得每次去计算，于是他们发明了数学公式；

懒得出去听音乐会，于是他们发明了唱片，磁带和 CD；

……

懒不是傻懒，如果你想少干，就要想出懒的方法。要懒出风格，懒出境界。

为了说明自己的观点，马云举出了一系列典型的“懒”例，让人们被典型说服、打动；一个观念，就这样不知不觉中被潜移默化地植入了大家的思想中。

二、推理合乎逻辑

逻辑学上的推理告诉我们，任何一个结论的获得都需要其他观点作为前提，这样的推理才能被公众所接受。

不管是我的，您的，奥巴马的，还是谁的，不存在一个脱离了时代的个人圆梦过程。每一个圆梦过程都与时代紧密相关。请想一想，如果我们还处在“文革”深入开展阶段，或“两个凡是”的政治背景下，那么，我只能在自己出生的小城里，默默无闻地做着一份极其普通的工作，不可能有圆梦的空间。所以我要通过自己的故事告诉美国人：30 年的改革开放，不要只看到中国经济的数字变化，更重要的是每一个中国人的命运，或多或少，或快或慢，都在悄然发生着变化。从我的角度来看当然也是这样。30 年前，我们家连电视机都没有，何谈做一名电视节目主持人？即使 20 年前我也没有这个奢望。直到 10 年前才会想，而且这种梦想超越了个人——不是为了得到什么，才走上这个岗位。在世界的任何地方，个人梦想都离不开时代的变迁。

这是 2009 年 3 月 31 日白岩松在耶鲁大学的题为“我的故事以及背后的中国梦”演讲的一部

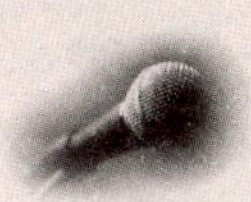

分，合乎逻辑的步步推论，让美国人接受了一个不争的事实：中国在慢慢变得开放，中国人民逐渐找到了自我，中国社会在不断成就国人的梦想。

三、语言充满智慧

常言道，演讲需要四个要素“技、道、悟、空”，也就是说，演讲除了表达技巧、丰富的思想、淡定的心态之外，还需要将自己的感悟表达出来，这种感悟来自于对生活的理解，并能用自己的智慧创造性地分析、解决现实问题。

学者王健认为：知识可以传递、可以学习、可以复制、可以模仿；但是智慧在本质上，是需要我们创新的。如今，在信息化时代，有一种资源非常稀缺，那就是注意力。我们每天被大量信息包围，作为传播者需要关注的就是如何能吸引受众的注意力。不言而喻，那些新颖独特、充满创新、聚集智慧的东西是最能夺人耳目的。因为这些内容在思想上能给人以启迪，在情感上能给人以震撼，在说理上能给人以信任。

俞敏洪在他的演讲中讲过这样一个故事：

有一个故事说，能够到达金字塔顶端的只有两种动物，一是雄鹰，靠自己的天赋和翅膀飞了上去。我们这儿有很多雄鹰式的人物，很多同学学习不需要太努力就能达到高峰。很多同学后来可能很轻松地就能在北大毕业以后进入哈佛、耶鲁、牛津、剑桥这样的名牌大学继续深造。有很多同学身上充满了天赋，不需要学习就有这样的才能，比如说我刚才提到的我的班长王强，他的模仿能力就是超群的，到任何一个地方，听任何一句话，听一遍模仿出来的绝对不会两样。所以他在北大广播站当播音员当了整整四年。我每天听着他的声音，心头咬牙切齿充满仇恨。所以，有天赋的人就像雄鹰。但是，大家也都知道，有另外一种动物，也到了金字塔的顶端。那就是蜗牛。蜗牛肯定只能是爬上去。从底下爬到上面可能要一个月、两个月，甚至一年、两年。在金字塔顶端，人们确实找到了蜗牛的痕迹。我相信蜗牛绝对不会一帆风顺地爬上去，一定会掉下来、再爬，掉下来、再爬。但是，同学们所要知道的是，蜗牛只要爬到金字塔顶端，它眼中所看到的世界，它收获的成就，跟雄鹰是一模一样的。

拥有大量的知识只是一种容量上的扩充，但是开启非凡智慧，却是在高度上提升。人类的文明需要站在知识的台阶上触碰智慧，这样的思想才能引起公众的关注，才能给公众带来情感上的审美。

四、风格轻松幽默

当“说教”和“寓教于乐”这两个概念出现在人们的面前，任人选择，其结果是不言而喻的。因为快乐学习、轻松接受是我们在学习上追求的最高境界。同时快乐学习和轻松幽默的传授是相

辅相成的。关于幽默，林语堂认为：人之智慧已启，对付各种问题之外，尚有余力，从容出之，遂有幽默。不难发现，幽默和智慧是密切相连的。所以，能让听众在愉悦中接受深刻的道理，这样的表达一直得到人们的厚爱，阿凡提的故事老少咸宜，就是这个道理。

钱钟书的《围城》再版后，在国内外引起很大震动。有一天，一位英国女记者，恳请钱老让自己登门拜见，钱老一再婉言谢绝却没效果就对那位英国女士说："你看了《围城》后，可能会像吃了一只鸡蛋那样，觉得不错，但是，你又何必认识那个下蛋的母鸡呢？"

恩格斯说："幽默是智慧、教养和道德上的优越感的表现。"幽默的演说者会放弃尖刻的语言，幽默的演说者还能在轻松愉快中降服对手。在幽默的启发下，失败者不会觉得尴尬，不同意见者不会被激怒；一切的转变都变得祥和而自然。

典型的故事、深刻的感悟、合乎逻辑的说理和轻松幽默的表达，构成了让听众记住我的演讲的四个必备要素。这四个要素可以避免演讲中出现同质化的现象。而同质化演讲是演讲活动中最乏味、最难堪、最苍白的，常常被看成是"假、大、空"的代表，形式主义的典范，又被冠之以打官腔的表达，究其原因，就是没有典型事例的合理推论，没有独特的智慧和生动有趣的个性化语言。

在当今这个多元化时代，无论在工作还是人际交往中，一份演讲的热情，一个良好的素养，一个现实的选题，加之生动有趣的内容，便能通过演讲很好地展现自己形象，提升个人魅力。

【演讲实践】

1. 阅读名人演讲，分析典型事例在说服中的价值。
2. 参与演讲活动，在实战中提升演讲水平。
3. 对演讲稿反复修改，在趣味生动、深入浅出、启发提高这几个方面检查演讲稿内容。

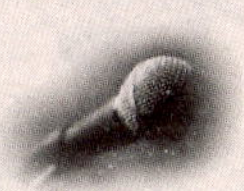

第三章　我的听众

【导语】

百科大辞典对“听众”一词仅用“听讲演、音乐或广播的人”十个字解释。听众在演讲中到底扮演着什么样的角色？听众在演讲中的地位到底是怎样的？一万次的研究表明，演讲不考虑听众是彻底荒谬的。到底什么才是完美的演讲？请记住，没有什么比我们的听众更重要。我们为什么要演讲？因为听众，听众才是我们在那里做演讲的唯一原因。然而，每个人都有自我表达的需求和欲望，我们常常一味地说自己想说的而忽略了听众的需求。一次完美的演讲应该是使人知、令人信、动人情、促人行的。只有我们跟听众互动，达到共鸣，才算是成功，听众才是完美演讲的真正推手，好的演讲应该是我们和听众的共同杰作！

【案例】

从热闹和愚蠢中，你们记忆了正义；从麻木和好笑中，你们记忆了责任和良知；未来有一天，或许当年的记忆会让你们问自己，曾经是姐的娱乐，还是哥的寂寞？……

这是华中科技大学毕业典礼上校长李培根演讲的部分内容。2010 年 6 月 23 日，在华中科技大学 2010 届本科生毕业典礼上，校长李培根院士的毕业致辞在当时红极一时。短短 16 分钟的演讲，被掌声打断 30 次，全场 7700 余名学子起立高喊：“根叔！根叔！”

华科校长李培根院士能在 2000 余字的演讲稿中，把四年来的国事、校事、校园人物、网络热词巧妙地融合在一起，以朴素平实的作风、新潮流行的举止和幽默风趣的语言，使听众产生共鸣，并不断将会场气氛推向高潮。纵观历年各所大学校长在毕业典礼上的致辞，唯独李校长的演讲获得一致认可，归根到底是讲到学生们的心坎里去了，用学生的话说：“我们的世界，他都懂！”

第一节　了解我的听众

听众和演讲者到底是什么关系?

有的演讲者把听众看成是接受听训的听众,两者之间的关系是我讲你听的被动服从关系,而不是一种引导与互动、需求与满足的互助融洽关系。作为演讲者,在很多时候有压力,怕听众给演讲者出难题。这种想法是极其错误的。试想,如果没有听众参与,演讲者的演讲又有什么意义呢? 听众花了宝贵的时间来听演讲,我们应该感激他们,满足听众的需求。想要满足听众的需求,就要了解听众,细心听取他们的心声。做到这点,有以下两种方法:

一、间接调查

知己知彼,百战百胜。听众最想得到什么,这是我们整个演讲的核心。演讲的内容一定要符合听众的实际需求,而演讲前的调查显得尤为重要。

(一) 谁来调查?

1. 我自己;

2. 承办演讲的单位;

3. 委托专门调查机构。

(二) 如何调查?

1. 互联网搜索;

2. 电话询问;

3. 发放问卷;

4. 面对面交流;

5. 现场观察。

(三) 调查什么?

1. 发言前必须了解听众

(1) 他们是谁(级别、性别、年龄、文化层次、信仰等)? 有多少人? 他们与你的发言主题有何关系?

(2) 他们对该主题了解多少? 他们需要了解些什么?

(3) 他们希望从这一事件中得到什么? 从你的发言中得到什么?

(4) 他们对某一特定类型的发言习惯是什么?

(5) 他们对你有多少了解? 他们还需要了解什么? 他们对你的看法如何?

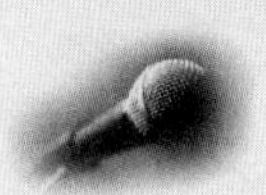

(6) 他们为什么要出席？是自愿的还是被要求来的？

(7) 他们的态度会怎样，会很热情？很礼貌？无动于衷？或者是怀有敌意？

(8) 还有其他的障碍、历史或期待需要考虑吗？

2. 发言前必须了解你发言的背景

(1) 发言的场合是正式的还是非正式的？

(2) 你发言时，听众是否刚吃完饭、刚喝过酒、刚下班，或刚参加完一项活动？

(3) 听众的精神状态是疲劳的还是活跃的？上一次休息是在什么时候？

(4) 在你之前的讲话者是谁？之后是谁？这会对听众的反应产生什么影响？

(5) 你是不是这次活动当中，或者是这一天、这个上午或下午的第一个或最后一个发言者？

(6) 要求你回答问题或散发讲稿吗？

(7) 发言的时间有多长？你能在这个时间内将意思表述完整吗？

(8) 你是否需要根据设备情况对发言做出调整？

(9) 你对发言的环境和对象有多大的控制权？

二、现场考察

关于是否需要提前到达，一直有两种说法。有的人认为，为了制造演讲者的权威感、神秘感，同时为了刺激听众的期待，最好不要提前到场，即使到了也最好先“躲”在后台。当然，还有一种说法是提前到达比较好。持该观点的人认为，提前到达，可以更好地了解场地环境、调试设备，更重要的是，能有机会跟台下的观众交流沟通，以便拉近彼此的距离。

利弊得失与否，要根据实际情况来决定，不可一概而论。如果我们想营造出平和、融洽的氛围，可以选择提前一点儿到达。我国著名演讲家颜永平教授在他每次演讲前都会提前露面，有时候，为了更好地了解听众的需求，他会提前三十分钟到达，不露声色地“混”入人群，跟台下的听众坐在一起闲聊，进一步了解听众的情况。颜教授平时工作非常忙碌，为了做好一次演讲，为了更好地迎合听众的需要，不惜花大量的时间走近听众，跟听众打成一片，不放过任何一个机会抓听众的兴趣点，这种精神的确让我们感动，也值得我们学习。

演讲者应该在演讲前从演讲现场感觉到听众的情况，主要包括以下几个方面：

1. 年龄

听众的年龄有多大直接影响到一个演讲者要讲的话题以及话题的深度。在语言上，对于年轻人可以尽量活泼、网络化。而年老的听众可能知晓某些历史事件，但说到“苹果”、“打酱油”的新含义他们很可能就不知道了，我们应该留意。

2. 职业

他们是学生吗？如果是，他们中很多人应该生活压力相对小，不会为生计去干活，但是希望有一天得到工作。如果已经工作了，他们属于什么领域，他们是管理人员还是普通职员？了解人们怎样谋生，可以更多挖掘他们的动力和兴趣所在。

3. 状态

演讲者掌握听众的心理、身体状态非常重要。当听众情绪不佳的时候，演讲者可以播放一些激情音乐、讲讲笑话或者带领大家互动。只有这样，你才能真正进入演讲环节，从而促成演讲者与听众的默契，互动配合达到最佳状态。

关于调查的内容要根据演讲涉及的内容而具体设定，这里给大家列出的也仅仅是一种参考，调查内容要根据实际调整。比如做一个关于禁烟的宣传，那么事先你就应该了解听众里有多少吸烟者、不吸烟者、二手烟民、戒烟成功者等等。有些需要调查的内容涉及隐私，所以选取的方式最好不是面对面的，需要匿名进行。

第二节　让听众了解我

我们跟听众之间的关系是相互的，我们了解、追逐听众，同时也要学会展示自我，让听众了解并喜欢上我们。

一、吸引力法则

现代量子力学表明，世上的万事万物都是由能量组合而成的，而能量就是一种振动频率，每样东西都有它不同的振动频率，所以才出现了那么多不同事物的面貌。无论是桌子、房子、山河等有形的物体，还是思想、情绪等无形的东西，都是由不同振动频率的能量组成的。我们都有过这样的体会，一排音叉，当你敲响其中一个，音叉发出清脆的乐声，没多久，其他音叉也会发出同样调值的乐声，它们的声音会互相应和，产生共鸣。这说明，振动频率相同的东西，会互相吸引而且引起共鸣。同理，我们的意念、思想是有能量的，脑电波是有频率的，它们的振动会影响和吸引其他东西。大脑就是这个世界上最强的“磁铁”，会发散出比任何东西还要强的吸力，对整个宇宙发出呼唤，把和我们的思维振动频率相同的东西吸过来。所以，我们生活中的所有事物都是我们自己大脑的思维波动吸引过来的！我们将会拥有心里想得最多的事物，我们的生活，也将变成心里经常想象的样子。这就是吸引力法则！

根据这个法则，如果想让我们的听众了解并喜欢我们，只要我们放下过去的负面情绪，在脑海里想象听众喜欢我们的样子，不断重复、再重复那个场景，然后告诉宇宙，我们迫切需要这个！

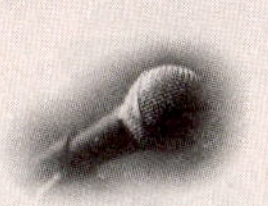

需要注意的是，想象越逼真越细节化越有效果！这听起来似乎有点儿不可思议，但请相信我，那些知道这个秘密并且熟练运用这个法则的人，都是最伟大的人物，譬如耶稣、林肯、牛顿、福特、柏拉图、莎士比亚、雨果、贝多芬、爱默生、爱迪生、爱因斯坦、比尔·盖茨等。

二、积极宣传

当今演讲人才大批量涌现，浩浩荡荡，呈现百舸争流之势。作为其中一员，如何从中脱颖而出，并做到如同夜空中的明月一样光彩夺目，这是摆在每位演讲者面前的一个非常现实的问题。做到这一点最快捷的方法就是包装和宣传。

做好包装和宣传，首先要解决三个W：

who\where\how——我是谁？（定位）我要去往何处？（目标）我如何去那里？（策略）

三个W想清楚以后，开始进行包装和宣传。人们要听我们的演讲无非对两件事情感兴趣：第一，我们自己本身；第二，我们的演讲。所以，这里的包装宣传包括“个人”和“演讲”两方面。下面谈谈包装宣传中的一些技巧。

（一）强调使命感

众所周知，凡以赢利为唯一目的的企业一般活不长，而有些企业为何能成为百年经典？原因就是它们的使命感。它们不仅仅是为了赢利，还承担了社会责任。通用电气的使命“以科技及创新改善人们的生活品质”；迪斯尼的使命“使人们过得快活”；苹果的使命“推广公平的资料使用惯例，建立用户对互联网的信任和信心”；沃尔玛的使命“给普通老百姓提供机会，使他们能够与富人一样，买到同样的东西”都很好地体现了各个企业的社会价值，使它们的存在更有意义。得人心者方久立。人跟企业一样，如果我们想要更多的人来听我们的演讲，那么我们就应该赋予自己和我们的演讲本身以使命。我们的使命是什么？或许现在我们还没有答案，不要着急，我们可以好好想一想。它一定是与众不同的，而且是入口、入耳、入脑、入心的，对吗？

（二）响亮的名称

刘德华原名刘福荣，李玟原名李美林，冰心原名谢婉莹，茅盾原名沈雁冰……从古至今，上至达官贵族，下至文人墨客、平民百姓，很多被人们所熟知的名字并不是原名，而是后来改过的。一个能让人记住又新奇的名字非常重要。这里的名字可以是我们的姓名、演讲题目、品牌名等等。

（三）领域细分

领域细分的目的是什么？举个例子你马上就会明白。如今的讲师多如牛毛，教演讲的更是数不胜数。假设我们将来要做教演讲课程的老师，你觉得前景如何？对，我们就是繁星里的一颗，不知道学生何时会看到我。但是，如果你换一种方式，不是任何人拿钱你都会教他，你只是专注于青少年的演讲教学研究，这样是不是马上显得你与众不同？现在你就从星星变成耀眼的月

亮了！

（四）打造 No. 1

哪里有那么多的"第一"都被我们占到？请注意，从某种意义上讲，No. 1 不是努力才拥有的，而是某种条件下的结果。例如：今天你数学考了 80 分，市里排名 435，学校排名 121，班级排名 22，恰巧你又是这 22 名学生中唯一一名女生（只是假设，没有性别歧视）。那么你依然可以对大家说："我是我们班级女生里的第一名！"对，关键点就在这里，我们的任务就是寻找那个能使我们成为 No. 1 的"女性因素"，如果没有，我们自己要想办法创造出这个因素！

（五）借势助名

借助名人、权威等有影响力的人和事，想办法让自己的品牌跟它们发生关系。三元牛奶为什么卖得好？三元一直说它们的牛奶是人民大会堂国宴用奶。所以，这奶品质有保证。再说，三元奶的价格跟其他品牌奶差不多，我们为何不选择它呢？

（六）树立权威

证明很重要。到目前为止，跟我们演讲主题相关的理论著作、数据、老听众的评价、公众人物的评价、媒体点评、网络搜索量等等都是权威建立的重要组成部分。

（七）连续不断的宣传

脑白金的广告一直不被国人看好，为什么脑白金还卖得那么好？事实证明，连续不断的重复轰炸式宣传是有效果的。如今网络已经成为人们获取信息极为重要的来源，而网络上的很多宣传方式是免费的，因此，在网络上建立博客、播客、微博、百科、电子书，发表软文到一些网站等等都是很好的宣传方式。同时，也可以参与新闻发布会、举办相关公益活动，还可以咨询一些专业的包装宣传公司。它们会为我们提供更多、更细致的帮助。

三、现场环境的布置

先一起来思考几个问题：为什么"实话实说"栏目配备乐队？为什么诗歌朗诵需要配背景音乐？为什么电影故事中用背景音乐来烘托？为什么很多晚会以集体合唱的方式结束？为什么艺术总监对舞台背景和灯光的要求总是那么苛求？

事实证明，营造良好的氛围、现场环境的布置能使听众迅速进入状态，进一步了解我们。个人简介及演讲主题的 PPT 播放、能够刺激听众想要听演讲欲望的音乐、引人入胜的灯光、跟演讲相关的条幅、鲜花等道具都是在跟我们的听众说话呢！

四、主持人是个好帮手

如果演讲现场有主持人的话就再好不过了，夸自己的话从主持人的口中说出来就显得那么

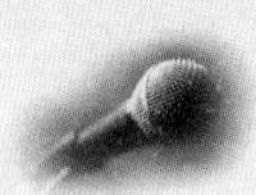

自然了，你不得不承认，主持人真是一个好帮手！例如某老师做一个演讲，主持人用了几个“最”字将其夸赞一番，然后让全体听众起立一边为其鼓掌一边齐声喊“欢迎！欢迎！”(同时播放激动人心的音乐)。主持人通过对老师的赞美以及邀请大家起立欢迎的方式，使听众很快和演讲者融为一体。不过，这种出场方式在陌生人、保守的人、年老的人较多的场合要慎用。

第三节　让听众期待我的演讲

一、耳目一新的自我介绍

好的演讲从形式新颖的自我介绍开始。要想让听众有所期待，首先必须让听众认同演讲者本人。而自我介绍就是推销自己，改变别人对我们的看法，强化听众的期待！

让人耳目一新的自我介绍的内容：

◇ 问候

◇ 赞美、感谢

◇ 解释名字

要精心设计自己的名字，用各种办法让别人记住你的名字。如企业家严介和的自我介绍：“君子待人和，待己严，大事和，小事严。君子和而不同，小人同而不和。父母希望我介于严和之间，取名为严介和。”严老师将自己做人的准则跟自己的名字联系在一起，给人印象深刻。

◇ 从哪儿来

这项内容不宜过多讲述，一句话带过。

◇ 我的过去

过去是对我们最好的证明，这部分应该着重介绍自己身上发生的不可思议的、感人肺腑的、与众不同的事情；个人业绩；他人评价(最好是有影响力的人对自己的评价)。

◇ 我的现在

什么时间最重要？现在！毋庸置疑，每个人最关心的话题是你现在在做什么？这部分要给大家着重描述一件你正在从事的有意义的事情，并且告诉大家，你的身后有多少人在支持你。数字是个好东西，我们不妨也玩玩数字游戏，将我们表达的内容用数字串联起来以便大家记忆。著名环保演说家叶榄曾这样对媒体描述自己正在做的事情：“一个人，花费十年时间，行走一百个国家，宣讲一千所学校，征集一万个祈福绿色与和平的题词留言签名，争取一亿人次的关注，概括为‘个十百千万亿工程’。”

◇ 我的将来

一个男孩一定懂得跟他的恋人描述他们美好的未来。自我介绍也是一样的道理，我们需要描述那个“未来”来吸引我们的听众。我们要告诉听众我们的愿景是什么、我们的使命是什么。

让人耳目一新的自我介绍的方式很多,这里只是抛砖引玉,大家可以根据自己的实际情况不断挖掘,以加强听众的期待。

二、拉近与听众的距离

除了赞美法、幽默法、表达关心法,这里着重介绍寻求相似法。只有彼此距离拉近了,听众才会对你产生好感并听你的演讲。2006 年 4 月 21 日,胡锦涛主席在美国耶鲁大学演讲,他说:

首先,我感谢莱文校长的邀请,使我有机会来到世界著名学府耶鲁大学,同青年朋友和老师们相聚在一起。进入耶鲁大学的校园,看到莘莘学子青春洋溢的脸庞,呼吸着书香浓郁的空气,我不由回想起 40 年前在北京清华大学度过的美好时光。学生时代对人的一生都会产生重要影响。当年老师们对我的教诲,同学们给我的启发,我至今仍受用不尽。耶鲁大学以悠久的发展历史、独特的办学风格、卓著的学术成就闻名于世。如果时光能够倒流几十年,我真希望成为你们中的一员……

我们着重看这个句子:“进入耶鲁大学的校园,看到莘莘学子青春洋溢的脸庞,呼吸着书香浓郁的空气,我不由回想起 40 年前在北京清华大学度过的美好时光。”胡主席由眼前的青春脸庞,联想到自己的学生时代,通过“联想”让自己的时光倒流,马上找出自己和眼前听众的相似点——青春、大学时代。“如果时光能够倒流几十年,我真希望成为你们中的一员……”耶鲁学子们听到这句话能不打心眼里欢迎我们的胡主席吗?这句话更是把胡主席跟耶鲁学子的心紧紧牵在了一起。

三、引起听众的兴趣

引起兴趣可以通过道具法、提问法、好处给予法、成果展示法来进行。有一次,我参加一个心理学讲座。开场的时候,主讲老师问道:“现场有人怕狗吗?”后来他邀请了一位从来没敢碰过小狗的女孩上台,主讲老师说:“请大家给我十分钟,等会儿这位女孩不仅敢碰小狗还敢抱着小狗跟大家打招呼!”大家听了以后,都觉得太不可思议了,因为从小到大,这个女孩从来没被说服成功过。于是,现场所有人都坐直了身子想看看老师是如何解决这个问题的。

人类生来有两个需求,一个是追求美好的需求,一个是逃避痛苦的需求。请大家猜猜哪个需求驱动力更大?如果你回答不出来,那么就请回答这样一个问题吧。如果你在一座 30 层楼的楼顶发现对面楼顶有 5 万块钱,假设两楼楼顶高度相当,间距 2.6 米左右,从楼顶跳过去是唯一的路径,你会不会跳过去捡钱?你的答案是跳还是不跳呢?我曾在做演讲的时候问过我的听众,结果是部分人愿意部分人不愿意。现在假设又出现了一种情况,空间不变,不过现在钱已经被人捡走

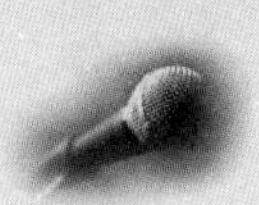

了，从我们所在的大楼里突然蹿出一只从动物园逃跑的老虎，样子异常凶猛，看到我们就猛扑过来。这时你会怎么办？跳还是不跳？你的答案是什么呢？这次我的听众全部选择跳！说来也是很有趣的事情，从这个例子我们很容易发现，如果想要听众重视我们的演讲，并且急于让我们开始，说出“不听演讲的严重后果”比说出“听演讲的好处”更有效！那么，我们应该郑重地告诉他们：如果你不听演讲，你的损失多么严重！我们可以把听众假定成病入膏肓的人，而“我”就是唯一的解药！

四、设置悬念

颜永平老师给大学生们上演讲沟通课时，常常在大晚上跟大家说早上好，有的学生一听就发笑，心想颜老师是不是还没倒过时差来啊，可是转念一想，颜老师身经百战，怎么可能犯这种低级错误呢？于是，悬念自然产生了。学生们个个端坐身子、瞪大眼睛、竖起耳朵，想看看颜老师如何收场。在停顿了一小会后，颜老师镇定自若，笑眯眯地问大家：“立志成才，早点走上理想之路，好不好？”（学生回答“好！”）“回报父母、报效祖国，早点走上幸福之路，好不好？”（学生回答“好！”）“为中华崛起之读书，早点走上成功之路，好不好？”（学生回答“好！”）“为了早点走上理想之路、幸福之路、成功之路，我们花点时间学习演讲和沟通，早点上这门课，好不好？”（学生回答“好！”）“演讲与口才课早上好吗？”（学生回答“好！”）颜老师首先设置悬念，引起学生的兴趣，强化他们的期待，然后又在一连串的发问中，不仅跟学生们快速进行了沟通互动，也巧妙地解释了跟大家说“早上好”的原因，这不可不说是一个绝招。

悬念的设置可以使整个演讲一波三折、跌宕起伏，不仅很好地控制了整个演讲的节奏，引起听众的期待，还拉近了演讲者跟听众之间的距离，直接触及到听众的内心。

第四节　尊重我的听众

每个人都有被尊重的需求，当我们伤害了他，我们将失去他；当我们敬重一个人的时候，我们成就了他，他也会同样地尊重我们。当我们尊重别人的时候也才能赢得别人的尊重。

一、称呼

上台后的第一件事情就是称呼我们的听众。有的人没有称呼听众的习惯，这是很不礼貌的。称呼看起来简单却不是一件小事，我的一位朋友就曾经因为称呼不到位气走听众。开场的时候，到底该怎么称呼听众呢？

首先，称呼要全面。我们的称呼要包括在座的每一位听众。情况允许，我们的称呼最好细

化，带上形容词，特别重要的人，点到他们的名字。根据情况与场合，我们可以称呼对方的行政职务，比如校长、局长、经理、董事长等；我们也可以称呼对方的职称，比如工程师、教授等；我们也可以称呼对方所属的行业，比如解放军、警察同志等。举例说明，“尊敬的杨校长、李校长，亲爱的老师、同学们，大家好！”“连续奋战了三天三夜的李院长、黄医生、邓医生，以及战斗在一线的所有白衣天使们，你们好！”“精神头十足的、与我同为80后的彭清一老师、李燕杰老师，以及清华大学的莘莘学子，你们好！”当然，有些场合重要人物比较多，时间不允许一一说到，那么我们可以直接说“最热爱学习的伙伴们”、“大家”、“各位朋友”、“各位领导”、“女士们、先生们”等等。

其次，称呼要有顺序。依据通常习惯，应该按先长后幼、先上后下、先重后轻、先女后男、先疏后亲、先宾后主的次序来进行称呼。

在演讲的过程中，如果涉及听众发言或者与听众互动的情况，我们仍然需要称呼他们，以表示尊重。

称呼的时候，有一些需要注意的问题：

第一，不可随意用替代性称呼。比如在演讲的过程中有听众提问，我们请他回答时就不可以说“后排的”、“穿蓝衣服的”，我们应该说“后排的那位先生，请您发言”、“穿蓝衣服的那位女士，请您发言”。

第二，不要使用容易引起误会的称呼。比如“小”这个词语有时候有可爱之意，但有时候带有轻蔑、取笑的意味。

第三，大家不熟悉的场合，简称不可以在第一次称呼时出现。比如，“各位来宾，以及今天的特别嘉宾——人大的李美凤同志、海淀区委的黄和敏同志，你们好！”这个开场称呼是不符合规范的。

二、记住对方的名字

有一样东西明明是自己的，却是给别人使用的，那样东西便是自己的名字。每个人都喜欢听自己的名字。如果在面对陌生听众的时候，我们可以很快地记住并且叫出他的名字，对方一定很高兴。比如在现场提问的环节，我们就可以说：“杨明玲，请你来说一说好吗？”“我们先有请性格活跃、爱思考的李瑞来回答好吗？”我相信，当对方知道你在众人中能认出他来的时候，一定开心极了。有的时候我们也可以在他的名字前面加上一些适当的形容词来褒奖、鼓励一下他。

名字如此重要，可是我们该如何在短时间内记住这么多人呢？找媒介是一个很有用的方法。具体来说，就是把这个人的特征跟他的名字连接起来。这个特征最好是比较稳定的特征，但为了应急，也可以适当使用不稳定的特征。比如，这位听众有一个与众不同的发型或者服装，我们就可以暂时通过发型和衣着很快将他识别出来。我们需要制造一个媒介来联系他的名字和特征。

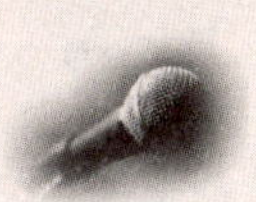

名字的记忆有字义衍生法、谐音法、图像法等。当然，如果情况允许，我们也可以跟主办方要一张签名单，我们只需要照着上面的名字随便点就可以了。不过，这个单子最好不要太显眼。

三、倾听并且尊重听众的不同意见

上帝给了我们一张嘴巴，却给了我们两只耳朵，这是希望我们更能学会听话。演讲不是一言堂，真正的演讲应该是我们与听众共同的杰作，好的演讲的真正推手是听众，我们要给听众提问咨询、表达不同意见的机会。会说话的人比不上会听话的人。我们讲得再好，如果听不进听众的意见，表现傲慢，那么，所有的成绩都白费！听众发言的时候，我们要停下手里的其他事情，两眼专注。对方发言结束后，不管我们是否同意对方的说法，我们都应该先说一句："感谢您的积极发言，您说得很好！"如果我们有自己的不同想法希望跟听众进一步沟通，我们可以说："我非常理解您，如果我是您，或许我也会产生同样的想法。同时，这里我也想进一步跟大家阐明一下关于这个问题我的看法……"

第五节　与听众互动

演讲是一种沟通，沟通是一种互动，没有互动就没有心动，没有心动就没有共鸣。

为了互动，世界演讲第一名罗宾先生演讲的时候用水枪活跃现场气氛；世界汽车销售第一名乔吉·拉得先生演讲的时候站在讲台上面给大家领舞；世界房地产销售第一名汤姆·霍普金斯演讲的时候走下台来跟每一个人握手。我们该如何互动呢？

一、面对听众保持你的微笑

作家萨克雷说："生活就是一面镜子，你笑，它也笑；你哭，它也哭。"微笑是一个人对生活的态度，微笑的面孔总会有希望。微笑显示出一种力量、涵养和暗示，它缩短了彼此的距离，使人与人之间心心相通。研究证实，笑还能降血压、释放压力、减轻沮丧、增加快乐！我们何乐而不为呢？

二、把赞美送给你的听众

人人都爱听赞美的话，所以，我们也要学会赞美他人。赞美需要我们有宽广的胸怀和相当的自信，通过赞美别人，鞭策、鼓励、提高自己。可以说，赞美是一种修养。

我们跟听众大都是第一次见面，在不了解的情况下赞美他们不太容易。我们可以赞美听众什么呢？听众来听我们的演讲说明他们热爱学习、注重精神生活；重视演讲口才也能反映出他们热爱生活、对待事情有自己的主见，因为很多人认为说话是不需要学习的。从这些角度，我们都

可以赞美一下听众。另外，我们也可以赞美他们的容貌、身材、声音、气质、服装与饰品，赞美他们的家庭、对象和孩子。如果有新的发现，我们还可以赞美他们独特的本领和创新，赞美他们的个人爱好。夸错了虽然不犯法，夸死人也不用坐牢，但是夸人也是有讲究的，不能随便乱来。以下几点是我们需要留意的：

赞美要真诚、面部要微笑；

不要总说“最、第一”等过于绝对的词；

赞美要具体、及时、公开、特别；

多说事实和感受，少用形容词、副词；

经得住时间考验；

注意度，不可弄巧成拙。

三、让幽默架起你与听众间的心桥

列宁说：“幽默是一种优美的、健康的品质。”幽默是一种品质，更是一股神奇的力量。它是人与人之间交往的润滑剂，在很多时候，它帮助我们化解尴尬和紧张，消除误会。有了幽默，我们和听众之间的感情将直线升温。

有一次，钢琴家波奇在美国密执安州福林特城演奏。进场后他发现座位几乎空了一半，他当然非常失望。于是他走到台前对大家说：“福林特这个城市的人一定很有钱，我看你们每个人都买了两三个座位票。”波奇的幽默不仅为自己化解了尴尬，更使这没坐满的大厅里充满了欢笑。

李敖在神州文化之旅中，在清华大学发表演讲时，开头就诚实地对大家说：“我跟大家说，我最怕这种讲堂，原因讲过，作为一个演讲的人，他要很礼貌地照顾每一位，可是当讲堂是这个样子的时候，从左到右，从右到左，我就觉得我自己是一台电风扇。”一时间，大家都笑到腰疼，这为他后面笑声爆棚的演讲打了一个很好的基础。可见生活离不开幽默，幽默是演讲者与听众间的一座心灵桥梁。

四、跟听众交朋友

交朋友的秘诀，除了先前提到的微笑、感谢、赞美、衣着、尊重、幽默等要素外，更重要的是要有语言上的交流。我们跟听众大多是第一次见面，我们到底可以聊些什么呢？

（一）先找彼此的相似点

“物以类聚”这个词是有科学依据的，人们会主动寻求与自己相同或者相似的事物而排斥不同的。当人们的相似点越多的时候，彼此越能产生一见如故的感觉。相似点来自哪里？比如背

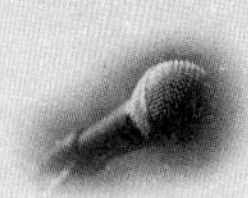

景、兴趣、年龄、职业、家乡等等。我们在不断发现相似点的过程中，一步一步拉近了彼此的距离。有一次，从火车站接李燕杰老师回来的路上，我们闲聊起来。当他得知我在人民大学做教学工作的时候，非常激动地说他和人民大学也很有缘，他早年曾考上过华北大学（也就是今天的人民大学），不过后来因为参军而没能坐进教室。这番话让我们一下子贴近了。后来，我欢迎他到我的家乡湖北做客，他说："我的妻子就是湖北人，很亲切呀！"李老师就是在不断发现彼此的相似点中一步一步拉近彼此距离的。

（二）谈论对方的兴趣点

著名罗马诗人西拉斯说："我们对别人感兴趣，是在别人对我们感兴趣的时候。"我们应该以礼在先让别人把话说完，不要打断别人，要跟随对方的兴趣聊。当别人问你，给你说话机会时，我们就应该恰到好处地引出对方感兴趣的话题，找到突破口，把我们的精神产品——演讲，出售给我们的听众，让他们乐于接受。所以，在演讲的时候，听众的兴趣点，就是演讲者的出发点。

（三）表达对听众的关爱

当你真正关心他人的时候，也是对方最容易被打动的时候，他们会觉得你非常真挚，也乐于跟你交朋友。作为演讲者要善于为对方考虑，往往一件不起眼的小事只要你稍加关心，就会起到预想不到的效果。当我们为对方着想的时候，他们也会反过来考虑我们。于是，这种无形的友情就慢慢建立起来了。

五、使用道具加强互动

炒菜时通常要放些佐料才更味美，演讲中运用道具也能增光添彩，增加互动。炒菜时佐料的选择和用量都有严格的讲究，同样，演讲时所选用的道具也必须为演讲主题服务，否则只会哗众取宠，得不偿失。只有精心准备，确保道具能对论证主题起到积极作用时，才能使用。那么，我们在演讲时可选用的道具有哪些呢？

（一）声音、图像、文字、灯光

在本章第二节中，我们已经谈到现场环境的布置能够让听众很好地了解并喜欢我们，比如个人简介及演讲主题PPT、刺激人心的音乐、引人入胜的灯光、相关的条幅等道具都是在调动听众的情绪。现代社会，科学技术迅猛发展，电脑在当今演讲中的运用非常常见。在演讲的不同时段，我们可以通过电脑选择播出不同的视频、音频，也可以为整个演讲会场设置不同的背景图片，这些都可以加倍增强演讲效果。演讲少不了讲故事，讲故事就要讲得大家身临其境，跟着故事主人公一起哭、一起笑。例：演讲者在讲述打雷、下雨、爆炸等情境的同时，乐师很好地加入相应的雷声、雨声、爆炸声等真实声音，能使我们好像到了故事发生的第一现场，一下子跟故事主人公融

为一体。一般说来，在演讲比较激情的部分，室内灯光可以比较亮；在讲述比较低沉阴森的场景时，灯光要调暗。条件比较好的演讲场地可能有高档的舞台灯，那样就更好了。在比较欢快的时候，我们可以打出五颜六色的灯；比较严肃的时候，我们以主光灯为主。通过声音、图像、文字、灯光，听众身临其境，演讲内容深入人心，互动之花绽放。

（二）与演讲内容相关的物品

曾经有一位很成功的人士，人们纷纷邀请他给大家分享一下自己成功的经验。于是，他给大家做了一次演讲。在演讲的时候，他请人抬出一头铁牛，大家非常好奇。这位成功人士什么也没有说，只是拿起一个小勺试图敲击这个铁牛想让它动起来。二十分钟过去了，铁牛没有丝毫的反应，会场有点骚乱。这怎么可能？一个小勺怎么可能让又大又重的铁牛动起来呢？成功人士依然什么也没说，继续埋头敲击铁牛。一小时过去了，铁牛仍然毫无反应，人们纷纷要求退票。一个半小时过去了，听众觉得上当受骗了。两个半小时过去了，铁牛居然出现了轻微晃动，但此刻听众已经很少。三个小时过去了，铁牛居然出现了明显晃动，听众开始惊叹。四小时过去了，铁牛晃动的速度惊人，但是会场上的听众只剩下几个人了。成功人士这才缓缓地告诉大家，我以前之所以那么失败是因为我也像他们一样还没等到见证奇迹的那一刻就已经离开了。会场顿时爆发出从未有过的热烈鼓掌。这次演讲中，可以说没有道具就没有演讲。是小勺和铁牛，使台下的听众情绪跌入低谷又走向震惊；是小勺和铁牛，挖掘出了听众心底的呼唤，引起了演讲者与听众的互动；是小勺和铁牛，激发了演讲者和听众的共鸣，将演讲推向高潮！

（三）演讲中可能用到的其他物品

鲜花。我们在演讲时，常常会看到鲜花。的确，人人都爱花，把这美丽的花儿搬到演讲现场不仅可以给演讲增添颜色，还能让人心情舒畅，有经验的演讲者们还利用鲜花打开话题呢。有一次，“感动中国十大人物”之一的洪战辉应邀到某中学演讲。他上台后，并没有急于演讲，而是试图把演讲台上的鲜花挪开。同学们都很诧异，不明白他要做什么。等把鲜花挪到一边后，他这样开场道：“我不愿我的前方铺满鲜花，那会使我看不清前行的路！”台下沉默了几秒后，顿时爆发出热烈的掌声。洪战辉巧把鲜花当成道具，用鲜花来象征荣誉，并借题发挥点破“玄机”，即担心鲜花（荣誉）挡住他前方的路，从而使得演讲寓意深刻，饱含哲理，不仅表明他淡泊名利的态度，而且展现了他永不满足、敢于拼搏的精神，深化了演讲主题。

水。经常摆放在我们演讲者手边的供解渴之用的饮品，你有没有想过这么常见的东西有一天也会成为我们演讲中的道具呢？知名学者易中天在第四届世界华文传媒论坛上讲到韩非子的“以子之矛攻子之盾”，他把手中的两瓶矿泉水变成“矛”和“盾”，并反复做着刺杀与抵挡的动作。为了说明“痛苦是由不同的欲望造成的”这个道理，他又拿起喝了一半的那瓶水解释什么是不同的欲望。他说，同样半瓶水，你既可以说“只有半瓶”，也可以认为“还有半瓶”，欲望不同，自然会

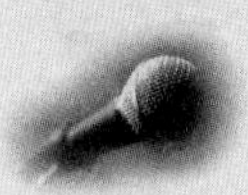

产生不同的感觉。可以说，这水让听众们很直观地感受到了易中天老师的寓意，引起了演讲者跟听众的互动。

人。“人”也是一种道具。演讲的时候，我们可以邀请一些跟演讲内容相关的人到场，增加演讲说服力。必要的时候，也可以请他们跟听众朋友打个招呼或者聊一聊。同时，我们也可以邀请现场主持人、嘉宾、听众朋友起立或者上台跟我们一起配合完成一些项目，通过这种现场互动来深化我们演讲的内容。

六、提问

问题更能引起人们思考，诱发听众的思绪紧紧跟随我们的步伐，快速与我们互动，引起彼此共鸣。提问可以是一般性的提问，也可以是设问、反问。问句的力度远远超过陈述句，连串发问的力度又远远超过单句发问。说到连串发问，不得不提到邓小平同志，《邓小平文选》第三卷，一百余篇讲话稿和谈话稿中，一般性的提问、设问、反问俯拾即是。文选不仅是邓小平理论的重要组成部分，而且是娴熟地运用讲话语言艺术的光辉典范。

提问包括以下几类：

开放式（情况怎么样了？）

约束式（几点钟了？）

正反式（好不好？）

选择式（第一种还是第二种？）

反问式（难道我们不是最出色的吗？）

提问的方式可以是集体提问，也可以是个别提问。如果是集体提问，为了答案的整齐，我们最好避免选择开放式的问题。下面就演讲互动中经常用到的提问句型给大家举些例子。

要不要？

好不好？

对不对？

可以不可以？

好还是不好？

是还是不是？

要还是不要？“要”还是“一定要”？

同意还是不同意？

是前者还是后者？

是第一种还是第二种？

请大家注意，问题的答案一定要积极、正面，且不超过三个字。连续发问，效果更佳。

七、让听众鼓掌

(一) 通过上升的语调让听众鼓掌

“大家好！”同样的三个字，从有的口中说出来时有掌声，而有的没有得到掌声。为什么？当我们语调上扬的时候，尤其重音落在“好”字上的时候，听众会受到一种暗示——“该鼓掌了”！

(二) 通过停顿让听众鼓掌

同样以“大家好！”为例，说完这三个字后，如果稍稍有个停顿，听众也自会明白演讲者的用意了。

(三) 通过动作让听众鼓掌

同样以“大家好！”为例，说出这三个字，同时摆出一个上扬的手势也是在暗示听众“该鼓掌了”。我们在刚上场的时候往往会给大家鞠躬，这也是提醒听众鼓掌的一个动作。

(四) 通过赞美听众让听众为他们自己鼓掌

为谁鼓掌不重要，重要的是我们的演讲会场要有掌声。夸自己不方便，所以，我们一定要学会借夸听众来赢得会场的掌声。

今天是周末，本来是休息时间，看到这么多张热情洋溢、求知若渴的脸，我非常感动！当别人选择玩的时候，你们选择了学习，太棒了！掌声送给自己！

(五) 通过激励让听众鼓掌

举例说明：

今天要跟大家分享的内容是我潜心五年研究的成果，想要全部学到的请鼓掌示意我！

接下来的内容更加精彩，还想要我继续的请鼓掌！

你们的鼓掌越热情，我的分享越彻底！

(六) 通过理由、借口请听众鼓掌

举例说明：

今天我的嗓子很痛，还有点小感冒，但是听到大家那么热烈的掌声，我就决定，今天我讲到嗓子破裂，也要讲下去！

每鼓一次掌，你的生命就会延续0.06秒！

听说讲师喝水的时候，就是听众鼓掌的时候。

话筒的声音怎么不出来了呢，原来它想被掌声请出来啊！

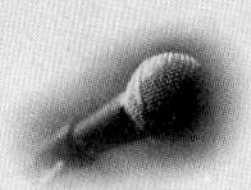

八、让听众举手

通过不断地让听众举手，使听众不断参与，从而排除部分听众走神的可能性。事实证明，在演讲式销售中，听众举手七次以后，成交率大大提升。

（一）通过调查举手

举例说明：

演讲之前做个小小调查，曾经听过我演讲的朋友举手认识一下！

结果一：举手的人比较多。

太棒了，大家都很优秀，很早以前就听过我的分享了，为热爱学习的朋友热烈掌声鼓励一下。你们是最忠实的听众，谢谢你们，我将永远铭记，在我的演讲路上，有你们同行！

结果二：只有少部分人举手。

没想到，今天来的听众朋友当中，已经有人之前接触过我和我的组织了，我们为这些朋友的先知先觉热烈掌声鼓励一下！

结果三：一个人都没举手。

哇，太棒了，我们现场之前没有一个朋友接触过我们组织，那今天对大家来说，每一点都是全新的，每一位朋友都将收获全新的知识，为我们今天每一位朋友的收获热烈掌声鼓励一下！

（二）问意愿举手

举例说明：

今天想要收获更多的朋友请举手认识一下！

今天想要认识更多好朋友的请举手认识一下！

今天想要找到更多获得财富方法的朋友请举手认识一下！

今天想要生活更加美好的朋友请举手认识一下！

（三）问继续举手

举例说明：

接下来，我将用10分钟的时间跟大家分享一下我在过去三年中总结的一套快速克服演讲临场紧张的绝招，想要我继续的请举手！

对下面一个主题感兴趣的举手认识一下！

（四）表示肯定、认同的举手

举例说明：

觉得今天的分享能帮到您的请举手！

今天现场认识到好朋友的请举手！

决定要练好口才、学好演讲的朋友请举手！

九、一起说、一起做

演讲的时候，我们可以让听众跟我们一起做动作。同时，我们随时可以让听众朋友一起读屏幕上的文字，大声重复我们刚刚说过的话，或者让听众朋友说出下半部分内容。这一方面可以避免听众走神、活跃气氛，同时可以增加彼此之间的互动，增进默契，达到共鸣。

开场或者中场休息的时候，我们可以一起做做运动、跳跳舞，在演讲过程中也可以穿插一些游戏，以及跟演讲相关的实验等。具体的活动方案大家可以在网上搜索。必要时，我们要走下讲台深入我们的听众，同时也可以邀请我们的听众走上讲台。另外，小组讨论、比赛竞争的方式也经常运用在演讲中。

十、打开“五觉”

什么是“五觉”？“五觉”就是我们所说的视觉、听觉、嗅觉、味觉、触觉。打开“五觉”就是说我们在描述一些事情的时候能让我们的听众进入我们所描绘的情境里面，立体地感受当时的情境。我们好比导演，所有的听众都要入戏。只有听众入戏才能跟我们互动，并与我们产生共鸣。说来容易，如何打开听众的“五觉”呢？

1. 打开视觉

运用比喻、类比、对比等修饰手法；

说明物体的大小、颜色、形状等；

强调语言的图像感。

2. 打开听觉

多使用象声词、拟声词。

3. 打开嗅觉

鼻子可以嗅出香、臭、腥、臊。用鼻子来演讲，在演讲中描述鼻子闻到的气味。

4. 打开味觉

舌头可以知道物品的苦、辣、酸、甜、咸、淡、涩。你的舌头有什么感受？请用语言描述出来。

5. 打开触觉

当你触碰到某物体的时候，你的感受如何？它是柔软的还是坚硬的？冰凉的还是温暖的？

朱自清在《春》一文中描写春风“像母亲的手抚摸着你”，巧妙地运用触觉展现了春风的温暖与柔情。接着，从嗅觉角度写春风，“新翻的泥土的气息”、“混着青草味，还有各种花的香”，这就使得春风中带着一种特有的芳香了。最后，他从听觉角度写春风吹送的悦耳声响——清脆、宛转的鸟的歌声、轻风的声音、流水的声音、牛背上牧童嘹亮的短笛声，演奏了一支非常动听的春天交响曲。朱自清从触觉、嗅觉、听觉三个角度，把难以捉摸的无形、无味、无声的春风写得有形、有

味、有声起来。

写文章如此，做演讲更应如此。只有将演讲内容立体地、图像般地呈现出来的时候，听众才能深入与我们交流、互动，从而达到共鸣。

【演讲实践】

1. 如果你准备去农村的一所小学作一个演讲，主题是保护环境，你打算如何了解你的听众呢？

2. 请设计一个1分钟左右的让人耳目一新的自我介绍。

3. 假设你要在社区作一个为灾区儿童募捐的演讲，你该如何布置现场？你的道具有哪些呢？

4. 请以“当老人跌倒后”为主题，设计一篇能引起听众共鸣的演讲稿。

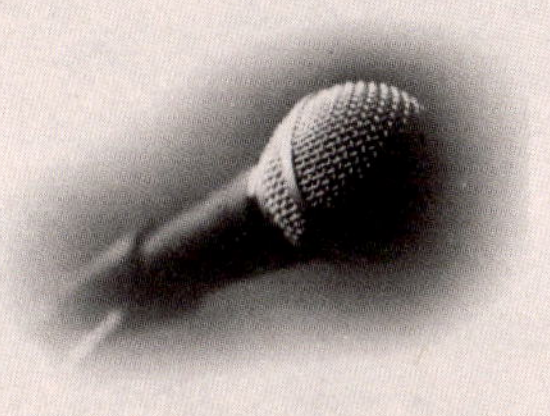

第二部分

演讲的准备

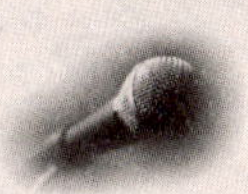

第四章　话　　题

【导语】

凡事皆有因果，演讲亦不例外。从宽泛的意义上，解读演讲无外乎“什么是演讲”、“为何要演讲”和“如何去演讲”这三层构架。但如果要简单地从狭义的角度为每一次具体的演讲勾勒一根因果链条，那应该是“讲什么”——“对谁讲”——“怎么讲”。这其中，如果习惯性地用“为何讲”替换“讲什么”以使演讲的“因”更为直接，那难免囿于形式。事实上，“讲什么”已经嵌含了“为何讲”，“为何讲”理应融汇于“讲什么”之中，归根结底，“讲什么”才是制约“对谁讲”和“怎么讲”的决定性因素。这里的“讲什么”也就是演讲的话题。话题是演讲的核心，但又不仅限于核心，也包括由这个核心辐射出去或因这个核心聚拢而来的相关的人、情、事、理。话题可以单独存在，也可以与题目、主题、立意一起构建一个更为完善全面的整体。成功的话题不仅可以在演讲的过程中赢得受众的共鸣，还将在更大的空间范围内和更长的时间跨度中引起轰动效应，从而真正体现演讲意义的深远和价值的无限。

【案例】

曾两度出任英国首相、被认为是20世纪最重要的政治领袖之一的温斯顿·丘吉尔的名字，可谓家喻户晓、妇孺皆知。而让丘吉尔闻名遐迩的不仅是他作为一个反法西斯斗士的光辉业绩，更是他辩才无碍的演讲！作为美国杂志《展示》所列选的近百年来世界八大演说家之一，丘吉尔的演讲每次都能切中要害、直抵人心，有着无可辩驳的说服力和无法抗拒的感染力，其中最重要的因素就是他演讲话题的精当和恰切。1940年5月他出任首相后的首次演说可以说是他无以数计的演讲中最为著名的一篇。他以言简意赅的语言，持重热烈的态度，明确了当时的局势，阐述了自己的方针和目标，表达了誓与法西斯斗争到底并最终取得胜利的决心和信心，在人们心中塑造了一个可以信赖并值得依赖的新领袖的形象。那次演讲，不仅名垂英伦，也成为就职施政演说的典范之作。1953年，“由于在描绘历史与传记方面之造诣和捍卫人的崇高价值的杰出演讲”，丘

吉尔成为唯一获过诺贝尔文学奖的政治家。正如瑞典文学院在授予他诺贝尔文学奖的颁奖词中所说:“丘吉尔成熟的演说,目的敏捷准确,内容壮观动人。犹如一股铸造历史环节的力量……丘吉尔在自由和人性尊重的关键时刻的滔滔不绝的演说,另有一番动人心魄的魔力。也许他自己正是以这伟大的演说,建立了永垂不朽的丰碑。”

第一节　一个合适的题目

“雁过留声,人过留名。”演讲的题目就像人的名字。名字是人听觉上的第一感受,演讲的题目也是受众对演讲耳闻目睹的第一要素。

演讲的题目好比人的前额和眼睛,也是演讲最突出的部分之一。有道是:“秧好一半谷,题好一半文。”演讲的题目同文章写作的题目一样,是演讲的中心所在,是演讲精要内容的提炼、概括和升华。

好的演讲题目或新颖,或形象,或简练,或含蓄,或扣题,或深邃,具有鲜明的演讲文体特征和风流蕴藉、“眉目传神”的特点,可以大幅度、高强度地振动听众的心弦,给人留下鲜明的印象,激发受众浓厚的兴趣,引领受众追随你的声音。而一些过于直白、平淡、俗套、啰嗦、晦涩的演讲题目,往往像对一个初识之人的第一印象没有感觉一样,令人没有继续交往的欲望,演讲的效果也因此大打折扣,甚至会导致受众的流失。所以,演讲训练一定离不开题目的拟定。而拟定题目也需要一定的技巧性和艺术性。

一、题目的类型

演讲的题目一般是在演讲的主要话题确定之后进行拟制,是演讲主题和内容的高度浓缩。

根据不同的划分标准,演讲题目可以分为多种不同的类型。比如,从文体结构上,有正题、副题和插题之分;从语法结构上,有主谓、动宾、联合、偏正之分;从形态风格上,有设问、警醒、含蓄、抒情之分;这里我们着重说说以大家惯用的技巧功能为划分标准的几种常见题目类型。

1. 揭示主题型

揭示主题型的题目即标题已经概括明示了演讲的主题,把演讲的核心内容简明扼要地提炼出来,警策醒目,言简意赅,一语中的。

如2008“富春杯”全国大学生演讲辩论大赛一等奖获奖选手唐星明的演讲题目“我为和谐富阳保驾护航”,一看便可以大略知道演讲者是来自警校的学生,要演讲的一定是与警察的职责与使命相关的话题。又如2010“中山杯”全国大学生演讲大赛一等奖获得者刘北辰的演讲题目“努

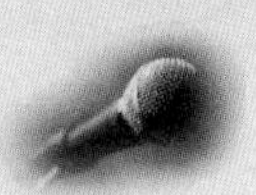

力向学，蔚为国用”，也是旗帜鲜明地揭示了青年学子的人生意义和奋斗目标。

2. 设问引发型

设问引发型的题目即通过设问的方式，提示演讲所涉及的内容，引发受众的积极思考。而演讲内容则即是对标题设问的回答，也是对演讲主题的升华。

如2008“平安中国”全国电视演讲大赛获奖选手骆赛飞的演讲题目“谁来拯救这一家?”，一看之下，令人心生疑窦：这一家怎么了，为什么要拯救这一家，谁能拯救这一家？怎么拯救这一家？最后谜底层层揭开：是毒品让一朵一朵生命之花过早凋零，是毒品让一个一个完整家庭支离破碎！最后告诫人们：珍爱生命，远离毒品。无独有偶，在同一次赛事中，来自湖北襄樊三十五中的选手卢泽坤的演讲题目是“平安中国，我能为你做点啥?”。一个中学生，能为平安中国做些什么呢？小演讲者通过自己的亲身经历做了回答，并发出倡议：个人平安，平安我家，苦练本领，平安国家！

3. 标新立异型

标新立异的题目顾名思义，就是独出心裁，出其不意，避免陈词滥调，给人耳目一新的感觉。小小一个题目，已经别有洞天。

例如马克·吐温的《我也是义和团》就是一个语出惊人，不同凡响的著名演讲题目。作为一个美国人，说他是中国的义和团，这样的题目令中美两国人民都非常新奇。只有在听完演讲之后，才发现这个题目奇而不怪、难能可贵又恰如其分。而浙江柳宛辰的演讲词《我们都是被上帝咬过的苹果》也给很多人留下了深刻的印象，单就题目而言，不仅揭示了演讲稿的主题，而且饱含着诗意和哲学的思考。再比如鲁迅的演讲《我要骗人》、“知荣辱、树新风”全国演讲大赛冠军获得者巩朝纲的演讲《“面子”与“粽子”》、“爱国奉献扬国威”全国演讲大赛参赛选手倪墁晨的《原来“鞋”也可以是动词》等等，都是领异标新、引人入胜之题。而且，新颖别致的题目不仅会让人产生心理的趋向性，还会产生意想不到的文化延伸的作用。

4. 象征比喻型

象征比喻型的题目，即运用比喻或象征等修辞手法，把抽象的哲理或某种特殊意义具体化、形象化，从而深入浅出地揭示主题。

1978年3月18日，全国科学大会在北京举行，那是“文革”结束后中国科学工作者的一次盛会，也是拨乱反正的突破口。而阳春三月，也正是万物复苏、草长莺飞的时候，在那次会议上，时任中科院院长的郭沫若先生发表了一篇书面演讲，题目是“科学的春天”，形象生动地告诉全国人民：春天来了，这不仅仅是大自然的春天，也是科学的春天，更是中华民族的春天……我们中华民族，终于经受住了“文革”的劫难，我们这个民族又要走上腾飞复兴的道路了！我们经历了那么长久的冬天，“风刀霜剑严相逼”，但是冬天却不能阻止春天的来临。这篇演讲，成为中国科学发展

史上的名篇力作。

类似的题目还有"精神的坐标"("中山杯"全国大学生演讲大赛参赛选手席云竹演讲题目)、"让我们的心灵和想象力展翅飞翔"(杨玉良校长在复旦大学2011届本科生毕业典礼上的讲话)等等,这类题目一般具有强烈的感情色彩,容易引起听众感情上的共鸣,强化演讲效果。

二、题目的拟定

演讲的题目大致有命题和自拟两个来源。但命题演讲一般也只是给一个大的主题,允许演讲者在其范围内自拟题目。所以,题目的优劣主要取决于演讲者自身。同时,演讲的题目有它独有的特性,有一些适合文艺作品的题目,譬如《雷雨》、《家》、《边城》、《狂欢的季节》,虽然看上去很美,但作为演讲稿的标题显然是不合适的。

不能否认,演讲的题目有时可能就是演讲者的灵感突现、信手拈来,但绝大多数时候是无法随意拟定、一蹴而就的。很多演讲者常常在准备好演讲内容后,还苦于找不到合适的题目。新颖、生动、恰当而富有魅力的演讲题目,往往是演讲者反复推敲、深思熟虑甚至是"煞费苦心"、"踏破铁鞋"之后才得到的。

那么,题目的拟定是不是无法可依、无律可寻呢?当然不是。这里向大家介绍几种常用的题目拟定方法,以备不时之需。

1. 比喻法

就是运用一些恰当而巧妙的比喻句式做演讲的题目,达到形象、生动而又新颖的效果。例如:

"那一盏照亮山民心中的灯"(2006"知荣辱、树新风"全国演讲大赛参赛选手邱笛的演讲题目)

"中国,我是您一张红色的名片"(2011"党旗颂"全国大学生演讲大赛获奖选手金晶的演讲题目)

"诚信,永不熄灭的圣火"(2004"东山学校杯"全国演讲大赛参赛选手李勋的演讲题目)

2. 引用法

就是运用一些格言警句、诗词名句或经典歌名等等来作为演讲的题目,形成意蕴含蓄,内涵丰富,文采飞扬的特点。例如:

"雄关漫道真如铁"(引自毛泽东《忆秦娥·娄山关》,2010首届中华"爱国奉献扬国威"演讲大赛参赛选手陈佳婕的演讲题目)

"美丽的草原我的家"(引自经典歌曲《美丽的草原我的家》,2011"党旗颂"全国大学生演讲大赛参赛选手莫日根的演讲题目)

"周公吐哺　天下归心"(引自曹操《短歌行》,2005第四届全国演讲大赛一等奖获得者牛贵军的演讲题目)

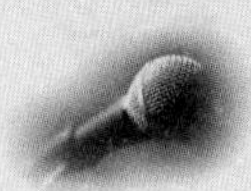

3. 化用法

就是对一些经典名句、名篇、名言或成语、谚语进行翻新加工，改变其中个别字词，用作自己演讲的题目，具有推陈出新、灵动鲜活、独树一帜的特色。例如：

"近水楼台'勤'得月"（化用宋人俞文豹《清夜录》中"近水楼台先得月"一句，2009广西民族大学万人演讲比赛参赛选手乔星昭的演讲题目）

"杞人忧'水'"（化用《列子·天瑞》中"杞人忧天"一词，2010"世界节水日"主题宣传活动广西志愿者街头演讲题目）

"国旗为什么这样红"（化用电影《冰山上的来客》主题曲《花儿为什么这样红》一句，2006"知荣辱、树新风"全国演讲大赛参赛选手李琼美的演讲题目）

4. 对偶法

就是运用一些对偶式的句子，像很多古典名著的章节标题一样工整对仗，达到朗朗上口、非凡独到的效果，体现演讲者的灵气与才气。例如：

"爱国情，中国心"（2009"横店影视城杯"全国大学生演讲大赛一等奖获得者周知北的演讲题目）

"博爱西城，和谐一家"（2010"中山杯"全国大学生演讲大赛参赛选手王志宾的演讲题目）

"不是一番寒彻骨，哪得梅花扑鼻香"（2011广西纪念建党90周年演讲大赛参赛选手黄书河的演讲题目）

5. 悬念法

就是有意在题目中设置一些问题或悬念，启迪智慧，引人深思，欲语还休，引起受众的关注。例如：

"河南人怎么了？"（2004"东山学校杯"全国演讲大赛参赛选手马茵茵的演讲题目）

"你准备好了吗？"（2002"香格里拉杯"全国演讲大赛参赛选手陈一鸣的演讲题目）

"我时刻准备着"（美国著名演讲家韦伯斯特的演讲题目）

6. 加工法

就是在演讲的大主题确定之后，紧紧围绕话题的中心词和主题思想，对演讲主题关键词稍加加工，开宗明义，揭示主旨，借题发挥。以2010年"中山杯"全国大学生演讲大赛为例，主题已经十分明确——辛亥革命与孙中山，围绕同一主题，很多选手拟出了精彩纷呈而又别开生面的题目，如"永远的中山装"（特等奖获得者、清华大学林瀚）、"孙中山与奥巴马"（一等奖获得者、美国留学生戴宇明）、"孙中山，一个永远醒着的巨人"（一等奖获得者、马来西亚留学生沈薇利）、"中山精神，敢为天下先"（二等奖获得者、电子科技大学邓志超）、"书本成就中山路"（三等奖获得者、合肥师范学院戴玉佩）等等。

7. 抒情法

就是情字打头，在题目中抒发情感、以情感人，利用抒情的方式沟通彼此、引发共鸣。例如：

“崛起吧，绿色的中国”（2008“富春杯”全国大学生演讲辩论大赛获奖选手周羽的演讲题目）

“一段清华路，一生清华情”（2011 清华大学“世纪明德杯”演讲比赛获奖选手郭香麟的演讲题目）

“我爱我家”（2007“财兴盛杯”中华 56 个民族青少年演讲大赛获奖选手马迪娜的演讲题目）

当然，以上也只是列举了几种常见的拟题方法，难免挂一漏万。而且，所有方法都不是孤立存在的，是可以多措并举兼容并蓄的。无论直截了当、以新取胜还是呼告提问、引人思考，或者广泛联想、善用修辞，都需要在题目的拟定上多下一番功夫。

三、题目的要求

1. 贴切自然

所谓贴切自然就是演讲的题目要与演讲内容和谐统一，题目含义的大小、宽窄要与演讲的内容一致；拟制演讲题目时，要使用准确、恰切的语词和语句，不能使用含糊笼统、令人费解的语词和语句。另外，题目也要符合演讲者的身份，不能太高、太大，不能夸夸其谈、随心所欲地选择那些与自己身份根本不相称的题目。孙中山在同盟会成立前几天发表的《中国决不沦亡》、昆明陆军学院原副政委陈寿根的《发挥余热，做点实事》等演讲题目都是自然而然、准确精到地诠释了演讲的主题和内容。而有些题目诸如“跨越百年”、“平凡与忠诚”等，就显得空泛空洞、含糊不清。

2. 简洁醒目

演讲的题目要有概括性，要用最简洁的语言，表达最丰富的内涵，即所谓“意唯其多，字唯其少”。从语言表达角度要求，演讲题目要尽可能做到简短、有力，字少意多，言简意深，并力求新奇、生动，使题目富有吸引力和诱惑力。如果长篇累牍、艰深晦涩，就会显得散漫无力，分散听众的注意力。如“四化与废话”这个题目，将含义相差甚远的概念组合在一起，新奇却不晦涩，题旨鲜明，用语利索活泼，很容易让受众领会它的含义。而“让青春的颜色在绿色的军营中焕发夺目的光彩”、“用汗水、赤诚和坚韧印证我们八零后的入党誓言”等题目就有点拖沓冗长、苍白乏力。

3. 悦耳上口

演讲的最终表现形式是讲给别人听，因此演讲的题目也要满足“听说之要”和“口耳之需”，要符合有声语言艺术的独特性，这就要求演讲题目既要朗朗上口，更要悦耳动听，要使演讲稿标题讲出来有音乐般的美感。如蔡朝东老师的著名演讲《理解万岁》、“平安中国”演讲大赛获奖选手范青云的“一封家书报平安”等题目，都是说起来清晰，听上去明白，想起来还耐人寻味的入耳

入心之题。而“心承重量”、“猛进如潮”、“潮起溪洛渡彩金沙江”等题目就略带生涩、拗口之嫌，如果只是听说而没有看到文字的话，很难一下子清楚演讲者究竟在讲什么，甚至可能还会引起歧义。

4. 引而不发

演讲是为了让人有所驱使，有所感悟，有所跃动。这就要求演讲的题目要有启发性，令人鼓舞，催人奋进，耐人寻味，富于启发。当然，如果在题目设计上欲语还休、引而不发，那就更能抓住受众渴望听讲的心态，引起人们的兴趣。只有这样，才能引起听众认真听讲的热情，才能激发听众迫切要求了解演讲内容的欲望。美国第一任总统华盛顿的就职演讲题目是“我的热情驱使我这样做”，怎样做？没说，只有听完演讲才能知道答案。“红河杯”参赛选手徐桂兰的演讲《人总是要有点精神的》，也没有在题目中明确人应该有什么精神，而是在引领你听讲的过程中，环环相扣，层层深入，使主题得以升华。

这里特别需要强调的是，无论通过什么方法，遵循什么原则，都要力求演讲题目的以小见大、以点带面，在具体中体现典型，在形象中提炼抽象。忌用大而无当的标题，比如“青春”、“信念”、“责任”等，泛泛而谈，太宏大、太宽泛、太空洞，会给人不着边际之感；但同时也要注意避免为了制造非同寻常的效果，而用十分怪癖的标题。

【演讲实践】

1. 分析下面一组演讲题目，根据本节所讲内容和日常积累对题目进行点评。

(1) 服务育人，用爱播撒希望

(2) 谱一曲奉献之歌

(3) 男人的眼泪

(4) 小天地，大作为

(5) 从亿万富翁饭后“打包”说起

2. 根据下列主题，拟定演讲题目，每个主题拟定三个不同类型的题目。

(1) 永远跟您走

(2) 感恩

(3) 惜时

(4) 沟通

(5) 态度决定命运

第二节　从热点问题切入

俗话说，眼睛是心灵的窗户。演讲题目是演讲主体的“眼睛”，而人们听演讲不是为了看“眼睛”，而是看“眼睛”后面的“心灵”，所以，一个好的演讲题目终归要服务于一个好的演讲话题。而什么样的演讲话题，也就决定了应该以什么为核心来拟定演讲题目，这就涉及了演讲选题的问题。这里的选题实际上包含主题和话题两个方面的内容，主题是演讲的中心思想和基本观点，话题是演讲的主要内容和具体事例，这二者是相辅相成的一个整体。选题这个环节至关重要，它直接决定着演讲的意义和价值，影响着演讲的得失和成败。

而从演讲的社会性、时代性、真实性来看，无论是演讲主题的确定、话题的遴选还是立意的原则，都首先应该考虑从社会的热点问题入手。这也是这一章节立论的要旨所在。

一、主题的确定

主题是演讲所要表达的中心思想或基本观点，是整个演讲的“灵魂”和“统帅”。它决定演讲思想性的强弱，制约演讲材料的搜集和取舍，影响演讲构架的搭建和调整，是选题的具象化和明朗化。没有明确的主题，演讲就如同没有灵魂的雕像，徒有其表，不知所云，难求其终。演讲的主题与文学创作的主题不同，文学创作若先定主题就很容易导致公式化、概念化，也就是通常所说的“主题先行”论。而演讲则首先需要确定主题，只有主题确定下来了，才能根据主题的统帅调动材料、安排结构、运用语言、展开演讲。主题的确立应注意以下几个问题：

1. 主题要适时、客观

所谓适时，简单说就是符合当时当地的实际形势和听众的具体情况。首先，演讲的主题应该从社会现实出发，顺应时代需求，选择公众和社会普遍关注的热点问题，做到与时俱进，同时，也要符合受众的年龄、职业、文化等具体需求，做到有的放矢、有备而来、有感而发。

而客观本来是一个哲学术语，指的是人们看待事物的一种态度，或者说，事物本身的属性，是不会因为人的意志而转移的。而演讲主题的客观，要求演讲者在选择和确定主题时从实际出发，即便是有个人的主观意识，也不能违背事物的本真的自然属性和社会属性。这里的客观不是一成不变的，而是随着时间和内外部环境的变化而变化的。所以，我们这里的客观性更强调一种理解方式，也就是演讲者的信念和态度。

2. 主题要新颖、深刻

新颖指的是见解独特，给人以清新之感，不能老生常谈，千篇一律，众口一词。即便是一些古已有之的话题，比如勤奋、奉献、感恩等等，也要选择一个对特定受众有吸引力和诱惑力的角度，

特别是在大型演讲比赛中，往往大主题已经限定，演讲者要确定的是大主题范围内的具体而细微的角度，就更要推陈出新或者另辟蹊径，引起受众的兴趣和注意。

深刻，是指提出的主张和见解能揭示事物的本质，能使受众受到启迪，在对事物的认识由感性上升为理性的前提下，从宽度、广度和深度上做好文章。如果将深刻和前面的适时结合起来对比考虑，那么，"适时"是与"当下"紧密相关，而"深刻"是基于"当下"而又高于"当下"的挖掘和提升。

3. 主题要鲜明、集中

鲜明是指主题要清晰明了并贯穿始终，主张什么，反对什么，要旗帜鲜明、立场坚定，不含糊其辞，不模棱两可，不瞻前顾后，让人一听就知道你的思想和意向，而演讲者的爱憎标准和是非界限也就从鲜明的主题中得以体现。这样才能给听众留下深刻的印象，引发强烈的反响。

集中就是一次演讲一般只能集中地表述一种思想或意向，如果贪多求全，东一榔头西一棒子，很容易造成主旨的分散和中心的模糊，使演讲内容头绪纷杂，结构松散，话没少说，听众却一头雾水。正所谓"伤其十指不如断其一指"，一次演讲如果能围绕一个问题说清说深说透，那么，演讲重点就明确突出，中心思想也就名副其实。

二、话题的遴选

演讲的话题不同于主题。主题是演讲的中心，而话题不限于演讲的中心，而是以这个中心为原点，加上各种意见才是一个充实的话题。其实也就是我们日常所关注的各种事件的一个概括。即便是同一个问题，每个人也都会有不同的看法，这些不同的看法加上这个问题本身才形成一个话题。因此，话题是主题的展开和丰富，如果说主题是一个点，话题就是一条线；如果说主题是一个面，话题就是一个立方体。演讲者总是通过对话题的阐述、分析和论证来表情达意的，所以，演讲的主题确定之后，话题的遴选就是当务之急了。

演讲选题通常有三种情况：一是已经命好的选题；二是在一个规定或设计好的较大的主题范围内自选话题；三是由演讲者自主选取话题。无论哪种情况，演讲者都面临一个话题遴选的问题。

1. 抓住社会热点，体现时代精神

演讲是为了感召受众，具体说，就是通过告知情况、传授信息、施加影响、组织激励等一系列活动，达到使人知，令人信，动人情，促人行的目的。而人是社会中的人，是时代中的人，社会和时代是不断向前发展的，人们的思想、意识、生活状态也是不断更新变化的。这就要求演讲者在话题遴选时，紧跟时代步伐，体现时代精神，钻研创新理论，捕捉舆论焦点，抓住社会现实中急需解决的、广大人民群众最为关心的热点问题，传播新思想，灌输新理念，传授新知识，形成新的影响。

比如因在央视《百家讲坛》上畅谈《论语》和《庄子》而备受关注的于丹，在几年之后，于2011年推出了新的话题“趣品人生”。在这一完全不同于孔子、庄子的大道理的新话题里，于丹根据当下人们喝茶、饮酒和听琴等不同的心态，讲述了古代名士们富有情趣的生活方式，用各种事例告诉大家，高品质的生活并不是有钱人和有闲人的专利，提出了“悠闲是内心的一种发现，一种乐趣，是生命的一个节奏”的新的观点。于丹说：“在一个物质的时代，怎样找到能让中国人最怡情养性的方式，是我最近三年一直思考的一个问题。在讲完了先秦的《论语》、《庄子》等思想的精髓之后，怎么给思想找一个新的载体，让思想在大众的生活中更加喜闻乐见。”而央视著名评论员白岩松则对于丹此举给予了极大的认同，他说：“于丹这件事，做得有用，既反省自己，也提醒众人。在这个时代的折返点上，我们都可以或多或少地受益。当然不一定是所有的聆听者，但哪怕是其中的十分之一，这提醒，这反省，都是功德。”

2. 符合受众实际，满足受众需要

演讲是一个双向沟通的过程，它是由演讲者、受众和信息三大要素共同构成的。因此，演讲话题的遴选必须考虑受众的因素。“千人千脾气，万人万秉性”，民族的不同，性格的差异，职业的区别，年龄的差距，修养的高下，情商的高低……演讲者只有在思想上时刻想着受众，处理好受众认识能力与话题内容的关系，选择符合受众心理和要求的话题，并使这些话题和受众的切身利益结合起来，力求做到：演讲所说的，正好是听众愿听的；演讲所阐述的，正好是听众想理解的；演讲所表达的，正好是听众想知道或应该知道或必须知道的。只有这样，才能收到事半功倍的效果。

2009年3月，白岩松在美国耶鲁大学进行了一场以“我的中国梦”为题的演讲。面对众多的美国学生和在美国留学的中国学生，白岩松以个人的成长历程为线，以十年为单元，选取了从出生到不惑之年的五个时间点，遴选了中、美学生都非常熟悉的马丁·路德·金的“我有一个梦想”、中美正式建交、迈克尔·杰克逊的摇滚、克林顿访问中国等话题以及这些话题和自己的直接关系，朴实无华，以小见大，从个体反映整体，以家运折射国运，浓缩了中美关系四十年间的深刻变化，用真情讲述了一个中国新闻人的中国梦。这篇演讲辞后来被广泛转载，并被选为新华网的新栏目《名人演讲精粹》的开篇之作。

试想一下，如果白岩松放弃这些话题，而是以他著名的“渴望年老”、“痛并快乐着”的话题来走进耶鲁，那又会是怎样一个结果。

3. 借力驾轻就熟，施力得心应口

所谓驾轻就熟，就是选择演讲者最为熟悉、最感兴趣、最能驾驭的话题。这里所说的驾轻就熟，不是指老生常谈的空话、大话、官话、废话，也不是投机取巧的模式、框架、格局、套路，而是切合自己的年龄、身份、气质、性格和自己的爱好特长的“独到见解”、“一家之言”。许多演讲者的实践证明，选择自己比较熟悉的或是和自己的专业、学识、兴趣比较接近的话题，就容易讲得好、讲

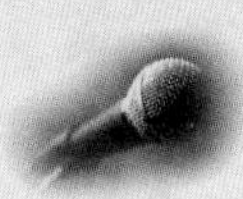

得深、讲得透，讲出自己的风格。因为熟悉，才有话可说；因为熟悉，才能产生激情；因为熟悉，才能感染听众；因为熟悉，才能在整体的演讲过程中游刃有余、得心应口。

2008年，"富春杯"全国大学生演讲辩论大赛在浙江富阳完美落幕，全国演讲与口才协会常务理事、贵州省演讲与口才协会执行会长、大赛的评委之一牛贵军先生作为下一届大赛的举办方代表在闭幕式上做了一次即兴演讲。演讲中，牛贵军选择了"贵军"、"贵阳"、"贵州"和"贵宾"、"贵客"、"贵人"等介于有关、无关之间的看似简单实则丰富的话题，从与自己天天相伴的名字"贵军"到生于斯长于斯的故乡"贵阳"再到红、黄、绿交织的多彩"贵州"，一一道来，如数家珍，通过演讲这根主线，表达了对贵宾的期待，对贵客的欢迎，对贵人的邀约。所有话题，都是演讲者烂熟于心的，所以表达起来如行云流水，直抒胸臆，收放自如，一气呵成，令人在惊叹和喜悦中，大为感动！

4. 惯于审时度势，切忌刻舟求剑

演讲的话题是要与演讲的场合气氛协调统一的，这就要充分考虑演讲的时间范围和空间环境。这里的时间，既包括实施演讲的具体日期，也包括演讲所需要或限定的时长；而这里的空间，也不单指演讲在什么地方进行，还包括演讲现场的布置、氛围的营造、音响的条件、听众的多少等等诸多因素。因此，事先的审时度势必不可少。

心理学研究表明，一般人的大脑在一个小时的时间内，只能解说或接收一两个重要的问题。因此，演讲话题的遴选必须考虑时间的要素，在有效的时间内将富有特色、集中凝练的话题恰如其分地表述出来，达到听和说的最佳效果。而赛事演讲，更要充分了解限定的时间，不要到比赛时才去增添或删减话题，导致手忙脚乱、无所适从。另外，如果参加有多人演讲的活动，还要考虑自己演讲的顺序位置，并尽量了解在自己前面和后面进行演讲的演讲者的相关情况，预设特定情境，为话题的遴选提供充足的素材和因由。

但预先的审时度势和现场的随机应变并不矛盾。千万不要因为准备过于充分而在现场时空情境发生变化的时候墨守成规、刻舟求剑。有一次，广西一所高校的小梁同学接到任务，要在开学迎新晚会上做一个主题演讲。根据以往的经验，小梁为演讲设计了一个开场白："金风送爽，丹桂飘香，又一个丰收的季节，我们从四面八方汇聚到碧波澄映的相思湖畔，收获我们曾经的耕耘，耕耘我们未来的希望……"但晚会举行的那天，刚好台风来袭，树枝折断了，湖水浑浊了。面对顶风冒雨汇聚到学校大礼堂的新老同学，小梁满含深情地道出了已经背得滚瓜烂熟的开场白，结果，台下一阵哄堂大笑。

总之，话题的遴选要把握一个恰当的"度"。话题的适应度越大，适应的受众面就宽，话题的专业度越高，可以接纳的受众就越少。只要多实践，勤积累，善总结，就能在话题的长短、大小、冷热、寡众之间，找到一些契合的元素，让演讲情理交融，游刃有余。

三、立意的角度

立意是为演讲确立文意。它包括演讲的主要观点、思想内容、构思设想和演讲意图。它的概念内涵要比主题宽泛得多。一般意义上的主题，就是指演讲的中心论点及基本观点。主题不具备立意的全部特征，立意包含主题但大于主题。有些大型演讲，立意可以包含多重主题。

唐代诗人杜牧在《答庄充书》中写道："凡为文以意为主，以气为辅，以辞采章句为之兵卫。未有主强盛而辅不飘逸者，兵卫不华赫而装整者。"可见，如果文章立意好，那么它的文采、修辞和章法也不会差的。这就强调了立意的重要。演讲的立意与写作、绘画相同，产生在动笔之前，即所谓"意在笔先"。

选题之后，演讲者应该选择一个合适的角度进行立意。因为同样一个话题，可以包含几种不同的意义。在演讲的训练和实践过程中，可以从以下几个角度尝试演讲的立意：

1. 客体定位的虚或实

虚实是中国艺术理论中具有鲜明民族特色的元范畴。它源于道家哲学，现在也泛指客观世界对立统一、相生相克的两个方面：阳者为实，阴者为虚；有者为实，无者为虚；有据为实，假托为虚；客观为实，主观为虚；具体为实，隐者为虚；有行为实，徒言为虚；当前为实，未来是虚；已知为实，未知为虚等等。演讲的立意可以从虚实两个不同的角度出发，对话题进行提炼和升华。

比如，以"珍惜"为话题，确定演讲的立意，那么，从实的角度，可以选择"珍惜自然"、"珍惜朋友"……从虚的层面，可以选择"珍惜荣誉"、"珍惜幸福"……

很多话题都是既可以从实立意，也可以从虚立意的，像"脚印"——足下的脚印，人生的轨迹；"窗"——房间的窗户，对外的开放；"桥"——江河的桥梁，感情的沟通；"春风"——吹面不寒的和风，润物无声的教诲……

2. 价值取向的是或否

价值取向是价值哲学的重要范畴，它指的是一定主体基于自己的价值观在面对或处理各种矛盾、冲突、关系时所持的基本价值立场、价值态度以及所表现出来的基本价值倾向。价值取向具有实践品格，它的突出作用是决定、支配主体的价值选择，因而对主体自身以及主体和主体之间、主体和客体之间的关系均有重大的影响。人的价值取向直接影响着人的态度和行为。

演讲者对演讲话题的"肯定"和"否定"也直接影响着演讲的立意，并成为选择立意的角度。肯定的立意就是从歌颂、赞美人、事、景、物的真、善、美的角度出发，从肯定、赞成某种思想、观点、行为、潮流的正确性、正义性、积极性的角度进行立意。否定的立意就是着重从贬抑、鞭挞人、事、景、物的假、丑、恶的角度出发，从否定、批判某种思想、观点、行为、风气的错误性、消极性、反动性的角度进行立意。比如，还是"珍惜"这个话题，如果从"肯定"的意义上，可以选择"珍惜机遇"、"珍惜时间"……而从"否定"的意义上，可以选择"不要总是失去了才知道珍惜"、"走近毒品就是

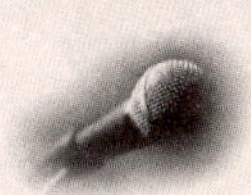

远离了生命”……

3. 思维方式的顺或逆

如果说顺向思维是按照规律、按照逻辑、按照惯例正向思考的话，那逆向思维就是对司空见惯的似乎已成定论的事物或观点反过来思考的一种反向思考，也叫求异思维。它是让思维向对立面的方向发展，从问题的相反面深入地进行探索，树立新思想，创立新形象。人们习惯于沿着事物发展的正方向去思考问题并寻求解决办法。其实，对于某些问题，尤其是一些特殊问题，从结论往回推，从求解回到已知条件，或许会使问题简单化。司马光砸缸就是一个典型的逆向思维的例子：同伴落水之后，常规的思维方式是“救人离水”，而司马光面对险情，运用了逆向思维，果断地用石头把缸砸破，“让水离人”，救了小伙伴性命。

演讲的立意也有顺向和逆向两种不同的选择。从与通常的情感倾向或与传统的观点、看法一致的角度来确立演讲的中心，就是顺向立意。反之，则是逆向立意。

依然以“珍惜”这一话题为例，如果是顺向立意，可以是“珍惜生命”、“珍惜拥有”……那如果选择逆向思维呢？比如，都说“世之奇伟、瑰丽、非常之观，常在于险远”，也就是“熟悉的地方没有风景”，那我们可不可以倒行逆施，就去“珍惜眼前的风景”呢？再比如，相对于快乐、顺利、成功，人们往往在痛苦、挫折、失败面前望而却步，但我们也可以借力使力，从“珍惜失败，失败是成功之母”、“珍惜挫折，挫折是人生的垫脚石”的角度立意。逆向立意，反弹琵琶，更容易讲出新意，让人耳目一新。

4. 时空坐标的纵或横

任何事物都具有时空坐标，都有自己的时空原点以及正向或逆向时间、横向或纵向空间。如果把历史看作是时间坐标的话，地理就是空间坐标，如果把现在的你作为时空原点的话，过去是逆向时间，未来就是正向时间；前后是横向空间，上下是纵向空间。

需要明确的是，任何事物的时空坐标都是随时运动变化着的，人们对各种事物的认识、看法、情感、态度等也不是一成不变的；世界上的人和事物都不是孤立存在的，而是相互联系的。如果着重从发展的角度来选择演讲的立意，就是纵向立意；如果着重从联系着眼来立意，就是横向立意。

同样是“珍惜”这个话题，“古往今来话珍惜”、“学会珍惜”就是纵向立意，而“珍惜绿色就是珍爱生命”、“爱护地球就是珍惜未来”就是横向立意。

需要提醒大家的是：立意的角度固然重要，但具体的切入点也不能忽视。无论从哪个角度考量，立意都应该力求或化大为小，或以小见大，或意蕴深厚。

所谓化大为小是把宽泛的话题转换成若干个具体的人、事、物、理等“小话题”，然后从中进行筛选，选取自己最熟悉的、最得心应手的点扩展开来。而以小见大是把一件具体的小事同社会、生活、人生等联系起来，谈出一个富有教育意义的大的主旨。意蕴深厚则包含了揭示事件中蕴涵

的生活哲理和表达内心丰富的思想情感两个方面。

综上所述，演讲立意，就是角度、尺度、高度、态度和切入点的融会贯通。只要选准角度，把握尺度，找好高度，就能改变态度，而态度，决定一切。

【演讲实践】

1. 学校计划在五一、五四、六一、端午、重阳、中秋、国庆、元旦各举办一次演讲比赛，请你分别为每场比赛拟定两个以上的主题。

2. 针对下列主题，进行选题和立意训练，每个主题选择两个不同的话题并确定立意，同时列出话题的关键词。

(1) 报得三春晖

(2) 读书月

(3) 生活，从“心”开始

(4) 在路上

(5) 国旗下

3. 观摩下列名家演讲视频，谈谈各位演讲者在话题的选择上有哪些值得借鉴的地方。

第三节　从批评到构建

关于批判，无论为人还是处事，都是特别需要具备的一种特质。但是，很长一段时间，很多人狭隘地理解了批判，认为只要是批判，就是对错误的思想或言行予以批驳和否定，个别人甚至走进了只有长辈、领导、专家、学者、权威可以批判他人的误区。偏偏有些人又固执地承袭“静坐常思己过，闲谈莫论人非”的古训，再加之身份、地位、学术等等多种条件的制约，“批判”之言和“批判”之为就显得多少有点名不正言不顺。

事实上，批判精神是人类文明的重要标志之一。人类所拥有的批判精神，就如普罗米修斯掌控的生命之火。正是这把熊熊燃烧的大火，有力地推动着人类社会的不断进步。

这里所说的批判，是指站在一个更高的层面上，对历史或现实作甄别和审视，对人或事进行分析和解剖，最终目的是为了更好地发展，其着眼点是广阔的未来。何况，从社会发展的角度而言，历史的延续，朝代的更替，无一不是一个庞大的批判过程，一个逐步朝向高级的过程。从现实生活的角度而言，科技的进步，经济的发展，也是一个系统的批判过程，并且是愈发科学规范的过程。而意识形态领域，“取长补短”是批判、“辞旧迎新”是批判，“黑夜给了我黑色的眼睛，我却用

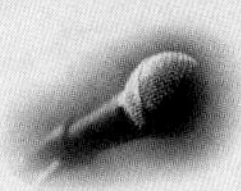

它寻找光明”也是一种批判，是一种因崇高和纯粹而显得弥足珍贵的批判。

在米勒所著的福柯传记《福柯的生死爱欲》中，米勒不断提到福柯的“批判”精神。他拒绝拘泥，否认存在着一个确定的永久不变的人性，要我们打开眼界，看到多样化的存在方式，看到集中于一个存在中的多重生活。也许用福柯对启蒙的理解来概括会有助于我们把握“批判他人和构建自己”的核心：“启蒙是主体进行自我建构的行为，启蒙是主体对现实的批判质询。”

演讲的话题，也应该具备一种如影随形的批判精神，时刻提醒自己，批判性思维不是诋毁他人的陈述，而是以一种开放乐观的心态和严谨审慎的态度，用文化和社会的双重标准来完善演讲中关于批判性的言论，训练并提升自己去伪存真、吐故纳新、温故知新的能力，使演讲的价值得以最大化的体现。

一、冷批判

2009 年 8 月 29 日上午，“庆祝共和国六十华诞为祖国骄傲为女性喝彩——首都女记者协会演讲大赛”在人民网演播厅举行。经过 15 名来自首都各个新闻单位参赛选手的激烈角逐，中央电视台记者柴静题为《认识的人，了解的事》的演讲荣获特等奖。

十年前在从拉萨飞回北京的飞机上，我的身边坐了一个 50 多岁的女人，她是 30 年前去援藏的，这是她第一次因为治病要离开拉萨。下了飞机下很大的雨，我把她送到了北京一个旅店里，过了一个星期我去看她，她说她的病已经确诊了，是胃癌晚期，然后她指了一下床头有一个箱子，她说如果我回不去的话，你帮我保存这个。这是她 30 年当中走遍西藏各地，和各种人：官员、汉人、喇嘛、三陪女交谈的记录。她没有任何职业身份，也知道这些东西不能发表，她只是说，一百年之后，如果有人看到的话，会知道今天的西藏发生了什么。这个人姓雄，拉萨一中的女教师。

五年前，我采访了一个人，这个人在火车上买了一瓶 1.5 元的水，然后他问列车员要发票，列车员乐了，说我们火车上自古就没有发票。这个人就把铁道部告上了法庭。他说人们在强大的力量面前总是选择服从，但是今天如果我们放弃了 1.5 元的发票，明天我们就可能被迫放弃我们的土地权、财产权和生命的安全。权力如果不用来争取的话，权力就只是一张纸。他后来赢了一场官司，我以为他会和铁道部结下“梁子”，结果他上了火车之后，在餐车要了一份饭，列车长亲自把这个饭菜端到他面前说：“您是现在要发票还是吃完以后我再给您送过来?”我问他，你靠什么赢得尊重？他说我靠为我的权力所做的斗争。这个人叫郝劲松，34 岁的律师。

去年我认识一个人，我们在一起吃饭，这个 60 多岁的男人说起丰台区一所民工小学被拆迁的事，他说所有的孩子靠在墙上哭。说到这儿的时候，他也动感情了，他从裤兜里面掏出一块皱皱巴巴的蓝布手绢，擦擦眼鼻，这个人 18 岁的时候当大队的出纳，后来当教授，当官员，他说他所有做这些事的目的只是为了想给农民做一点事。他在我的采访中说到，征地问题给农民的不是价

格，只是补偿，这个分配机制极不合理，这个问题的根源不仅出在土地管理法，还出在1982年的宪法修正案。在审这个节目的时候，我的领导说了一句话，这个人就是说得再尖锐，我们也能播。我说为什么？他说因为他特别真诚。这个人叫陈锡文，中央财经领导小组办公室主任。

七年前，我问过一个老人，我说你的一生已经有过很多挫折，你靠什么保持你年轻时候的情怀，他跟我讲有一年他去河北视察，没有走当地安排的路线，在路边发现了一个老农民，旁边放着一副棺材，他下车去看，那个老农民说因为太穷了，没钱治病，就把自己的棺材板拿出来卖，这个老人就给了他500块钱拿回家。他说我讲这个故事给你听，是要告诉你，中国大地上的事情是无穷无尽的，不要在乎一时的得失，要执著。这个人叫温家宝，中华人民共和国总理。

一个国家是由一个个具体的人构成的，它由这些人创造并且决定，只有一个国家能够拥有那些寻求真理的人，能够独立思考的人，能够记录真实的人，能够不计利害为这些片土地付出的人，能够捍卫自己宪法权力的人，能够知道世界并不完美，但仍然不言法理、不言放弃的人，只有一个国家拥有这样的头脑和灵魂，我们才能说我们为祖国骄傲，只有一个国家能够尊重这样的头脑和灵魂，我们才能说，我们有信心让明天更好！

这是一次只有五分钟的演讲，四个短小精悍的故事，一曲排比逐浪的凝思与吟诵，却极富感染力，你能感觉到，演讲者的情思如清清的溪水在静静地流淌。演讲的视频在网上发布后，在没有任何宣传的情况下，一周的点击率就突破了一千多万，一度连续两周蝉联点击量的冠军。

这是一次与大多数赛事演讲都风格迥异的演讲。嗓门不大，声音不高，不仅与高亢嘹响相去甚远，甚至都没有多少抑扬顿挫，整个演讲过程中，柴静就像在对着一个老朋友讲述一个平凡的故事。但就是在这娓娓道来、波澜不惊的演讲中，人们感受到了蕴涵在朴实中的一种智慧的光芒和平静的力量。有网友留言说："平淡的演讲，并无激情，但你却不得不热血沸腾，不得不思考，还或许你还不得不哭！"

原因在哪里？每个人或许都能找到一个答案，但必须承认，这是一次精彩的"批判精神"的集中再现，这是一次从批判他人到构建自己的成功的典范。

在对他人的批判中，一些我们不认识的人和不了解的事鲜活地走进了我们的心里：从女教师的记录中我们看到了今日西藏的变迁，从律师索要1.5元发票的经历中我们知道了维权的重要，从官员的动情和慷慨陈词中我们感受到了"合法"伤害的彻骨之痛，在总理的体恤和援手中我们掂量出了信念和执著的重量。

而正是在对他人的批判中，演讲者完成了对自己的构建：在女教师那里，她是一个富有爱心和值得托付的人；在律师那里，她是一个为别人担着一份心的人；在官员那里，她是一个容易被真诚感动的人；在总理那里，她是一个从茫然之中寻到方向的人。

从批判他人到构建自己，柴静的这次演讲必将载入演讲的史册。

二、从批判到建构

《大明王朝的七张面孔》的作者张宏杰出了一本新书《曾国藩的正面和侧面》。作为书的读者和作者的朋友，柴静写下了一段文字，记录了她和张宏杰在此书出版前后的一些沟通、交流和思考。这段文字发表在柴静的博客上，与其说是书评，更像是一篇阅读的札记和生活的随笔。之所以更倾向于把这段文字看做一篇书评，因为无论是曾国藩，还是张宏杰，都是因为这本书而在这段文字中成为柴静的评判对象。

极具戏剧色彩的是，就在书稿的编撰过程中，准备将柴静的五分钟演讲作为"从批判他人到构建自己"这一节的案例分析的时候，发现柴静的这篇书评的题目是"岁月让人从批判走向了建设"。可以说是一种巧合，但更像是一种必然：当下的社会，微博、微信、微电台……似乎全民都是记录者，也都是经历者！似乎到处都是建设者，也都是批判者！但，批判的精神，还是最突出地从媒体人的身上体现了出来。而最为大众所熟悉的，莫过于中央电视台的记者、主持人和新闻评论员，比如柴静，比如白岩松，比如崔永元。

抛开他们在电视荧屏上所表现出的责任与使命、尖锐与深刻、冷静与客观的职业素养，单就演讲这一领域，他们也都在不同的场合就不同的话题以不同的风格为"批判精神"做出了不同的诠释。

2011 年 1 月，白岩松到江西财大演讲，单从题目上，就露了他逆向思维和批判精神的蛛丝马迹："没有哪一代人的青春是容易的"。

2011 年 5 月，白岩松到广西大学演讲，那次演讲，校方已经规定是凭票进场的，但是演讲即将开始，还有很多同学因为没票而徘徊在门外，白岩松到讲台做的第一件事就是请外面的同学进来，并坐到唯一的一块空地——离他最近的讲台上。

2011 年 7 月，白岩松走进郑州大学，为青年学生作了题为"青春，用理想和现实谈谈"的演讲。他的演讲，从对理想的质询和批判开始：

先把理想藏起来，理想不必天天想。因为买不起房子，所以爱情太贵了；人际关系太难处了，都不敢说不了；想到北京、上海、广州漂流的，你们是现在最委屈、最难受、最不幸的一代……

2006 年 6 月，"我的长征电影回归大众"暨拯救电影——崔永元湖南大学演讲会在湖南大学南校区大礼堂举行。正像"拯救电影"的主旨一样，崔永元大量的篇幅都在揭示评判中国电影："我知道一些数字很吓人，2004 年中国 2000 多万人民币的总体票房是 10 亿。大概 7 亿是国外拿走了。有时候韩国的一部电影，是我们中国所有电影的票房，韩国有 4700 万人，也是在 2004 年，电影局也拿出了数字，告诉我们现在中国人看电影的频率是每人每五年进一次电影院。我想问问现场的观众，每周进一次电影院的有多少？好！连潇湘电影集团的老总都不进！每月进一次的电影院有多少？请举手看看，那个戴红领巾的孩子，是进去打游戏吗？"

不多的实例中，已经足以说明批判精神和批判性思维之于演讲的重要。批判性思维指的是那种能抓住要领，善于质疑辨析，基于严格推断，富于机智灵气，清晰敏捷的日常思维。在现代社会，批判性思维已经被普遍确立为教育特别是高等教育的目标之一。养成批判性思维能力和精神气质，对于应付复杂多变的世界，提升现代社会生活的人文精神，都是必要的。

【演讲实践】

1. 请以“批判性思维之我见”或“论批判精神”为主题，进行 3 分钟即兴演讲。

2. 课外查阅下列演讲辞，然后自拟题目，根据你对“从批判他人到构建自己”的理解，写一篇 800 字左右的演讲稿。

(1) 李培根在华中科技大学 2010 年毕业典礼上的演讲《记忆》

(2) 白岩松在美国耶鲁大学的演讲《我的中国梦》

(3) 鲁迅先生的演讲《少读中国书，做好事之徒》

第五章 演讲的材料

【导语】

评价一次演讲是否成功，很关键的一点就是看演讲是否“言之有物”。这里的“物”，就是“材料”。如果把演讲比喻成一棵树，这棵树不仅根（立意）要深、干（主题）要壮，还得枝叶（材料）繁茂；在演讲中，主题和材料好比是统帅与被统帅的关系。没有材料，主题就是光杆司令；没有主题，材料就是散兵游勇。而立意和材料，好比是目标与路径的关系。没有立意，材料就像纵横交错的米字路口，看似繁华却不知所终；没有材料，目标就像美轮美奂的海市蜃楼，隐约可见却无法企及。任何一次演讲，无论主题多么鲜明恰切，立意多么深邃高远，如果没有真实、具体、典型、生动、新颖、充分的材料，都难免陷入或假——假门假事、或大——大话连篇、或空——空洞无物、或枯——枯涩乏味、或虚——虚张声势、或瘪——干瘪消瘦的尴尬境地。作为演讲所依据的事实和情理，材料的搜集整理和选择运用，是至关重要的一个环节。

【案例】

曹保明，在演讲界，他也许名不见经传，但在民间文学和民俗文化保护传承方面，他大名鼎鼎。2008年，因为在保护和抢救非物质文化遗产方面的突出贡献，他当选为“中国文化遗产保护十大杰出人物”。在颁奖仪式上，他用一段长白山森林号子开始了他的获奖演说：“‘哈腰的挂把，嘿呦，撑腰的起把，嘿呦，往前地走吧，嘿呦……’当你们听到这段颇具震撼力的号子的时候，你们可能不知道，每个号子头的肩上都有一个血蘑菇。在他当号子头的时候，他就开始把木棍子架到肩上开始压肩，木头杠子先把人的皮肉压烂露出骨头，沾着血水再轱辘两年，长出那块死肉疙瘩就叫血蘑菇。一旦这个人死了，埋在地下，他烂了，可是若干年后，人们在刨坟种地的时候，突然会刨出一块肉疙瘩，人们就会说，这是长白山森林号子的坟啊。所以，非物质文化遗产，传承的是人类生命的最震撼的力量。”

曹保明在东北的土地上穿行了四十多年。他常常深入民间，和那些能讲故事的孤寡老人一起交流，并和他们一起走进深山老林、荒野雪原，采集、纪录、抢救民族文化，发表了近六十本专著。在演说中，他给观众们讲了他无数故事中的一个：有一年，他跟木把头坐木排到临江采访，经过一个叫门槛哨子的地方，一个大浪把他打到江里。木把头们来救他，他却说，你们救我的这个小本吧，因为这个小本是好几个八九十岁的老人讲的号子和故事，如果小本被冲掉了，我对不起东北的文化。

没有引经据典，没有高谈阔论，只是一个个活生生的有血有肉的小故事，但，曹保明却让全场为他震撼。演讲一结束，美国华盛顿巴尔的摩研究中心就向曹保明发出了去美国演讲的邀请。而中国口才网以“四十年抢救文化遗产，十分钟演讲震撼世界”为题，报道了这次演讲，说曹保明和他带来的厚重的长白山文化“震动了北京，震动了中国，也震动了世界”。

第一节　亲身经历的材料

关于演讲材料的选择，真实性、典型性、新颖性和针对性是人所共知的标准。但对于初学者或在准备工作不够充分的即兴演讲中，我们建议大家多选一些自己的亲身经历。都说耳闻不如目睹，目睹不如亲历，但在感性和理性的程度上，无论是亲耳所闻，亲眼所见，还是亲身所历，一定都比从书本中课堂上得来的更直接、更直观、更具体、更立体，因此，运用起来就能更得心应手、游刃有余，避免了生搬硬套和浅尝辄止。

一、我的亲身经历

无论什么类型的演讲，总是不可避免地要涉及一些观点和看法，而这，必然就关乎到作为论据的一些人和事。每每这个时候，我总是会自然而然地想到自己的一些亲身经历和切身体会。

有一回上课，讲到演讲有声语言标准化的问题。广西是个方言区，很多地方的普通话发音都极不规范。像玉林 s、x 不分，桂林 s、sh 不分，于是，我很自然地讲到了自己工作生活中的一些经历：

广西大学附近有个专业美发店，楼上楼下两层，装修典雅，环境舒适，可以提供多种洗发护发服务。偶尔累了，就去那里洗洗头，揉揉肩，很方便。美发店门口的迎宾是个玉林妹，很漂亮也很热情，每次看到我，就眉飞色舞地迎上来：“欢迎光临！您是楼上死(洗)呢还是楼下死(洗)？您是躺着死(洗)呢还是坐着死(洗)？”

讲到这，台下的同学一阵哄堂大笑。我接着讲：

我们校友楼的教室管理员是个桂林的阿姨，有一次，上课快迟到了，我领了教室设备钥匙就往楼上跑，匆忙间把自己的钥匙落在管理员的桌子上。阿姨抓着我的钥匙边追边喊："老斯（师），你要死（钥匙）掉啦，你要死（钥匙）掉啦！"都说桂林山水甲天下，但桂林人呢，不仅"三"、"山"不分，"水"、"髓"不分，而且丢了不说丢，落下不说落，说掉，结果，我就被"死掉了"！

这时，同学们已经笑得前仰后合，乐不可支了。这些场景，都在他们身边、眼前，他们听起来就感觉很熟悉，很亲切，很鲜活。而这时，那些看上去抽象、枯燥的发音理论，就变得轻松简单、形象生动起来，语音规范的意义也就可见一斑了。

这就是以亲身经历为演讲材料的妙处所在：可以不用查资料，可以不用上百度，可以不用磕磕绊绊拼凑一时想不起来的名人名言和奇闻异事，也可以在慨叹"书到用时方恨少"的时候临时抱抱佛脚。

二、他人的亲身经历

亲身经历的事情，总是会或多或少地在经历者记忆的相册上留下一些清晰或模糊的影像，而人的经历又总是随着时间的推移在不断增加和丰富的，这就等于演讲者随时随地都随身携带着一个仓库，里面是取之不尽用之不竭的信息和资料，而打开仓库大门的钥匙，就是演讲者自己。

(一) 感恩生命——于丹

2009年，《艺术人生》清明特别节目，嘉宾于丹以"感恩生命"为题，讲了自己和父亲之间两个版本生日蛋糕的故事，讲了父亲的种种严厉，讲出了自己对生命的感恩：

很小的时候，父亲拿着杨伯峻先生著的《论语》给我一字一句讲什么是中国儒家的人格，拿着那本《庄子今注》给我讲《逍遥游》独于天地精神往来的境界。我最早听京剧、听昆曲都是从父亲那里开始。……《论语》中的孝，就是父在观其志，父没观其行……父亲走了，我只是想以一个女儿的心情，以一个普通的中国女子的身份，跟大家一起体会。我父亲用这些经典曾经温暖了我，我也能用这种温暖的方式跟每一个观众完成一种快乐分享。

生活需要一颗感恩的心来创造，一颗感恩的心需要生活来滋养。就这样，在演讲者的亲身经历中，大家看到了那些隐藏在细微中的关怀、那些不起眼的呵护、那些记忆深处的爱与付出，感恩的共鸣也就油然而生，感谢生命给予我们能够经历的一切，包括失意，包括亲人远去和他们不曾离去的爱。怀有一份感恩的心情生活，人们就能在懈怠时看见责任，在平凡中看到不同，在失败时激发勇气。

(二) 小狗也要大声叫——蔡顺华

"自信"是人生第一要务，但自信不是天生的。怎么培养呢，蔡顺华用他自己"小狗也要大声

叫”的经历，给出了答案。

当时他只有24岁，工作刚满三年。母校华中师范大学邀请他为1000多名应届毕业生演讲。没有大师大腕的桂冠，没有功成名就的光环，甚至在上大学之前连普通话都没有说过，他索性就把自己放到最低：

各位校友，到这个讲坛演讲的，应该是丁玲、姚雪垠那样的大人物，今天，我这个“嘴上无毛”的人站在这儿很不般配呀。不过，我很欣赏契诃夫的一句名言：“世界上有大狗也有小狗，小狗不应该因为有大狗的存在而慌乱不安，所有的狗都要叫！小狗也要大声叫！——就按上帝给的嗓门叫好了！”今天，我这个自信的“小狗”就来大胆地叫几声。

“哗哗哗……”，底下掌声如潮。

那次演讲，让蔡顺华找到了自信和胆魄，找到了自己的心灵空间，也成就了一个传奇——那个头上曾经扎着小辫子的放牛娃，就从那里开始，不仅赢得了“民间演讲家”称号，还带着一个叫做“演讲中国”的梦想，几乎讲遍了全国。

（三）求知若饥，虚心若愚——乔布斯

2011年10月6日，乔布斯，一个传奇而富有争议的硅谷之子，在和胰腺癌抗争了八年后终于停止了思考。很多人将乔布斯被万众顶礼膜拜的原因归结为他和他的“苹果”改变了世界，但是，我们谁也不能否认，乔布斯还是一个备受瞩目的演讲家。而他的演讲，一直在讲自己，讲自己做过的，讲自己正在做的，讲自己想要去做的！

2005年，在斯坦福大学的演讲中，他告诫在场的每一位学子：“如果你把每一天都当作生命中最后一天去生活的话，那么有一天你会发现你是正确的。”这句话，源于他自己的一次偶然阅读并伴随他走过了之后的生命历程。同时，乔布斯一再向年轻人强调：“不要被其他人喧嚣的观点掩盖你真正的内心的声音。更重要的是，你要有勇气去追随你的直觉和心灵的指标。”而这，也是他罹患癌症之后的深刻思考：

大概一年以前，我被诊断出癌症。医生告诉我那很可能是一种无法治愈的癌症，我还有三到六个月的时间活在这个世界上。那是我最接近死亡的时候，从死亡线上又活过来，我可以比以前把死亡只当成一种想象中的概念的时候，更肯定一点地对你们说：没有人愿意死，即使人们想上天堂，也不会为了去那里而死。但是死亡是我们每个人共同的终点。我很抱歉这很戏剧性，但是这十分的真实。

是的，真实的经历和切肤的感受。这也是为什么乔布斯的演讲可以传遍全世界，而另外一些商人语录却走不太远的部分原因。

（四）民族之花——马迪娜

马迪娜，一个漂亮的乌孜别克族女孩。2007年8月，她代表西南民族大学前往昆明参加首届

中华56个民族青少年演讲大赛。没想到，初到昆明，马迪娜水土不服，就在选拔赛前夜，晕倒在了宾馆。是来自各民族的原本素不相识的同学、老师、宾馆服务员以及大赛工作人员的及时救助、悉心照料，才使她顺利地完成了预赛。马迪娜感动于大家的温暖和关爱，情动于衷，在决赛时她毅然临时更换了自己原来的稿件内容，面对电视镜头和现场所有观众，以“我爱我家”为题，讲述了自己亲历的那些感人的场面：

生病的人，最依赖家了，而我在这里就感受到了家的温暖。同屋的哈萨克族女孩和塔吉克族女孩抱着我为我搓手搓脚；叫不上名字的同学和老师这个问我喝不喝奶，那个问我吃不吃糖；蒙古族小伙白皓和侗族姑娘石秀华一直熬夜陪我打点滴……站在这里，我还想着大家初次见面时的微笑，那是友好与礼仪的和谐；我还想着大家同桌进餐时的欢乐，那是亲近与热情的和谐；我还想着大家同台演讲时的风采，那是沟通与交流的和谐；我也情不自禁地想到我们将要面临的依依不舍的分别，那是爱的和谐……是什么让我感受到了无微不至的关怀，是什么把我们紧紧地连在一起，我想，那应该是家吧……

那是一篇还来不及仔细推敲、认真揣摩的演讲，但那是一篇真心实意、真情实感的演讲。那些事，发生在身边，大家有目共睹，所以真实可信。那个题目，借用电视剧名，大家耳熟能详。也正是这些，把“大家”和“小家”，把集体和自己巧妙地联系起来，突出了“56个民族是一家”的主题，感动了自己，感动了听众。那次，马迪娜当之无愧，夺得了冠军。

经常参加全国大赛评判工作的蔡顺华曾经说过：“‘试玉要烧三日满，辨材须待七年期。’只有那些真正热爱演讲，只有那些用真实经历、真情实感演讲，只有那些自己独立完成演讲辞，特别是那些能够即兴演讲的高手，才能笑到最后，也才会越走越远。”

【演讲实践】

1. 以“一件难忘(尴尬、搞笑……)的事”为题，进行三次不同选项的即兴演讲，每次3分钟。

2. 和大家讲讲你的阅读、旅游、交友和演讲经历。

3. 每天写一篇200—500字左右的日记，简要记录自己当天的一次经历，定期讲给身边的人听。

第二节　道听途说的材料

生活中，每个人都有自己相对固定的生活半径，以这个半径画一个圆，就形成了一个圈子。而突破这一半径限制，具有相同爱好、兴趣或者为了某个特定目的而联系在一起的人也可以组成

一个圈子，一个一个的圈子，或有交叉，或无干系，彼此分离而又重叠，就构成了社会。

从心理学角度来讲，人对自己熟悉的人和事往往会投入较高的关注度。这也是“分众营销模式”的客观依据。演讲和营销有异曲同工之妙，也应该针对特定的群体，从自己了解透彻、感受真切、认识深刻的熟悉的人和事讲起，就容易出真、出彩、入情、入理。

一、我熟悉的人和事

一般而言，一个人最熟悉的人，莫过于家里的人，最熟悉的事，莫过于家里的事。所以，家人和家事常常会成为我演讲的主料。

2011 年 6 月，广西召开社会各界纪念建党 90 周年座谈会。本来我以为座谈是相对松散和随意的，就没做太多功课。但会上我发现，大家都做了充分的准备。有的是手写稿，有的是打印稿，年逾花甲的民建老主委卢先生还根据拟讲的时间精确地计算了讲话的字数，再加上发言者大多是来自各行业各领域的领导、专家和社会知名人士，他们的身份、威望、成就可以让他们高屋建瓴、举重若轻，说起党的历史、社会的进步如数家珍。这样一来，我就有点被动了。但是，我马上又释然了，轮到我发言的时候，我讲起了我最熟悉的人：

我生活在一个纯粹的党员之家，父母、兄嫂、先生，都是党员，连今年刚刚大学毕业的小侄儿都有了五年党龄——他在高中时就入党了……

解放那年，18 岁的母亲终于有机会解开裹脚的绑带和一群七八岁的孩子一起上学了，一直坚持到 31 岁大学毕业，从一名地道的农家女成为一名优秀的妇科大夫。直到现在，80 多岁了，还不断有人找她问诊、接生，人家说，找姜老太太，踏实、放心。而妈妈说，她打心眼里感激党，没有党，她永远也不知道被那么多人尊重是啥滋味。所以妈妈努力地让自己长寿，不是为自己活着，是为子女活着，为这个家活着，也为这个社会活着——多活一天，就多享受一天活在这里的好，多活一天，就多让一些人知道生活在这里有多好！

……

出生于 60 年代初的哥哥，经历过三年自然灾害和十年浩劫！如果不是党及时的拨乱反正，哥哥的命运就是扎根农村，广阔天地大有作为！后来，高考制度恢复，哥哥得以进入金融院校深造，也才有了今天的成就！受父母的影响，哥哥对党的忠诚就是他的廉洁和勤政：派车，他把档次最低的车留给自己；值班，他把最好值的日子排给别人。他的正直、严谨和传统比父亲有过之而无不及！

……

先生是一位作曲家。他常戏称自己“两耳不闻窗外事，一心只读七个数”。可那七个数中，蕴涵的都是家事国事和天下事：2001 年，广西特大洪水，先生感动于解放军官兵的英勇无畏，顽强善

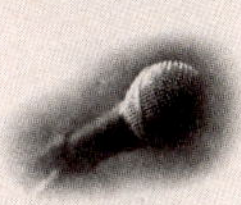

战，第一时间写出了《我们都想成为你》，歌曲在电台、电视台播出后，激励了更多人投入到抗洪保卫战中；2008年，南方冰冻雨雪，先生正在桂北采风，亲眼目睹了交警顶风冒雪疏导交通、服务司机、温暖乘客的感人场景，一曲《道路》荡气回肠，感人至深……而在全国廉政歌曲大赛中获得金奖的《瓦西里的故事》更是先生作为一个党员对党组织交上的一份有声的答卷……

就这样，我讲了家人，讲了家。我说："有首歌，唱的是'一口玉中国，一瓦顶成家，都说国很大，其实一个家'。其实，我们也可以说'都说党很大，其实一个家'，党的宗旨就是为人民服务，人民是千家万户的主人，如果每个家庭都能温馨、和睦、幸福，就是对党一种最直接的诠释和报答。"也许有人会说：那么严肃庄重的场合，政治性政策性那么强的会议，说自己的家人，这出发点和落脚点也太低了吧。但事实上那天迎接我的，不仅是发言结束后热烈的掌声和赞许的目光，还有座谈会后几家单位要我去作演讲的邀请和出版社一位编辑的约稿——让我把当天的发言整理成文，收入他们即将出版的文集《永远跟您走》中。

二、他们的人和事

古往今来，所有演讲家，都是善于调用自己熟悉的人和事来为演讲这座大厦添砖加瓦、让演讲这场大潮风生水起的。

"铸魂之师"李燕杰是"共和国四大演讲家"之一，他三四岁就在家中所开的家馆中听父亲给学生们讲授《易经》等国学经典。耳濡目染，他深谙国学，因此，演讲中，运用国学如探囊取物：

易学大师尚节之先生、易艺大师李苦禅先生都是家父的诤友，从他们的谈话中，我不仅懂得"但行好事，莫问前程；与人方便，自己方便；善与人交，久而敬之"。同时，我在幼年就懂得"变易，不易，简易"。进而懂得"无极生太极，太极生两仪，两仪生四象，四象生八卦，八卦定吉凶"。

李燕杰善用自己熟悉的汉字做文章，有一次演讲中，他拿出自己一幅写有"鸡"字的作品：

公鸡报晓不误时，搞市场经济，履行合同要守时。鸡会自己寻食，我们自己得去找市场。老母鸡下蛋孵小鸡，搞公司应像下蛋那样发展起来一大群，形成集团公司。养鸡投入少，产出多，做生意也应该如此。另外鸡就是鸡，实事求是，从不说自己是凤凰，办公司、做买卖，也要做到实事求是……

风趣幽默而又深入浅出。

和谐之师李永田是一位将演讲口才术、企业策划术、做人处事术和智力开发术融为一体的历史学教授，一位让书法作品"和谐万岁"搭载"神七"去遨游太空并把和谐思想的弘扬作为己任的真理播种者。

李永田老师有很多文友。曾以一场《心底无私天地宽》的演讲震撼社会的曲啸，就是李老师多年行同车、讲同台的亲密伙伴。在讲到身体和谐这个主题时，曲啸老师的溘然长逝成为李永田

心中永远的痛：

1990年5月，写作之余，我诗兴大发，即席为老友曲啸赋诗一首：'天下谁人不识君，一腔热血铸民魂……蜡烛燃尽泪不干，春蚕到死丝难尽。'而曲啸很快寄来唱和：'世人识我亦识君，只缘赤胆铸民魂……但愿天灾全给我，莫让桃李少甘霖。'没想到，一语成谶，成诗不久，在南通市的一次演讲之后，曲啸突发大面积脑梗，之后与病魔整整苦斗了十三年……曲啸的病并非偶发，而是早有征兆，我们多次劝他要留住青山，烧柴更旺，但他激情四射，并不在意，终于倒在了讲坛之上，给家人带来无尽的痛苦，让中国痛失一位大讲和谐万岁的大将。我一切认识、不认识的朋友们，请你们无论如何要听我说：健康真好！

李老师是学历史出身的，很多历史典故他耳熟能详，在讲到国家这个大家和个人这个小家的和谐时，大禹治水、马踏匈奴、文姬归汉等一个个久远的故事跃然眼前，而弦高犒师因此为更多人所熟知：

春秋时期，秦穆公认命孟明视为主将，率300乘兵车，偃旗息鼓，偷袭郑国。郑国商人弦高正赶着牛群到洛阳去做生意，走到梨阳津，正好碰上秦军。为救国救民，弦高急中生智……弦高作为普通商人，长途跋涉，本想贩牛得利，但爱国之心驱使他宁愿赔了本钱，也要保障国家的安全。

颜永平，有着30多年演讲与口才实战经验，三次获得全国演讲大赛一等奖，编写了近两百万字的演讲著作，是一位演讲专家，他曾在全国做过1500多场大型演讲，参与组织策划了20多次全国演讲赛事，他对演讲语言的运用已经到了炉火纯青的地步。很多时候，他一大段一大段合辙押韵的排比、对偶、比喻、引用等富含修辞的句式像相声贯口一样喷薄而出，令全场受众欢欣鼓舞，场面蔚为壮观。

谈前辈的演讲，他说：

40后听了他的演讲走出了思想的困惑，踏上了改革的征途；50后听了他的演讲振奋了前进的斗志，塑起了美好的心灵；60后听了他的演讲确立了生命的航向，扬起了理想的风帆；70后听了他的演讲悟出了人生的真谛，鼓起了奋进的勇气；80后、90后的新生代听了他的演讲，躁动的心灵获得了宁静，叛逆的头脑开始了思索！

谈民族之魂，他说：

从忧国忧民"上下求索"的屈原，到"外敌未灭，何以为家"的霍去病；从"精忠报国"的岳飞，到"留取丹心照汗青"的文天祥；从正气浩然、虎门销烟的林则徐，到振兴中华的革命先驱孙中山；从"横眉冷对千夫指，俯首甘为孺子牛"的鲁迅，到"为有牺牲多壮志，敢教日月换新天"的毛泽东；从"宁可少活二十年，也要拿下大油田"的王进喜，到"我是人民的儿子"的邓小平等等；在他们身上都体现了彪炳千秋、光照日月、永垂青史的爱国主义精神。

谈演讲口才，他说：

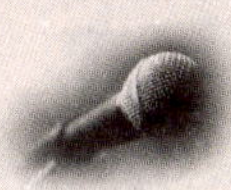

书籍是人类进步的阶梯；沟通是业绩提升的楼梯；口才是改变命运的电梯；演讲是事业成功的云梯！时代需要人才，人才需要口才，是人才不一定有口才，有口才一定是人才。人才贵在有口才，有口才一定能成才，口才是天下第一才！

谈沟通与交流，他说：

万丈高楼平地起，千秋伟业沟通来！事业要成功，全靠去沟通，沟通不到位，一切都白费！沟通对了头，一步一层楼，沟通不对头，成了死对头。沟通为做事，做事先做人，做人不沟通，到老一场空……

这些熟能生巧的言语，也许没有具体的人，也许没有具体的事，但是已经比一般人更具说服力和感染力，成为比一般事更具震撼性和冲击性的排山倒海力！

【演讲实践】

1. 列出你最熟悉的十个人，讲述每个人给你印象较深的三件事。
2. 分别为自己感兴趣和擅长做的事情排序，然后讲述这样排序的理由。
3. 用你最熟悉的语言形态描述你过去和现在的一些老师和同学。

第三节　耳熟能详的材料

《焦点访谈》是央视一档舆论监督节目，从1994年创办至今，一直保持居高不下的收视率。究其原因，关键在于始终坚持“政府重视、群众关心、普遍存在”的选材原则，坚持“用事实说话”的方针，反映、推动并解决了大量社会进步与发展过程中存在的问题。节目惯有的“报道有着落、评论有依据，述与评相互支持、情与理相得益彰”的风格特色和演讲的“社会性、现实性、针对性、鼓动性”等特点与“使人知、令人信、动人情、促人行”的目的不谋而合。演讲，也要选择与时代同步、大家共同关注的人和事。

一、关注大社会中的人和事

在20个世纪80年代，“理解万岁”是一句家喻户晓、妇孺皆知的口号。曾被列为改革开放三十年来，对人们观念影响最大的十句口号之一。与这一口号一起蜚声全国的是蔡朝东和他那曾被中央电视台连续三次播放的演讲——《理解万岁》！

而今，二十多年过去了，很多人甚至已经忘了或者根本就无法理解“理解万岁”这句大众化的口号居然发端于一场战争。但，人们却忘不了蔡朝东，因为，他的目光一直在关注瞬息万变的生

活，他的情怀一直在感应飞速发展的社会，他一直在与现实同步的思考和追问中，演讲着强烈的时代之音：

1988年云南省澜沧发生了7.6级大地震，第二天，蔡朝东就随救灾部队一起奔赴灾区，连续十几天的抗震救灾和采访记录，让他在回到昆明的第二天，就开始了一场新的演讲《民魂万岁》：

在老缅寨，震后的军民在抓紧时间平整土地重建家园，一个只有一岁多的小孩，也举着锄头在挖地。我不想说这么小的孩子思想就有多红，就知道不怕苦不怕累，但，他确实是在劳动着，态度很认真，姿势很熟练，至少让我看到了人类求生存的本能，看到了劳动人民的本色，看到了一种中华民族特有的自强不息的意志，看到了我们代代相传、一脉相承的民魂。

90年代初，从部队转业到地方的蔡朝东到了乌蒙山区，成为一位县长。当时，也正是中国经济体制转型需要二次创业的时候，在群众中摸爬滚打了几年之后，蔡朝东将他和落后贫困地区民众一起艰苦创业的酸甜苦辣凝聚成文，唱出又一曲荡气回肠的演讲之歌——《创业万岁》。

世纪之交，“法轮功”歪理邪说让很多国人身心遭受巨创，有些人深陷其中难以自拔，有些人不明真相跃跃欲试。蔡朝东及时“走进”法轮功，一边做着法轮功练习者的思想转化工作，一边搜集掌握了大量一手资料，推出了他的第四部大型演讲《科学万岁》，喊出“光明必将驱散黑暗，正义必将打败腐朽，文明必将取代愚昧，真理必将战胜邪说，一句话——科学万岁”的口号！

一场又一场的演讲，一次又一次的报告，就这样，蔡朝东一直与社会同行，与时代同行，与大家的关注点同行。他的演讲，常新常讲，常讲常新，成为一位名副其实的与时俱进的演讲家！

与蔡朝东一样，颜永平时时刻刻关注着社会、关注着民生、关注着大家的关注。在他相同主题的演讲中，不同时期经常会出现不同的材料。

口才的重要性，是颜永平演讲中的一个常态话题。以前，孔子、鲁迅、李燕杰、马丁·路德·金都是他口中的常客。2009年6月，“横店影视城杯”全国大学生演讲大赛在横店举行，面对参赛选手和热心观众，颜永平再次谈起口才的话题，当时，奥巴马刚刚从美国大选中获胜不久，全世界的目光都聚焦在这个美国第一位黑人总统的身上，于是颜永平就自然而然地问了大家一个问题：

为什么是奥巴马。美国民众为什么会把票投给这位牙齿比汉白玉还白，皮肤比黑煤球还黑的非洲裔候选人？除了迷人的外表外，奥巴马更大的魅力在于绝佳的演讲口才。奥巴马演说时口若悬河，饱含激情，让人联想到至今仍被人们怀念的肯尼迪总统和黑人民权领袖马丁路德·金。奥巴马抓住美国人对经济现状不满、反对伊拉克战争的心态表示：“我们对厌倦和绝望感到厌倦和绝望。”美国一位著名的保守派专栏作家也不得不承认“这个家伙很聪明。他知道在什么样的时间，讲什么样的话”。

大家都应如此，我们平时训练演讲，也要随时感知身边的冷暖，掌握周围的变化，将生活中的热点、焦点变成我们演讲的亮点。

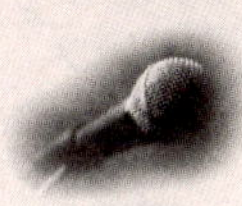

2008年,"富春杯"全国大学生演讲大赛在浙江举行。比赛开幕那天是5月23日,距离汶川8.0级特大地震发生仅仅十一天。筹备比赛的时候,谁也没有想到会有这场突如其来的灾难,灾难发生后,全国乃至全世界的人都为汶川而揪紧了心!广西民族大学的选手邱文荣就在参赛时临时更换了自己早已准备好的以北部湾开发为主题的稿件,转而讲起《男人的眼泪》:

我们不会忘记,前线救灾官兵的眼泪;我们不会忘记,救灾志愿者唐山十三勇士的眼泪;我们不会忘记,央视主持人赵普的眼泪;我们不会忘记,桑枣中学校长叶志平的眼泪;我们更不会忘记地震发生之后,在第一时间赶到灾区和受灾群众在一起和救灾人员在一起的我们的总理的眼泪……这个时候,谁还会说男儿有泪不轻弹?——男人的眼泪不是害怕,而是因为炎黄子孙彼此血肉相连的亲情;男人的眼泪不是懦弱,而是明白自己肩上所承担的责任;男人的眼泪不是不和谐,而恰恰是这眼泪,让中国人的手,牵得更紧;让中国人的心,贴得更近……

2010年2月12日,温家宝总理在春节团拜会上的讲话中明确表示:"我们所做的一切,都是为了让人民生活得更加幸福,更有尊严。"而在3月5日召开的第十一届全国人民代表大会第三次会议上,温总理所做的政府工作报告,字里行间也渗透着"要让人民生活得更加幸福更有尊严"的铮铮誓言,"幸福"一词出现的频率一下子激增起来。备战"党旗颂"全国大学生演讲大赛的选手吴凡,就选择了关于"幸福"的话题,所有的材料都围绕幸福展开:

前段时间,去东兰支教,偶有闲暇,打开电视,发现各个频道都在猛刮幸福之风:从《幸福来敲门》到《老大的幸福生活》,从《下一站幸福》到《幸福密码》,从《幸福像花一样》到《谁比谁幸福》……我们好像一下子掉进了幸福的蜜罐里。可是,东兰是一个国家级贫困县,在那里,我怎么觉得,一切都离幸福那么远,直到我结束支教离开东兰的时候,直到一个小个子男生跑了二十多里的山路把他妈妈绣的一幅鲜红的壮锦披在我肩头的时候,我猛然闻到了一缕清香,那,应该就是幸福的味道。

二、关注小环境中的人和事

演讲,是面对特定的人群,在特定的环境中进行的社会活动,因此,有时候,可以缩小范围,只把关注的目光,投在即将面对的听众的关注点上。

2010年8月1日,我到广西税务干部培训中心为税务系统的干部职工作《高效沟通,和谐人生》的专题讲座。就在讲座前三天,广西发生了一例"一公务员挥斧砍伤同事后跳楼自尽"的恶性事件,经媒体报道后,在当地引起极大反响。而事件的两位当事人都是国税局工作人员,在税务系统中的影响可想而知。于是,在讲到"沟通改变命运"的时候,我就用这件事作了一个反面例证:

您应该已经听说了,就在我们税务系统,就在三天之前,就在我们刚刚上课的这个时间,早晨

8点40分，在柳江国税局办税大厅，42岁的罗文松忽然手持利斧砍向52岁的同事杨建军，然后跑上六楼楼顶，跳楼身亡。您能想象吗？早晨，正是一天中最轻松愉悦、最生机勃勃的时候，可是，就因为日常的一些琐事，就因为彼此间缺乏沟通，就因为关键时刻谁都不愿多说一句好话、一句暖话、一句掏心窝子的话，一把锋利的斧头就砍碎了两个家庭的幸福，一个事业正如日中天的汉子，就再也看不到每个早晨都会升起的太阳……

2011年9月20日，中国培训界"奥斯卡"盛大颁奖典礼"将爱心进行到底"在上海八万人体育场震撼上演。彭清一、李燕杰、姜岚昕、梁凯恩、陈安之、邹中棠等闻名中外的培训界精英济济一堂，共同演绎了精彩绝伦的教育的魅力、演讲的魅力！

因为面对的都是商界和教育界的知名人士，中国演讲与口才协会副会长邹中棠先生，在以"请腾出右手抓文化"为题的演讲中，在短短的三分钟时间里，历数了古今中外十几位名垂史册的商界奇才与文化的勾连，一气呵成，令人折服：

我们要学习著名商人吕不韦啊！人家有了钱抓文化，编撰《吕氏春秋》，我们不仅要总结自己独到的企业文化，更要参与文明成果的落地工程，只有这样，才能拥有历史话语权，当人们学习你、传播你的时候，你才会成为后人心中的吕不韦。朋友们，盛世修典，机不可失啊！为什么陈嘉庚成为毛主席欣赏和推崇的华侨领袖？为什么李嘉诚要办汕头大学？为什么邵逸夫要赞助图书馆？为什么霍英东要支持体育？为什么比尔·盖茨要裸捐？因为他们知道，财富不重要，用财富做了什么才重要！有德行的企业家才能走得更远！

2011年8月，"爱的奉献"全国演讲大赛在云南昆明举行，作为演讲爱好者和会务志愿者，湖南衡阳的赵益华不辞25个小时长途火车的劳累奔波，赶赴昆明。到了那里，她发现，一个叫莫日根的蒙古族小伙子，比她报到还早，而且，比她坐火车的时间还长，长得多得多！于是，灵感凸现，从这个小伙子身上，赵益华再次领悟了演讲的精神所在，打开了演讲的话题"88小时，从内蒙古站到昆明的演讲者"：

由于昆明是旅游城市，8月又是旅游旺季，所以一票难求，莫日根只好买了站票，注意，不是卧铺票，不是坐票，是站票。他从通辽转包头经宁夏再到成都然后过贵州到昆明。前前后后，三天三夜再加16个小时，他整整在车上站了88个小时。在这漫长的途中，渴了，打一杯火车上似乎永远都不会烧开的水；饿了，泡一碗上车前买好的盒装快餐面，困了，只能用双肘撑着膝盖打会瞌睡，遇到火车急刹车，他还得像个往前冲的不倒翁，把睡眠惊醒……除了对演讲的极度热爱，我不知道还有什么力量能支撑他在这么辛苦的路上站了88个小时！

【演讲实践】

1. 列举近一周来社会、学校、班级的"热词"，至少五个以上并分别加以阐述。

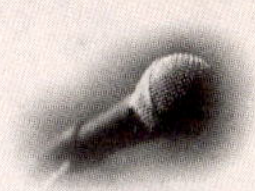

2. 最近一段时间对你影响最大的一条新闻是什么，为什么？

3. 你最近一次听演讲是什么时间，演讲中最吸引你的材料是什么？

第四节　材料的整理和提炼

“巧妇难为无米之炊。”对材料的搜集积累和整理提炼是演讲准备过程中一个非常重要的环节。关于材料的搜集，茅盾曾有过一个生动的比喻：“采集之时，贪多务得，要跟奸商一样，只消闻风得何处有门路，有货，便千方百计钻挖，弄到手方肯死心，不管是什么东西，只要是可称为‘货’的，便囤积，不厌其多。”但只有多是不行的，如果没有科学有效的归纳整理，那到需要材料的时候，无异于大海捞针。因此，一定要学会对材料的整理和提炼。美国19世纪大演说家易维德摩迪在材料的整理归类方面，有个很好的习惯：他总会随身携带一些大信封，每个信封上都有一个醒目的标题，无论读书的时候还是谈话的时候，只要遇到他觉得有用的资料，他就记录摘抄下来，放入题目适当的信封内。这可以说是开了材料分档存储的先河。

当然，现在笔记本电脑已经十分普及，移动硬盘、手机、照相机等具备存储功能的电子设备为材料的搜集整理提供了极大的方便，只要做个有心人，总能在大浪淘沙之后，筛出真金白银。

一、材料的分类和归纳

物以类聚，人以群分！分类似乎是人类与生俱来的一种能力。对于材料也是一样。自从人类知道收集、保存和利用资料以来，就懂得了一个道理：要想充分利用资料，必须善于管理资料；要善于管理资料，就必须用科学的方法将它们分门别类，这样，才方便寻找和运用。对演讲材料而言，分类或归纳的标准很多，材料的性质、形式、特点、内容、主题、用途等等都可以作为分类的依据。

我自己是一个相对马虎的人，平时也总是粗心大意。当我几次为找不到本来已经收集到的材料而焦头烂额之后，下定决心，利用一个假日的时间，把存储在电脑中的资料进行了整理归类，分建了几个不同的文件夹：

芳菲鸣章（范文）；

赏心悦目（视频）；

提纲挈领（课件）；

教学相长（教案）；

字里行间（手稿）……

颜永平有一个博客，名字就是“颜永平演讲”。打开博客主页，分类目录一清二楚：

演讲培训动态；

演讲培训大纲；

演讲视频集；

演讲文章；

演讲名家介绍；

演讲比赛资料；

演讲夏令营；

旅游风景照……

就像一个勤快聪明的主妇，哪些物品放在哪里，哪些家具怎么摆放……不仅自己生活在一个整齐干净的环境中，连来往的客人也感到舒适方便！

《魅力口才五个一百》是文若河所著的一本非常实用的口才工具书，里面没有空洞的说教，没有宽泛的道理，而是将五百个锦囊妙计进行清晰明了的分类，让初学者也能出口成章：

一百个经典故事；

一百句哲理名言；

一百句诗词名句；

一百个幽默笑话；

一百句时尚流行语。

而在一些大的章节中，又分别进行了主题内容的划分，比如在“一百个经典故事”中，就分为：人生感悟篇、修身律己篇、励志奋进篇、亲情友情篇、爱情婚姻篇和生活点滴篇，使读者在增长见识、提升文化的同时，轻松便捷地掌握了说话的方法和技巧。

当然，还可以更有针对性一些，根据演讲的不同组成部分或演讲的不同类型将材料进行划分，李元授编著的《演讲艺术品评》一书，就将所点评的材料分成了以下几个类别：

精彩纷呈的开头；

斑斓有力的结尾；

严谨完整的结构；

生动优美的语言；

丰富精当的选材；

妙趣横生的辩论演讲；

扣人心弦的即兴演讲。

而在《演讲精品选粹》当中，李元授又将材料进行了新的划分：

政治演讲片段；

军事演讲片段；

外交演讲片段；

竞选演讲片段；

婚庆演讲片段；

校园演讲片段……

总之，在材料的整理方面要养成有条理、有规律的习惯，这样才能事半功倍。

二、材料的提炼和加工

虽说在材料的收集整理方面，我们希望多多益善，但任何事物都是相对而言的。中国还有句老话，叫“贪多嚼不烂”。因此，有了材料，也不一定就有了好的演讲稿，演讲稿也不是大量材料的罗列和堆砌，我们必须要考虑资源的有效合理利用，训练自己对材料的筛选、提炼和加工能力。

（一）要提炼加工新鲜的材料，避免材料的陈旧性

2011 年，广西壮族自治区党委宣传部和自治区文联举办“永远跟您走”电视演讲大赛。作为评委和点评嘉宾，我参与了预赛、复赛和决赛的全过程。其实，在全区预赛之前，已经有了单位推荐、各地市选拔赛和各系统淘汰赛三道“关卡”了，但一些进入预赛的选手在材料的选择上，还是让我略感失望。我在点评时说：

建党 90 周年，建国 62 年，可是一说到人物，就还是夏明翰、董存瑞、焦裕禄、孔繁森……一说到事件，就还是南湖红船、井冈号角、八一枪声、国庆礼炮……一说到历史，就还是三座大山压迫下的中国如何风雨如晦、灾难深重，还是西方坚船利炮轰击中的中国如何山河破碎、民不聊生，还是一盏油灯如何点亮了上海的弄堂、鸡鸣报晓神州现晨曦，还是一艘游船如何划开了南湖的碧波、民众浴血奋战换新天……而改革开放后这三十多年的辉煌，却或是寥寥无几或是一带而过。

所以，我建议进入复赛的选手回去换些材料，最好换些时间上离我们近点的，距离上离我们短点的材料。

一周之后，到复赛的时候，现场观众的掌声，明显热烈了很多：工商部门勇斗歹徒的老庞、电力系统勇于攻坚的李俊、监狱管理局心系服刑人员的老韦、质量监督局紧盯食品安全的小廖……还有造型独特的科技馆、拔地而起的体育馆、风生水起的北部湾、日新月异的钦州港……大家身边的人，大家经历的事，大家熟悉的景，连成一幅幅有声有色的画面，跃然眼前。

（二）要提炼加工自己的材料，尽量避免人云亦云

2011 年 3 月，全国校园“金话筒”大赛广西赛区选拔赛在南宁举行，主办方邀请我为参赛选手做赛前培训。在准备培训课件的时候，我想到以往的比赛中，选手最怕在参赛过程中出现一些小意外，比如话筒没调试好声音传不出、舞台高低不平走路绊个大跟头什么的，因此想重点给他们

讲讲如何随机应变、借力打力、顺势而为。选择案例时，我找出了杨澜在一次户外主持时意外摔倒后机智化解的例子，但转念一想，这个例子很多人都已经耳熟能详了，再说杨澜又是著名主持，语言功底深厚，思维反应敏捷，再加上久经沙场、见多识广，临危不乱也就不足为奇了，于是，临时换上了自己做主持时的亲身经历，并把梳理后的文字保存到相关文件夹中：

有一年春节期间，我随河北电台"心连心"艺术团赴老区隆化慰问演出，在主持时，一阵大风袭来，被大风卷起的红地毯忽地一下把我扑了一个趔趄。当时，这意外的洋相使我既尴尬又窘迫。可看到台下上万名冒着严寒来观看演出的群众，我的心马上静了下来，说："现在台上有说有唱有歌有舞可谓多姿多彩，台下笑语飞扬掌声阵阵真是热闹非凡，这喜庆的场面，这欢乐的气氛，不仅让天上的风婆婆喜笑颜开，连脚下的红地毯也跃跃欲试啊，那就让我们和大自然一起感受这心与心相连的魅力吧！"

还有一次，我主持一场演讲比赛。正说着话，手中的无线话筒不知是接触不良还是电池耗尽，忽然就没声了，我把话筒高举起来，深吸一口气，大声说道："看来话筒是要和大家摆摆擂台了，它信奉的可能是沉默是金，是此时无声胜有声，但我想我们的选手会告诉它：什么叫一言之辩胜于九鼎之宝，什么叫三寸之舌强于百万之师。我们的选手还会告诉它：真正的心声，不用话筒也可以传得很远，真实的情理，没有音响也能够深入人心……"

(三) 要提炼加工现实的材料，不要误入虚构歧途

有一次，给广西高速公路管理系统的员工作心理抒压的讲座，谈到"凡事都有积极消极、乐观悲观的两面性，关键看你从哪个角度以什么心态去看"的问题。这本是一个老生常谈的问题，关于这个问题的经典案例也比比皆是。但我讲完"一个老头，两个儿子。一个卖伞，一个卖扇"的故事后，看到台下的员工都没太大的反应，心想，可能这本来就是一个故事，生活中不一定真有此事，所以大家往往都觉得离自己生活有点远了，而且，关于心理问题，去举别人的例子，总是有点站着说话不腰疼的嫌疑。于是，我放弃了后面还有的另外一个类似的故事，说起了自己此前刚刚经历的两件小事：

周日，先生去朋友聚会了，儿子去看电影了，老家的母亲打来电话，听说我一个人在家，就有点心疼，说："一个人啊，多没意思啊！"我当时就笑了："哈哈，一个人在家，多消停啊，多清净啊！"你看，在母亲眼里，女儿一个人在家，那是形单影只，孤单寂寞。而在我自己，好不容易没了孩子在耳边的吵吵嚷嚷，没了先生在眼前的晃来晃去，正好可以看看书，备备课，多自在啊。

再比如，刚才出门前，看时间还充裕，就扫了扫地板，这几天风大，家里到处都是尘土。正好这时儿子进了门，又是习惯性地把校服外套往地板上一扔，我说，你看你看，这么多灰尘，你还仍，你以为这是电视广告里的客厅啊，可以随便摸爬滚打。没想到儿子一吐舌头，说："妈，咱知足吧，这么大的房子，才扫出这么点垃圾来。可以忽略不计了！"说完做着鬼脸就跑开了。

也许是其中的亲情感染了大家，也许是琐碎的但却真实的小事让大家找到了熟悉的感觉，大家一度紧绷着的比较严肃的脸终于都舒展开来。回来后，我果断地删除了资料当中一些虚拟故事，换上了几个现实的事例。

除此之外，还要注意，在国外的和国内的材料之间，要尽量保留国内的；在以点带面或以面保点的材料之间，要尽量选择以点带面的。

材料的整理和提炼是一项相对琐屑的基础工作，必须持之以恒。无论是通过直接还是间接的渠道，都要做到广泛采撷、精挑细选，善于分类归档，使材料条理化、系统化，同时，注意随时保持对材料的研究和分析，挖掘出新的意义，提出自己的观点和主张。

【演讲实践】

1. 清理自己的电脑文件夹，并将现有关于演讲的资料重新归类，讲讲自己归类的方法和理由。

2. 以“细节”为题，撰写1000字左右的演讲稿，三人一组，讨论每位同学演讲稿选材的特点和得失。

3. 收集诗词名句、名人典故各五项以上，归类于下列主题之中：“春夏秋冬”、“山水花鸟”、“梅兰竹菊”、“琴棋书画”、“听说读写”……

第六章　演　　练

【导语】

由于我们口才不好，不会演讲，错过了很多人生的机会。

由于我们不善于沟通，不会演讲，流失了很多财富。

一个人的成功最需要开发的是大脑与嘴巴。

学会沟通、表达和当众讲话必将使你的能量倍增如虎添翼。

这是一次性投入、终身受益的投资，是值得把握的机会！

精彩的人生决定于选择的那一刹那！

成功者永远领先于竞争对手一步，因为一步领先，步步领先！

更深知：机会永远只属于有准备的人！

演讲训练不像语言学那样，把语言当做抽象的理论系统来研究。它偏重于口语在实践活动中的实际职能，并通过交际活动中的口语实践来表达一定的社会需求和对策。要想提高自己说话的水平，强化自己说话的能力，训练自己的口才，唯一的途径是下功夫，勤学苦练，为自己寻求演练的平台和机遇，融入演讲的情境，真实的享受演讲带来的挑战与快乐。因为，教育只告诉你什么是对的，演练是要你把事情做对！

【案例】

美国第十六任总统林肯，是演讲家、雄辩家、交谈家，但曾经，他什么也不是。第一次说话，满脸通红，嗓音变了，嗓子里面好像有棉花堵住了，脸色铁青，不知道手往哪儿放。为了练口才，他徒步30英里，到一个法院去听律师的辩护词，看他们如何论辩，如何做手势，他一边倾听，一边模仿。他曾对着树、树桩、成行的玉米练习口才。后来参加葛底斯堡的演说，总共才三分钟十句话，竟使一千五百人落了眼泪。现在已经铸成经文，放在英国的牛津大学里，作为英文演说的典范。口才并不是一种天赋的才能，它是靠刻苦

训练得来的。古今中外历史上一切口若悬河、能言善辩的演讲家、雄辩家，他们无一不是靠刻苦训练而获得成功的。

因此，无论是生活中还是学习工作中，演讲艺术是一种深层的文化积累，口才的提高靠的是不断在演练中“厚积薄发”。因为口才的提高有一个过程，这就需要我们在不断地从书本上吸收知识、在生活中增长阅历和见识的同时，加强实践和锻炼，使演讲水平得以逐步提高。如果全部依赖知识的积累来提高口才，的确是件困难的事，但如果找到了科学的演讲训练方法，就能取得事半功倍的效果，大大缩短口才提高的过程。根据心理学家的研究证实：绝大多数的人都或多或少在说话方面有些不健康的心理，一个人有紧张、害怕说话的心理是正常的，经过不断的提升训练后是可以摆脱这种心理干扰的，从而具备正常人的演说才能。

第一节　想象现场

一、想象演讲场景

演讲者对自己的演讲题材和演讲效果要充满自信，更要在精神上鼓励自己去争取成功。演讲者可以在演讲前想象现场，并用以下积极正面的文字反复暗示、刺激自己：“我的演讲内容对听众具有极大的价值，听众一定会喜欢”；“我非常熟悉这类演讲题材，我一定会成功”；“我已准备得非常充分了”，等等。每次在演讲前暗示自己：我会讲得很好，会讲得很成功，听众会非常喜欢听我的演讲。想象演讲结束，听众掌声雷动的情形，热血沸腾的动人场面。而不应在上台演讲前多想可能导致演讲失败的因素，如“不要紧张不要害怕”、“我忘了演讲词怎么办”、“听众嘲笑我怎么办”等等。这种负面的自我暗示往往会导致失败的结局。想象训练就是用大脑的想象来进行口才表演的过程。比如，你可以想象自己正处在某个场合，正在跟某个人交谈或发表演说，那么，你该说些什么？用什么样的语气？用什么样的神情姿态？还有，对方会说什么样的话？针对对方的话，你该有什么样的反应？等等。

所有这些，你都不妨在脑子里好好设计一下，并把它作为一个设计方案存在脑子里。日后，当你遇到相同或类似的场合时，你就可以把自己的“设计方案”拿出来运用了。你脑子里的设计方案越多，越能在各种不同的场合应付自如。

而且，在你即将进行一场演讲或作一次交谈之前，进行这种想象训练，尤其有效。正所谓“临阵磨枪，不快也光”。虽然事情的发展不可能完全合乎自己的想象，但有备而来，肯定比完全依赖随机应变好。

二、演讲场景的体验及方法

任何演讲都是有方法可以学习、有规律可以遵循、有技巧可以提高的。

（一）提纲记忆法

初学演讲者常常把能够背诵演讲稿作为准备充分的标志。背诵记忆，对于初学演讲者可能是一种必要的准备方式。但是，背诵依赖的是机械记忆，逐字逐句的记忆不仅耗费演讲者大量的时间，而且容易造成演讲者心理麻痹。实际的演讲过程中，一旦因怯场、听众骚动、设备等突然出现故障而打断了演讲者的思路，机械记忆的链条往往就被截断，演讲者脑海中会一片空白，导致演讲停顿。此外，单纯的背诵记忆，还极易形成机械单调的“背书”节奏，丧失了演讲应该具备的激情和人情。

对于大多数的演讲者来说，我们提倡用提纲要点记忆法。提纲要点记忆的一般程序是：首先，就有关演讲的主题、论点、事例和数据等做好演讲笔记，最后整理成翻阅方便的卡片。然后，对笔记或卡片上的材料深思、比较并补充，整理出一份粗略的演讲提纲，提纲注明各段的小标题。最后，在各段小标题下面按序补充那些重要的概念、定义、数据、人名、地名和关键性词句。至此，一份演讲提纲基本完成。在整理演讲材料和编排纲目的过程中，演讲者应反复思考和熟悉了解自己的演讲内容，而在演讲时仅仅将演讲提纲作为提示记忆的依据。

（二）目光训练法

初学演讲者往往害怕与听众进行眼神的交流，于是出现了低头、抬头、侧身等影响演讲效果的不正确的姿势。演讲者正视演讲对象，这不仅是出于演讲者的礼貌，更重要的是演讲者与听众全方位互动交流的需要。初学演讲者不妨按以下方法来训练：找人与自己对视，并且在此过程中不要讲话。或者尝试在早上散步的时候，从那些参加晨练扭秧歌的大妈面前走过，用眼神与她们对视交流，想象在对她们进行演讲。每次在坐地铁的时候，就看着人群的眼睛，想象如果在对他们发表演讲，应该用一种什么样的眼神与他们交流。在平时养成习惯了，上台看听众也就非常自然了。

（三）呼吸调节法

适度的深呼吸有助于缓解紧张、焦躁、烦闷的情绪。演讲者在临场发生怯场时，可以运用深呼吸法进行心理和生理调节：演讲者全身呈放松状态，目光转移到远方景物，做缓慢的腹式深呼吸，根据情况做五到十次，甚至更多次。很多运动员、歌星、主持人，他们在上场时也做深呼吸来调节自己的情绪。其实，这在心理学上叫注意力转移法。原来把注意力放在担心上，现在不过是把注意力转移到深呼吸上，以此让自己放松平静下来。

（四）调节动作法

你在台上紧张的时候，会发现你的浑身肌肉紧缩着，绷得紧紧的，这个时候你换个动作，换个

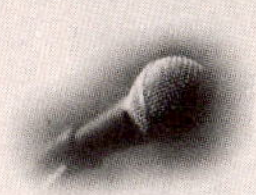

姿势，会直接减轻你的紧张程度。或者是握紧双拳，握得不能再紧之后放松，这样反复练习，多做几下身体就会慢慢放松下来。

还有一种土办法，就是每当紧张的时候就用力地掐自己，能马上分散或转移注意力。这些方法很简单也很实用，不妨尝试一下。

（五）专注所说法

专注自己的说话，就是把注意力全部专注在你要演讲的内容上，而不是放在听众怎么评价我，对我形成什么样的印象上。其实演讲的最高境界就是忘了自己，面向听众，专注所说。

专注自己的说话，其实也是注意力转移的一种方法。我们常常是面对听众会紧张，但自己说话不会紧张，所以将注意力全部放在讲话本身上，而无暇顾及听众的反应，无暇关注听众，自然就会减轻紧张程度。

【演讲实践】

为一次演讲想象当时场景并想象可能会出现的掌声和观众的反映。例如：如果你的嗓音会发颤，告诉自己下一次开口讲话前，你应该练习深呼吸。把场面情况写在索引卡上，每次预讲前都拿出来研究一番。

第二节 情绪酝酿

演讲就是一个人以众多听者为对象，就某一事物、事情或主题发表谈话，阐述自己的观点，表明自己立场的语言交际沟通行为，同时它又是一门艺术。它的艺术美既体现在文体上，又体现在非语言因素上。演讲文体上的美通过语音、语调、词汇、修辞、句式等来表达，而非语言的美主要通过仪容、眼神、面部表情、手势、体态、神态、风度等态势语来传递。演讲到底该怎样去讲呢？这是摆在我们初学者面前的一道题。其实演讲无定式，一百个人就有一百种讲法。只要符合自身身份、性格和年龄特点，用真情实感去讲就行了。演讲讲的是你的心声、你的情感，要用“心”去讲、去叙述，应该是声情并茂，声随情走而得到一种升华。所以说演讲最难的是：语言情感的准确释放。我们可以想象一下，在演讲中如果缺少了情，你就没有办法去把握演讲的基调，就没有办法使用一切技巧，也就无法准确传达演讲稿的内涵。

情感的正确使用是把握技巧中的关键，也是影响演讲成败的因素。需要提示的是：在演讲中用“情”就是“你”要融入演讲稿、融入故事，使“你”和你的作品浑然成为一体，达到一种忘“我”的境界。

(一) 正确揣摩演讲内容的色调

演讲者要到生活中和艺术中去寻找和体验语言的暖色调和冷色调,也就是我们所说的高兴和悲伤的语气语调,这在演讲中常常会使用到。这些语调的正确使用,就需要我们特别注意在使用时的语感,语感要随"情"而动。为了加强语感,让我们来观察一下亲朋好友在聚会中,相互问候或对某一感兴趣的话题展开热烈讨论的情景,你一言我一语,甚至有人高谈阔论,欢声笑语汇聚一堂,那种亲情,那种友情,时快时慢的语速,绘声绘色的声调,恰到好处的手势,朗朗的欢笑声,其乐融融。大家在这种环境中身心放松,语调自然柔和、温馨,此时的语调就是暖色调。为了对比起见,再谈一下痛苦悲伤的语调(冷色调)的处理方式。在我们的演讲中有很多表达伤心痛苦的事例。当你讲到亲朋好友中有人离故之时,悲腔的运用是不可少的。在小说《三国演义》中,大家都知道诸葛亮舌战群儒的片段,其实最考验诸葛亮口才的是他为周瑜吊孝哭诉。孙、刘两家这对昔日的盟友为荆州之地翻脸。周瑜兴兵誓要夺回荆州,结果兵败殒命。诸葛亮为大局,毅然前往东吴大营给周瑜吊孝。面对杀气腾腾、凶险莫测的虎穴禁地,诸葛亮依靠智慧,运用朴实的睿智语言哭诉衷肠,用真情感动了东吴人,得到谅解,从而化险为夷,再次为孙、刘两家继续联合抗曹立下伟绩。这个哭诉就是一个精彩的演说过程,诸葛亮把演讲的语感发挥到了极致,也只有这样他才能虎口脱险。

说以上例子的目的就是想强调一下,在演讲中,任何高兴的口吻和悲伤的腔调的使用,都来不得半点虚假、做作和过分。喜悦代表着朝阳,悲伤表示着夜暮。一切都要自然,否则在演讲中就会适得其反。试想一下,诸葛亮的语音语调和表情要有半点失真的话,他有多少个脑袋也不够别人砍啊!

(二) 灵活使用演讲的语调

一个演讲包含着写作技巧、口语技巧、表演技巧等,它是一个综合体。演讲技巧不是孤零零的,它蕴涵着真情和丰富的生活,每一项都与演讲情感语调的运用密不可分,我们要把写作、口语、表演等巧妙地综合起来。比如,当我们在演讲中叙述某一件事时,必然会娓娓道来,语调随其内容变化而变化。时而高兴、时而悲伤;时而高亢,时而低沉;时而急促,时而舒缓;有时需要声断气不断,有时需要一字一顿;还有就是演讲的语速明显快于朗诵,咬字要实,铿锵有力。目的就是围绕主题把"情"用"调"准确恰当地演绎出来。在练习时,克服语音平淡的方法就是按照以上要求去做。要注意,声音的高低起伏不是忽大忽小。忽大忽小的声音刺激听觉器官,使人感觉不舒服。而是音色、音量均衡平滑的逐渐增大或减小,要注意过渡。一般以暖色调为主,声调略高于平常说话,语音亲切。

在语言表达上,男性要体现果敢刚毅的阳刚之气,女性要体现温柔细腻的阴柔之美。这样既能展示各自的优势,又能体现各自的特点和长处。

在刚开始练习的过程中可能会感觉有点难或找不着感觉或不适应，这都是正常现象。要多多揣摩文字内涵，吃透要表达的意思，要动脑，依靠智慧，苦干加巧干，就能起到事半功倍的效果。

在这需要提醒的是：千万不要为了技巧而玩弄技巧，朴实无华其实也是一种重要的技巧。所有的技巧都是为辅助演讲的情感语调而展现的，目的就是为了感染打动现场的每一位听众。

（三）合理调动演讲的情绪

情感需要铺垫，应该一步一步地提升，逐步到达高潮。有的演讲者一上台便慷慨激昂，高声呼感，讲到高潮时声嘶力竭，手舞足蹈，叫人莫名其妙。有的演讲者却是从头至尾都平淡如水，没有波澜起伏的时候。这样的演讲都是不成功的。演讲要注意控制情绪，逐步地提升感情，一浪高于一浪，最后达到情感高潮。感情激发来得太突然，让听众不能接受，便只能瞪着眼睛看你在台上大呼小叫的"演戏"，只会觉得你滑稽，不会产生共鸣。为此，我们先要把握好情感的基调，起调不要太高，气氛渲染到一定程度再把积蓄已久的情感释放出来，这样才能情多不溢。

如果演讲一直过于平淡，那就说明你未进入演讲情绪，自己缺乏激情。这是演讲最大的忌讳。对于这种情形，只能说你讲的话还不是从你心灵深处所发掘出来的。很简单，不要空谈，发掘吧，把你心里所埋藏着的宝藏发掘出来！找出问题的原因，集中注意力去深思熟虑，理智和情感必须同时运用。

在演讲前就要开始调动情绪，把自己的心理状态调节到预定的情绪之内，注重演讲的情感定位。如果你的演讲基调是轻松、热情、向上的，演讲前就应该凝聚这样的情感，尽量排斥一些与此不协调的情绪，多想些令人高兴的事。如果你心事重重地走进赛场，那失败恐怕就是难免的了。

演讲的内容和语言安排也很重要。在写讲稿的时候便要注意一步一步地深化；当你演讲的时候，自己的情绪也就调动起来了，即使刚上台因为紧张不能马上进入状态，按部就班地讲下去，也能进入演讲情绪之中。所以写讲稿的时候要慢慢征服自己，这一点也不可小觑。

（四）把握好演讲的情势

情势的意思是人的情感中存在着一种趋向，或兴奋或悲伤，人的行为总会带着情感色彩，不为人的意志所左右。演讲讲究情势，就是不光要告诉听者道理，更要引导人们的情感，让他们在情感上认同你，从而在理智上相信你说的是真实的，是正确的。演讲的情势决定演讲的情感特征，决定听众的情感指向。

鼓舞人的信心是一种激动，明白一个道理也能让人激动，坚定一个信念也是一种激动，雨果还说过："比宇宙更宽广的是人的心灵。"心灵的情感各种各样，心潮澎湃是激动，沉着冷静也可以说是一种激动，你想引导人们怎样的情绪，就要让这种情绪占主导地位。

【演讲实践】

1. 打开心门，燃烧热情。尝试做一场激情洋溢的演讲。
2. 讨论：让人激动的演讲就是好的演讲吗？

第三节　演讲稿

演讲稿也叫演说辞，它是在较为隆重的仪式上和某些公众场所发表的讲话文稿。演讲稿是进行演讲的依据，是对演讲内容和形式的规范和提示，它体现着演讲的目的和手段，演讲的内容和形式。它可以用来交流思想、感情，表达主张、见解；也可以用来介绍自己的学习、工作情况和经验等等。演讲稿具有宣传、鼓动、教育和欣赏等作用，它可以把演讲者的观点、主张与思想感情传达给听众以及读者，使他们信服并在思想感情上产生共鸣。因此，演讲和表演、作文有很大的区别。

一、演讲稿的特点

演讲是演讲者（不是演员）就人们普遍关注的某种有意义的事物或问题，通过口头语言面对一定场合（不是舞台）的听众（不是观看艺术表演的观众），运用有声语言和态势语言发表意见、抒发情感，以达到感召听众为目的的一种社会活动（不是艺术表演）。演讲稿具备以下四个特点：

第一，针对性。演讲是一种社会活动，是用于公众场合的宣传形式。它为了以思想、感情、事例和理论来晓喻听众，打动听众，"征服"听众，必须要有现实的针对性。所谓针对性，首先是作者提出的问题是听众所关心的问题，评论和论辩要有雄辩的逻辑力量，要能为听众所接受并心悦诚服，这样，才能起到应有的社会效果；其次是要懂得听众有不同的对象和不同的层次，而"公众场合"也有不同的类型，如党团集会、专业性会议、服务性俱乐部、学校、社会团体、宗教团体、各类竞赛场合，写作时要根据不同场合和不同对象，为听众设计不同的演讲内容。

第二，可讲性。演讲的本质在于"讲"，而不在于"演"，它以"讲"为主、以"演"为辅。由于演讲要诉诸口头，拟稿时必须以易说能讲为前提。如果说，有些文章和作品主要通过阅读欣赏、领略其中意义和情味，那么，演讲稿的要求则是"上口入耳"。一篇好的演讲稿对演讲者来说要可讲，对听讲者来说应好听。因此，演讲稿写成之后，作者最好能通过试讲或默念加以检查，凡是讲不顺口或听不清楚之处（如句子过长），均应修改与调整。

第三，鼓动性。演讲是一门艺术。好的演讲自有一种激发听众情绪，赢得好感的鼓动性。要

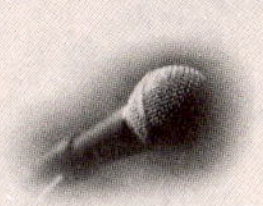

做到这一点，首先要依靠演讲稿思想内容的丰富、深刻，见解精辟，有独到之处，发人深思，其次语言表达要形象、生动，富有感染力。如果演讲稿写得平淡无味，毫无新意，即使在现场“演”得再卖力，效果不会好，甚至相反。

第四，独特性。演讲稿的独特性首先在于注重选材立意，在选材上多属主动型，切实根据听众的愿望和要求，弄清他们关心和迫切要解决的问题，有的放矢，力求引起最大共鸣。其次，在表达手段上要用较多的议论、抒情，将生活中获得的各种体验，由真善美与假丑恶激发起的各种情感，真实地倾泻到演讲稿中，动之以情、晓之以理，具有较强的感召力。再次，在语言的运用上，除了注意口语表达的特点，如多用短句，少用长句，增强语言节奏感外，还应适当运用幽默、双关、反语等修辞手法，以达到在与现场听众的交流中，牢牢吸引听众的注意力，顺利实现演讲目的。

二、演讲稿的结构

演讲稿的结构分开头、主体、结尾三个部分，其结构原则与一般文章的结构原则大致一样。但是，由于演讲是具有时间性和空间性的活动，因而演讲稿的结构还有其自身的特点，尤其是它的开头和结尾有特殊的要求。

（一）开头要抓住听众，引人入胜

演讲稿的开头，也叫开场白。它在演讲稿的结构中处于显要的地位，具有重要的作用。瑞士作家温克勒说：“开场白有两项任务：一是建立说者与听者的同感；二是如字义所释，打开场面，引入正题。”好的演讲稿，一开头就应该用最简洁的语言、最经济的时间，把听众的注意力和兴奋点吸引过来，这样，才能达到出奇制胜的效果。

（二）主体要环环相扣，层层深入

这是演讲稿的主要部分。在行文的过程中，要处理好层次、节奏和衔接等几个问题。

首先，层次是演讲稿思想内容的表现次序，它体现着演讲者思路展开的步骤，也反映了演讲者对客观事物的认识过程，演讲稿的结构层次是根据演讲的时空特点对演讲材料加以选取和组合而形成的。由于演讲是直接面对听众的活动，所以演讲稿的结构层次是听众无法凭借视觉加以把握的，而听觉对层次的把握又要受限于演讲的时间，因此层次一定要清晰明了。

其次，节奏是指演讲内容在结构安排上表现出的张弛起伏。演讲稿结构的节奏，主要是通过演讲内容的变换来实现的。演讲内容的变换，即在一个主题思想所统领的内容中，适当地插入幽默、诗文、轶事等内容，以便听众的注意力既保持高度集中而又不因为高度集中而产生兴奋性抑制。优秀的演说家几乎没有一个不长于使用这种方法。演讲稿结构的节奏既要鲜明，又要适度。平铺直叙，呆板沉滞，固然会使听众紧张疲劳，而内容变换过于频繁，也会造成听众注意力涣散。所以，插入的内容应该为实现演讲意图服务，而节奏的频率也应该根据听众的心理特征来确定。

第三，衔接是指把演讲中的各个内容层次联结起来，使之具有浑然一体的整体感。由于演讲的节奏需要适时地变换演讲内容，因而也就容易使演讲稿的结构显得零散，所以衔接一定要自然得体。

（三）结尾要简洁有力，余音绕梁

结尾是演讲内容的自然收束。言简意赅、余音绕梁的结尾能够使听众精神振奋，并促使听众不断地思考和回味；而松散疲沓、枯燥无味的结尾则只能使听众感到厌倦，并随着事过境迁而被遗忘。怎样才能给听众留下深刻的印象呢？美国作家约翰·沃尔夫说："演讲最好在听众兴趣到高潮时果断收束，未尽时戛然而止。"这是演讲稿结尾最为有效的方法。在演讲处于高潮的时候，听众大脑皮层高度兴奋，注意力和情绪都由此而达到最佳状态，如果在这种状态中突然收束演讲，那么保留在听众大脑中的最后印象就特别深刻。演讲稿的结尾没有固定的格式，或对演讲全文要点进行简明扼要的小结，或以号召性、鼓动性的话收束，或以诗文名言以及幽默俏皮的话结尾。但一般原则是要给听众留下深刻的印象。

三、演讲稿的选材

演讲稿是演讲的基石，在写作演讲稿时要遵循科学的规律，明晰材料信息在听众头脑中的作用，即材料所传达的信息需符合人的认知规律，符合现代人的认识特点。只有这样，才能使听众有效地吸收材料，进而认同观点，达到演讲的目的。这是选择材料的第一要素。演讲稿的材料就是演讲突出主题所依据的事实和道理。在明确了演讲的特定目的及主题之后，就要集中精力搜寻自己所熟悉的、掌握准确有说服力的、可以应用自如的材料来阐明主题，将平时积累的材料进行精选，争取能做到"以一当十"。材料固然越充实越好，但要避免粗滥地堆砌。

演讲的过程不是简单的"材料＋道理"，而是一个做学问、求观点的过程。观点是客观事物复杂的内部联系，本质规律的科学的、客观的反映，只有通过大量、充实、详尽的材料综合、有机整理、相互联系，正确全面的分析、证明才可以充分地说明。所以材料是观点形成的基础，也是托起观点的根基。

好的演讲者应该勤于搜集、善于整理，并且有能力从现有材料中发掘出适用于自己的、有独到见解的材料，并且可以运用自如，这样才能取得扎实的功效，赢得演讲的成功。

总之，演讲稿主要是靠口头语言传达信息，它不是书面语言，供人眼睛阅读。因此，在撰写演讲稿时，不妨边讲边写，使演讲语言朗朗上口，适合于口头表达。善于演讲的法国总统戴高乐的经验之谈是"写下讲稿，把它记在脑子里，然后把它扔了"，许多演讲者的切身体会是"无稿不上台，上台应无稿"。在反复诵读讲稿时，对演讲的内容、语言和结构可能会产生新的感受，你不妨记下这些感受，以进一步完善讲稿。熟悉了演讲稿，到演讲不能只是念讲稿，如果没有眼神的交

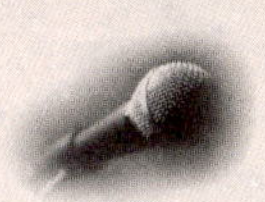

流，没有恰当的手势，就没有现场交流的生动效果。但演讲者应以讲为主，以演为辅。重演轻讲，就会喧宾夺主，冲淡演讲的内容，削弱演讲效果。

【演讲实践】

写一篇以爱国奉献为题材的演讲稿。

第四节　PPT

在演讲或演讲教学时有使用 PPT 的情况，在 PPT 实际制作过程之中，我们常常要选用和配制一些影片、图片、动画、声音等素材，而怎样灵活自如地用好这些素材，就成为提高 PowerPoint 制作质量的关键所在。

一、文字超级链接的设置

利用文字的超级链接设置，可以建立漂亮的目录。设置超级链接时，建议不要设置字体的动作，而要设置字所在的边框的动作。这样既可以避免使字带有下划线，又可以使字色不受母板影响。具体操作为选中字框，单击右键，选取“动作设置”项，链接到所要跳转的页面。

二、文字的出现与演讲同步

为使文字与旁白一起出现，可以采用“自定义动作”中按字母形式的向右擦除。但若是一大段文字，字的出现速度还是太快。这时可将这一段文字分成一行一行的文字块，甚至是几个字一个字块，再分别按顺序设置每个字块中字的动画形式为按字母向右擦除，并在时间项中设置与前一动作间隔一秒到三秒，就可使文字的出现速度和旁白一致了。

三、利用热字超文本链接功能实现跳转，提高交互性功能

(1) 热键可以是 PowerPoint 里本身为你准备的“动作按钮”(菜单栏上的“幻灯片放映”——“动作按钮”)中的各种按钮，如电影、声音、信息、开始、结束、帮助等，也可以自己设计任意形状、任意色彩图案、任意字符，只要自认为满意就行，例如：“主菜单”、“背景介绍”、“作家作品”、“迁移阅读”等。(2)选定该热键(单击该键，使其周围出现带点的处理框，此框意味着可以对该框内容进行编辑处理)，从“幻灯片放映”中选择“动作设置”，打开对话框，这时你可选择“单击鼠标”或“鼠标移动”两种方式来控制热键动作，一般为了便于控制，多选用前者。

（2）点击“播放声音”。同样，在下拉菜单中PowerPoint也准备了多种声音配合“动作”，若均不满意，可在菜单最后点击“其他声音”，这时你可从光碟等各种文件中截取你需要的声音。如果还不满意，还可自己配音。

四、制作特效字幕

大家在看电影时，知道有些电影字幕是从画面中的下部慢慢地出来，然后在画面的上部消失。其实我们也可以利用PowerPoint强大的演示功能，制作出这样一张幻灯片。

五、巧改模板

在用PowerPoint做一组幻灯片时，通常这一组幻灯片的背景都是由同一个模板的图案所决定的。如果我们改变其中一张幻灯片的模板，这一组幻灯片的模板也就随之改变了。有时我们为了得到良好的演示效果，需要在演示过程中使用几种不同的模板，那么就可以通过以下两种方法来解决：

（1）利用背景的变换。首先利用Windows95中的“画图”，或者其他图形编辑软件，将所需的模板存为图形文件。然后进入PowerPoint，在工具栏“格式”中选择“背景”，运用“填充效果”在“图片”中选择相应的图形文件，回到“背景”后，选择“忽略母板的背景图形”，最后按“应用”即可。

（2）运用“超级链接”我们将整组幻灯片按照播放次序并且将使用同一个模板的幻灯片依次存为一组文件，每个文件中可以只有一张幻灯片，也可以有多张幻灯片，但同一文件中的幻灯片具有相同的模板，相邻文件中的幻灯片具有不同的模板，然后利用PowerPoint工具栏“插入”中的“超级链接”将一个个的文件链接起来。

六、为课件插入影片

通常在课件中插入影片的方法是：直接播放视频。这种播放方法是将事先准备好的视频文件作为电影文件直接插入到幻灯片中，该方法是最简单、最直观的一种方法，使用这种方法将视频文件插入到幻灯片中后，PowerPoint只提供简单的“暂停”和“继续播放”控制，而没有其他更多的操作按钮供选择。用鼠标左键单击设置界面的空白区域，就可以退出视频设置的界面，从而到幻灯片的编辑状态。还可以使用预览命令，检查视频的编辑效果。

七、合适的装饰

PPT的制作是为演讲内容服务的，要和演讲内容密切吻合，每张PPT的字号通常在30—45

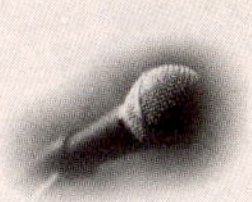

号之间，色彩原则上不超过三种，四围边框要有空间(即文字不能填满整个屏幕)。PPT 上不应出现大篇幅文章，应以提纲或标题为主。

第五节　听演讲

一、听别人的演讲

要学好演讲，首先要学会听别人的演讲，从别人的演讲中领悟并找到自己的风格。真正的演讲就是在不断地听演讲、学演讲、练演讲中达成的。

1883 年 3 月 14 日，马克思与世长辞。恩格斯作了《在马克思墓前的讲话》的著名演讲。演讲草稿是这样开头的："就在十五个月以前，我们中间大部分人曾聚集在这座坟墓周围，当时，这里将是一位高贵的崇高的妇女最后安息的地方。今天，我们又要掘开这座坟墓，把她的丈夫的遗体放在里边。"作者考虑后进行了修改，写成："三月十四日下午两点三刻，当代最伟大的思想家停止了思想。让他一个人留在房里总共不过两分钟，等我们再进去的时候，便发现他在安乐椅上安静地睡着了——但已经是永远地睡着了。"两者比较，后者入题较快，演讲一开始就抒发了对逝者的无限敬爱和万分惋惜的心情，使现场的人们也沉浸在对马克思的缅怀与崇敬之中。正是这种认真的态度和精心的修改，才为恩格斯每次演讲的成功提供了有力的保证。

萧楚女当教师时，每天天刚亮就跑到学校后山的一个僻静地方，对着镜子，观察自己讲课、讲演的表情和动作。闻一多先生，1919 年在清华园读书时就十分刻苦地练习演讲。他曾在日记中写道："近来演讲课练习又渐疏，不猛起直追恐落人后。"又写道："演讲降到中等，此大耻奇辱也。"1 月 9 日他在日记中写道："夜出外演讲 12 遍。"14 日他写"夜至凉亭练演说 3 遍"，回寝室又"温演讲 5 遍"，隔天又是"习演说"。北京的 1 月，寒风呼呼，刺人心骨，闻一多还是那么刻苦地坚持练习，怎能不获成功呢？可以说，他那气壮山河的《最后一次讲演》，正是"冰冻三尺，非一日之寒"的写照！

畏惧、怯场，是初次登台演讲者的普遍心理，甚至包括大演说家在内，如德国共产党的创始人之一、国际社会主义妇女运动领袖蔡特金，还有前印度总理英迪拉·甘地夫人，她们首次演讲时，也不是尽如人意。罗宾森教授在他的《创造中的大脑》一书中说："畏惧是无知与犹豫的私生子。"确实，训练和练习会把对听众的恐惧磨光耗尽，给自己增添自信心。

有人问萧伯纳是怎样学会演讲的，他回答说："我学讲演就像学滑冰，办法是不断让自己显得像个傻瓜，直到习惯了为止。"青年时代的萧伯纳是个最腼腆的人，在他第一次演说完时，像是受了莫大的惊吓。于是他发誓要"以十倍的努力工作"，并决心每星期至少当众演说一次。从此，人们在学校、教室、市场、公园、码头，在挤满三四千听众的大厅或只有几个人的地下室，都能经常见

到他激昂陈辞的身影，在12年中，他的演讲达千次。

罗斯福一向被视为勇气的象征，然而，他曾经也是个胆怯的人，他在《自传》中讲自己儿时相当瘦弱，也相当胆怯，年轻时，对自己的力量起初感到又紧张，又没有把握，于是不得不吃尽辛苦和劳累，不仅劳其筋骨，而且还磨炼自己的心灵和精神，经过反复的尝试终于成为演讲家。

林肯也是闻名于世的大演说家。他的《葛底斯堡演说》被铸成英文，至今存放在英国牛津大学。林肯的口才又是怎样练就的呢？他的伙伴胡思登说："林肯最初经常徒步30英里，到一个法院去听律师的辩护词，看他们如何辩论，如何做手势。他一边倾听那些政治家、演说家声若洪钟、慷慨激昂的演说，一边模仿他们。他听了那些云游四方的福音传教士挥舞手臂、声震长空的布道，回来后，就学他们的样子，经常对着树、树桩或成行的玉米演讲，终于解除了怯场心理，成为有名的演讲家。"

上述诸多事例告诉我们：我们不要仅仅羡慕那些成功的演说家的口才，还要学习他们成功之前的那种勤学苦练、持之以恒的精神和意志。成功在于苦练。

二、听自己的演讲

每一个人都希望自己具有从容自如的演讲信心，谋求自己能展示超凡脱俗的演讲魅力。但是，演讲的信心和魅力如何，与演讲的水平和技巧是休戚相关的。只有既敢于演讲又善于演讲，才会如虎添翼、锦上添花。

（一）勇敢迈出第一步

日本前首相田中角荣，少年时曾患有口吃病，但他没有被困难所吓倒。为了克服口吃，练就口才，他常常朗诵、慢读课文，为了准确发音，他对着镜子纠正发音的口形，严肃认真，一丝不苟。

我国著名的数学家华罗庚，不仅有超群的数学才华，而且也是一位不可多得的"辩才"。他从小就注意培养自己的口才，学习普通话，他还背了唐诗四五百首，以此来锻炼自己的"口舌"。

这些名人与伟人为我们训练口才树立了榜样，我们要想练就过硬的口才，就必须像他们那样，一丝不苟，刻苦训练，正如华罗庚先生在总结练"口才"的体会时说的："勤能补拙是良训，一分辛苦一分才。"

要练演讲，必须开口说话，必须进行大量的说话实践。只有这样，在真正面对听众时，才不会出现难以补救的错误，这是一种极能锻炼演讲才能的好方法，古今中外的口才大师们都曾运用过这种方法。在大庭广众之中、众目睽睽之下会产生紧张情绪的人，有点"口吃"之类缺陷的人，就叹息自己不合适练口才，那大可不必，一定要"强迫"自己开口说话。不要说一般人，就是世界上许多著名的人物，首次登台时也会颤抖不已，他们出众的口才都是在实践中反复磨炼出来的。世

界上著名大演讲家中，有不少人小时候患过“口吃”的毛病。为了克服缺陷，矫正口吃，德摩斯梯尼口含鹅卵石，面对滔滔大海喊叫，有时边跑边朗诵。为了防止别人引诱他走出房门，竟把自己的头发剃掉一半，弄成半阴半阳的“阴阳头”，以此将自己束缚在书房里，潜心苦练口才。最后他成为了举世无双的大雄辩家。

能够敢于开口演讲，准确自如、恰到好处地表达出自己的思想、感情、意图等；能够把道理讲得头头是道、形象生动；能够轻松自然，简洁明了地使他人听清和理解自己的话语内容，那么成功离你不远了。

敢于演讲的训练方法有：

1. 对着镜子大声演讲，这样可以增加自信。

2. 寻找一块空旷的场地，放声演讲。

3. 把演讲的内容录下来，边听边总结好的地方，纠正发音不准确或是用词不当的地方，并及时改正。

4. 找几位志同道合的朋友，演讲给他们听，让他们帮你一起出主意，提出改进意见。

（二）听自己的演讲

1. 我的演讲是否有吸引力

演讲要有吸引力，就要了解听众对象，了解他们的思想状况、文化程度、职业状况；了解他们所关心和迫切需要解决的问题是什么，等等。否则，不看对象，演讲稿写得再花功夫，说得再天花乱坠，听众也会感到索然无味，无动于衷，也就达不到宣传、鼓动和教育的目的。

2. 我的演讲能否打动人

演讲稿观点鲜明，显示着演讲者对一种理性认识的肯定，显示着演讲者对客观事物见解的透辟程度，能给人以可信性和可靠感。演讲稿观点不鲜明，就缺乏说服力，就失去了演讲的作用。演讲稿还要有真挚的感情，才能打动人、感染人，有鼓动性。因此，它要求在表达上注意感情色彩，把说理和抒情结合起来。既有冷静的分析，又有热情的鼓动；既有所怒，又有所喜；既有所憎，又有所爱。当然这种深厚动人的感情不应是“挤”出来的，而要发自肺腑，就像泉水喷涌而出。

3. 我的演讲能否有特点

构成演讲稿波澜的要素很多，有内容，有安排，也有听众的心理特征和认识事物的规律。如果能掌握听众的心理特征和认识事物的规律，恰当地选择材料，安排材料，就能使演讲在听众心里激起波澜。换句话说，演讲稿要写得有波澜，主要靠内容的有起有伏，有张有弛，有强调，有反复，有比较，有照应。

4. 我的演讲语言怎么样

演讲者在语言运用上应注意以下三个问题：

(1) 是否口语化。“上口”、“入耳”这是对演讲语言的基本要求，也就是说演讲的语言要口语化。演讲，说出来的是一连串声音，听众听到的也是一连串声音。听众能否听懂，既要看演讲者能否说得好，更要看演讲稿是否写得好。如果演讲稿不“上口”，那么演讲的内容再好，也不能使听众“入耳”，完全听懂。如在一次公安部门的演讲会上，一个公安战士讲到他在执行公务中被歹徒打瞎了一只眼睛，歹徒弹冠相庆说这下子他成了“独眼龙”，可是这位战士伤愈之后又重返第一线工作了。讲到这里，他拍了一下讲台，大声说：“我‘独眼龙’又回来了！”会场里的听众立即报以热烈的掌声。演讲稿的“口语”，不是日常的口头语言的复制，而是经过加工提炼的口头语言，要逻辑严密，语句通顺。由于演讲稿是作者写出来的，受书面语的束缚较大，因此，就要冲破这种束缚，使演讲稿口语化。为了做到这一点，写作演讲稿时，应把长句改成短句，把倒装句改成正装句，把单音词换成双音词，把听不明白的文言词语、成语改换或删去。演讲稿写完后，要念一念、听一听，看看是不是“上口”、“入耳”，如果不那么“上口”、“入耳”，就需要进一步修改。

(2) 是否通俗易懂。演讲要让听众听懂。如果使用的语言讲出来谁也听不懂，那么这篇演讲稿就失去了听众，因而也就失去了它的作用、意义和价值。为此，演讲稿的语言要力求做到通俗易懂。

(3) 是否先感动了自己。好的演讲稿，语言一定要生动。如果只是思想内容好，而语言干巴巴，那就算不上是一篇好的演讲稿。要写好演讲稿，只有语言的明白、通俗还不够，还要力求语言生动感人。怎样使语言生动感人呢？一是用形象化的语言，运用比喻、比拟、夸张等手法增强语言的色彩，把抽象化为具体，深奥变得浅显，枯燥变成有趣。二是运用幽默、风趣的语言，增强演讲稿的表现力。这样，既能深化主题，又能使演讲的气氛轻松和谐；既可调整演讲的节奏，又可使听众消除疲劳。三是发挥语言音乐性的特点，注意声调的和谐和节奏的变化。

【演讲实践】

精心准备一篇演讲稿，对着镜子大声进行演讲。

第六节　试演讲

一、预讲练习

与前面的几种方法相比，演讲更重要的是多讲多练，积累成功的经验。讲一次不行，讲十次、

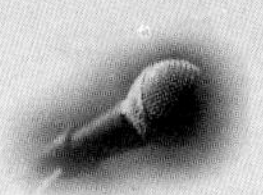

三十次、五十次，肯定会越来越能够把握自己。

预讲练习有两种方式：

第一种，为了纠正语音，锻炼遣词造句能力，训练形体语言，演讲者可以自撰一个演讲题，或模仿名家的演讲，在僻静处独自演练。著名演讲家、美国第16任总统林肯，青年时代就经常模仿律师、传教士的演讲，独自一个人对着树林和玉米地反复练习。

第二种，为了参加正式的演讲比赛或在规格较高的会议上发表演讲，有必要进行试讲。这种试讲最好邀请一些亲朋好友充当听众，一则可以模拟现场气氛，二则可以听取亲朋好友的意见和建议。

大量的预讲练习可以帮助演讲者建立充分的自信，而且还便于更好地发挥，避免因准备不充分或不适应演讲环境而引起的惊慌失措。中国有句古语叫"熟能生巧"，讲的就是这个道理。

演讲，除了坚持苦练，当然还需要有效的方法。下面介绍几种训练方法：

（一）练习绕口令

绕口令亦叫拗口令，有的地区叫急口令。练习绕口令对训练口才很重要。相声演员就得练绕口令，让口舌受到训练，能够快速而清晰地发音说话。我们不妨找一两段绕口令反复地加以练习，这对训练口才是大有裨益的。如："四是四，十是十，十四是十四，四十是四十，不要把十四说成四十，也不要把四十说成十四。"这是一种语言游戏，可以先慢些，然后再加快，练到能一口气急速念出，这样，才能嘴里说着这句话，心里已在想着后面的话。这种熟练、自如的表达，是演讲的十分重要的基本功。

（二）泛读和精读

要广泛阅读、默读、朗读历代名著和诗文，革命导师、优秀人物的作品，以及优秀教师的讲课稿、演讲家的演讲稿，可参考景克宁、郭海燕主编的《人生的论证——中国当代九人演讲集》和邵守义主编的《外国名人演讲选》等，然后精读其中最精彩的部分。读书的速度可由慢至快，声音可由低到高，边读边领会其含义、诗韵，边读边加深对作品的理解，从中汲取养料和精华。

这里须注意的是，不光教师读，还要培养学生读的能力与说的能力。这是当前实行素质教育，学生必须具备的素质之一。学校应重视，每个教师应行动。像《中国教育报》记者王增昌在无锡南洋学校采访，听了语文教师诸向阳的一节课，了解到他在教学中始终注重培养学生"说"的能力。诸老师执教的《麻雀》，引入新课后，便以深情的语调、富有感染力的声音动情地朗读了《麻雀》全文，接着提出自学思考题，让学生先默读，再让学生每人读一小节，从第一排第一个同学开始，依次轮流朗读，使七八个学生得到朗读机会。读完课文，讨论思考题时，大家争先恐后举手发言，各抒己见，课堂气氛异常活跃。讨论中诸老师有意识地请一位没举手的学生发言，在他的启

发下，这位同学也答得不错，诸老师为鼓励他的进步，请全班同学为他鼓掌。最后，诸老师选择课文中最感人的两段，让学生当堂背诵。一堂课下来，课堂效果颇好。

(三) 背诵

在对作品加深了理解，也相当熟悉时，便要求熟练地背诵下来。如林肯背诵了莎士比亚的《李尔王》、《哈姆雷特》等名剧的大段对话。要背那些好的用口语写成的文章，背得越熟、越快越好。

当然背诵时最好是面对听众，哪怕只有一个听众。

法国前总统戴高乐善于演讲，当有人向他请教时，他说："写下了讲稿，把它记在脑子里，然后把纸扔了。"这个"记"，也即背诵，这是值得我们借鉴的。

吴晗同志曾讲过，一个自学的青年，若能背 50 篇古文，阅读浅近文言文就可以过关了。还有人说，熟记百把篇范文，比学习文章作法之类会更有用。现在引导学生读、背于一时，将来使他们受用一辈子，不是大好事吗?

二、模拟训练

模拟训练也可称之为实战演练，即面对假想的听众发表讲演或交谈，就像部队在实战学习时向假想的敌人发起进攻一样，要力求逼真，这样才能检验和提高技术水平。

在模拟训练时，一言一笑、一举一动，都要像面对真的听众一样，力求完美。有不完善的地方，就进行调整，并反复练习，直到令自己满意为止。

(一) 模仿专人

在生活中找一位口语表达能力强的人，请他讲几段最精彩的话，录下来，供你进行模仿。你也可以把你喜欢又适合你模仿的播音员、演员的声音录下来，然后进行模仿。

(二) 专题模仿

几个好朋友在一起，请一个人先讲一段小故事、小幽默，然后大家轮流模仿，看谁模仿得最像。为了刺激积极性，也可以采用打分的形式，大家一起来评分，表扬模仿最成功的一位。这个方法简单易行，且有娱乐性。课上、课间、课后都可进行，只要有三四个人就能进行。要注意的是，每个人讲的小故事、小幽默，一定要新鲜有趣，大家爱听爱学。而且在讲以前一定要进行一些准备，一定要准确、生动、形象，千万不要把一些错误的东西带进去，否则模仿的人跟着错，害人害己。

(三) 随时模仿

我们每天都听广播，看电视、电影，那么你就可以随时跟着播音员、演播员、演员进行模仿，注意他的声音、语调，他的神态、动作，边听边模仿，边看边模仿，久而久之，你的口语能力就得到了提高。而且这样做还会增加你的词汇，增长你的文学知识。

这里要求要尽量模仿得像，要从模仿对象的语气、语速、表情、动作等多方面进行模仿，并在模仿中有创造，力争在模仿中超过对方。

在进行这种练习时，要注意选择适合自己的对象进行模仿，要选择那些对自己身心有好处的语言动作进行模仿。我们有些同学模仿力很强，可是在模仿时不够严肃认真，专拣一些脏话进行模仿，久而久之，就形成了一种低级的趣味，我们反对这种模仿方法。

三、试讲

要想讲话获得成功，试讲是个有效的办法。一边试讲一边可以体验讲话的内容，还可以在别人评论的基础上作一些改进。

英国前首相丘吉尔几乎每次演讲前的试讲都会请自己的妻子当听众，同时小心地记下妻子独到精辟的批评。每当丘吉尔练习他所写的关于不幸事件的演讲稿，眼泪从他的眼眶流出时，妻子也会同他一起悲伤；而听到他机智感人的话语，妻子又会发出会心的微笑。无怪乎别人提到他的成功时，丘吉尔会说："没有我的妻子，我可能不会成功。"

试讲方法还有独自试讲，即一个人讲，用以体会、记忆要讲的内容，增强效果；有对着镜子练习，用以掌握适度的表情和姿势，效果甚佳；有对着录音机试讲，然后听录音，找出问题，予以改进。

如果运用恰当，在讲稿基础上还可以现场即兴发挥，产生强大的感染力与号召力，从而实现与听众的心灵交流。

演讲训练还有一个重要途径，就是注意在说话的实践中总结提高，我们有时在某种场合下说话没说好，事过以后，不要只是后悔、难过，而是要亡羊补牢，总结经验教训，反复琢磨当时自己该如何讲。长此以往，必定会使自己的口才大有长进。

无论如何，演讲的训练是一个日积月累的过程，不踏踏实实，是练不出口才的。

【演讲实践】

1. 精心准备一篇演讲稿，对着镜子大声进行演讲。
2. 积极参加演讲赛事，提高演讲水平。
3. 寻找对演讲有共同爱好的人，一起分享演讲心得。

第三部分

演讲的效果

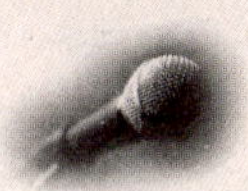

第七章　演讲的语言

【导语】

语言是人们进行思维和表情达意的工具，包括有声语言和书面语言两种形式。有声语言是指能发出声音的口头语言，它是人类交际最常用的、最基本的信息传递媒介。一个命题、一个思想从在说话人大脑中产生，到被听话人理解，整个过程可分为三个重要环节，即言语的产生、言语的传播、言语的感知。朗诵和演讲都以有声语言为主要手段进行表情达意。演讲不仅是思想观点的碰撞，智慧的生发，更是语言表达艺术的集中体现。一个好的思想、一篇好的演讲稿要转化为一个声情并茂的演讲，需要演讲者掌握娴熟的有声语言表达的艺术。

【案例】

古希腊演说家德摩斯梯尼天生口吃，嗓音微弱。在常人看来，他似乎没有一点演说家的天赋。而在当时的雅典城邦，一名出色的演说家必须声音洪亮、发音清晰、姿态优美。德摩斯梯尼最初的演说非常不成功，因为吐字发音不清，声音无力，表达缺乏感染力而被听众多次轰下讲坛。为了成为卓越的演说家，德摩斯梯尼进行了刻苦的练习。他向著名的演员请教发音的方法，为了改进发音含混不清的问题，他把小石子含在嘴里练习朗读；为了去掉气息短浅的毛病，他一边在陡峭的山路上攀登，一边不停地吟诗；他在家里装了大镜子每天起早贪黑地练习演说，矫正发音口型，端正自己的姿态。经过十多年的磨练，德摩斯梯尼终于成为一名出色的演说家，他的著名的政治演讲为他建立了不朽的声誉。

第一节　气息控制——让声音结实有力

在演讲实践中，有很多演讲者虽然稿件准备得很充分，但是由于未能掌握有声语言的表达技

巧,音色尖利或暗沉,吐字发音含混不清,气息无力声如蚊虫,语调平淡缺乏抑扬顿挫,无法取得预想的效果。

不管是竞赛型演讲还是公共型演讲,一般都是在公开场合面对大众的言语表达,因此其发声都不能简单地等同于生活中的自然用声。日常生活中的口语用声没有特殊要求,只要交流顺畅、听得清楚明白就可以了。而演讲一般是在相对宽敞、开阔的空间,面对的听众人数较多,因此生活中的自然用声已经不能满足演讲发声的要求。

演讲的语言用声有较高的要求,讲究发音用声的艺术性和感染力,讲究言语传播的效果。演讲发声学习的目的是改进演讲者所发声音的音质,加强发音器官的发声能力,使它从日常生活中的无意识发音变为受意识支配和监督的自觉发音。一般的演讲者经过发声训练之后,不仅语言发声能力可以大大增强,而且能够美化声音,丰富声音的表现力。

一、演讲发声的训练

演讲发声的要求可以概括为:语音准确,吐字清晰;声音圆润,音色朴实;感情丰富,语流自如。

由于演讲语言注重信息、观点的传递和情感的表达,注重与现场观众的互动交流,因此富有生活色彩,演讲发声采用以实声为主、虚实结合的发声方法,声音清晰圆润。演讲发声要区别于话剧表演、电影配音等形式,也要区别于播音员新闻播报时严肃、客观、理性的纯实声。为了取得较好的现场传播效果,演讲用声范围一般不宜过于低,应当在中音区或中音偏高区,音色明朗大方,较少装饰。

演讲时的声音变化幅度不像朗诵或戏剧表演时那么大,那么夸张,但作为一种有声语言艺术,演讲表达时层次也很丰富。“文似看山不喜平”,演讲也是如此。演讲者只有通过发声技巧发出刚、柔、强、弱等丰富多彩的音色来,才能准确生动地表现出演讲内容中丰富的内涵和情感。

在练习发声前,首先,我们要正确认识自己的声音条件,做好心理调适,避免过度紧张或松懈。现实生活中,每个人的声音状态都有所不同,因此不能强求一致性,更不要苛求自己声音的完美。在演讲发声时,要扬长补短。每个发声的练习都应具有一定的目的性,着眼于改善自己声音的缺陷,这样可以促进发音器官始终处于积极、健康的状态。演讲者在进行发声训练时应精神振奋、情绪饱满,这是取得良好效果的前提之一。

其次,发声训练不能一蹴而就,必须循序渐进,分阶段、分步骤进行。发声训练宜在屋外进行,这样可以听到自己真实的声音,每天至少练习 10—20 分钟。练声程序应是先练气后发声。第一步解决气的问题,第二步解决声的问题,第三步解决吐字问题,第四步解决声情并茂传播的问题。[①] 在大量的发

---

① 参见吴洁茹、王璐:《播音员主持人语音发声教程》,中国传媒大学出版社 2006 年版。

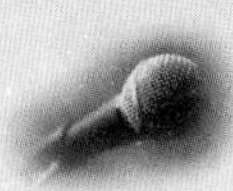

声训练中，为了避免练习的单调和重复，可以结合音节、词语、古诗词、美文朗诵等多种训练内容进行，只有培养起演讲者对学习发声的感情和兴趣，训练才会真正入心入脑，取得实效。

第三，作为一种技能训练的发声学习，因各人先天嗓音条件和后天努力程度不同而显出差异。塑造自己具有个性化的音色，需要一定的训练量，但量的增加是渐进的，不可急于求成。发声训练说到底是对日常生活语言用声习惯的改进与完善，是在生活口语的用声状态基础上改变某些不良的发声习惯，提高和完善发声能力。因此训练的内容和方法要因人而异，才能收到实效。①

在演讲有声语言表达的多重要素中，如思想、情感、声音、气息中，思想和情感是人们表达的根本，声音是表达的形式，而气息则是表达的基础。人们丰富的内心感受需要通过不同的声音色彩来表现，这样，气息的自如变化就显得非常重要。如果演讲者不能自如地控制气息的变化，就会导致气息僵化，声音单一，语言的表现力差，这样，就不可能通过气息疾、徐、强、弱的控制体现出声音厚、薄、虚、实、刚、柔、明、暗等变化，就掌握不了艺术语言富于魅力的表现手段，就没法更好地用真情去感染人、鼓舞人、教育人。因此，气息的自如变化是演讲表达中更高意义上的美的追求。

二、演讲的呼吸控制

在有声语言的表达中，无论在嗓音的使用、内容的连贯完整、吐字的力度，以及声音色彩的变化等技巧中无不渗透着气息的作用。古代声乐理论中就有“气动则声发”的说法。唐代《乐府杂录》中提到“善歌者必先调其气，氤氲自脐间出，至喉乃噫其词，即分抗坠之音，即得其术，即可致遏云响谷之妙也”②。戏曲界也有句老话“气乃音之帅也”。在人们的言语发声活动中，声音的强弱、高低、长短以及共鸣的运用与呼出气流的速度、流量和密度都有直接的关系。

气息不仅是发声的动力，还是人们表情达意的重要手段。气息是思想情感与声音的桥梁，是“情动于中”到“声发于外”的过渡环节。声要随情动必先调其气，气息的运用和调整对于演讲时有声语言的表达具有重要的作用。

(一) 呼吸器官和呼吸原理

呼吸器官是发音的动力系统，由肺、胸腔、横膈膜及腹肌组成，其中最重要的是肺、胸腔及横膈膜。

肺：一种海绵状组织，长在胸腔中，表面有一层胸廓。吸气时，胸廓扩张，肺也随之扩张，气通

① 参见吴洁茹、王璐：《播音员主持人语音发声教程》，中国传媒大学出版社 2006 年版。
② 同上书。

过口、鼻、气管、支气管吸入肺中，肺的容积增大。呼气时，胸廓回收，肺也随之回缩，容积减小，气就从肺里排出体外，这呼出的气息就是发音的动力。

(吸)→口、鼻←→咽腔(鼻咽、口咽)←→气管←→支气管←→肺←(呼)

↖最重要的呼吸器官

胸腔：胸内的体腔部分即胸腔。胸腔外部是胸廓，它是由十二对弓形的肋骨、肋软骨、胸骨和胸椎等构成的骨支架。作为功能器官的肺来说，它本身是不能运动的，它是被动器官。气流出入肺部是靠胸廓的扩大和缩小来完成的。吸气时，肋间外肌收缩，肋骨向上、向外扩张，胸腔的前后径、左右径增大。呼气时，肋间内肌收缩，肋骨回到原位，胸腔缩小。肋间内外肌是呼吸运动中较容易感觉到的肌肉，它们协同吸气肌肉群和呼气肌肉群构成了人类的胸式呼吸。

横膈膜：亦称膈肌，是胸腔下部一层富有弹性的肌肉，边缘与肋骨相连，把胸腔和腹腔上下隔开。吸气时，膈肌收缩下降，使胸腔容积向下扩展从而增大；呼气时，膈肌上升恢复常态，胸腔容积缩小。膈肌属于吸气肌，对于吸气量的增加起着不可忽视的作用。

腹部肌肉在有控制的呼吸中，有着不容忽视的重要作用。一方面，腹肌是调节吸气压力的枢纽，使声音产生高低、强弱的变化；另一方面，通过腹肌的收缩来间接控制膈肌的收缩，使呼气的力量与下降的横膈所形成的吸气的力量之间产生拮抗。这是支持理想发声状态的基础，它属于呼气肌。

（二）胸腹联合式呼吸法

日常说话和演讲发声，虽然都需要气息的支撑，但二者对气息的要求是不同的。前者无须讲究声音的优劣，因而对呼吸不加控制，气息的运行也是下意识的；后者则讲究发声技巧和表达的声情并茂，因此呼吸必须有所控制，气息是在有意识的调控下运行的。如果不懂得气息的调控，在演讲过程中，不仅表达会受到影响，而且会感到气喘吁吁、声嘶力竭，甚至会造成咽喉水肿等嗓音疾患。在实际演讲的过程中，为了表达完整的语意或激昂的情绪，有的内容必须一气呵成，演讲者需要一口气说出很多的话，只有延长呼气过程，表达才能得心应手。演讲者必须具有持久的呼吸控制能力。生活中常见的呼吸方式大体分为三种：胸式呼吸、腹式呼吸、胸腹联合式呼吸。

胸式呼吸为浅呼吸。特点是吸气时肩头上耸，上胸部上抬，膈肌基本不参加运动。吸入及呼出气流量少，呼气发声时呼出气流较弱而且呼出气流强度变化较小且难以控制。效果为声音尖细，换气频繁，气息轻飘，音色单一，缺少变化。

腹式呼吸为深呼吸。特点为吸气时腹部明显凸起，腹围明显增大，主要靠膈肌升降完成呼吸运动，得不到肋间肌的对抗，因而控制能力减弱。腹式呼吸法，吸入气流量较多，呼气发声时呼出

气流量较多，呼出气流强度、流量有一定幅度的变化。效果为声音显得深、重、低、沉。

胸腹联合呼吸法，用丹田之气。在我国民族声乐及戏曲、曲艺等艺术发声中所说的“丹田气”就属于胸腹联合式呼吸的范畴。胸腹联合式呼吸是指胸、腹所有呼吸器官都参与了呼吸运动，能吸入足够的气息，气息的容量大，有利于形成对声音的支持力量，呼吸稳健，这种呼吸方法容易控制，易产生坚实、响亮的音色。胸腹联合呼吸关键在于胸与腹的联合，它使胸腔、横膈及腹肌控制呼吸的能力得到了合作，参与的部位多，不但使胸腔横向加大，而且使胸腔的纵向得到了伸展，因而可以吸进足够的气息，气息的容量大。从动作上看，建立了胸、膈、腹三者的关系，由于能够稳定地保持住两肋及横膈的张力，和来自小腹的收缩力量所形成的均衡对抗，有利于形成对声音的支持力量。从生理上说，容易控制呼吸，具有操纵和支持声音的能力，为气流的呼出提供了良好的条件。效果为气息均衡、平稳，声音坚实响亮，是演讲发声时较为理想的呼吸方式。

(三) 呼吸控制的要领

姿势——无论坐与站，都要端正，以保证身体内部发声器官相对稳定。

坐应坐在硬面椅子的前部，不要坐软椅或沙发。双脚自然着地，后腰挺直，身体略前倾，保持“含胸拔背”的感觉。

站应采用“丁字步”，双脚一虚一实，身体重心放在前脚，后脚自然跟上。“舒胸拔背，提臀收腹。”

胸部微含，面向前，头部取平视时的角度。这样可以保持呼吸道的畅通，也有利于呼吸肌肉的运动。特别强调肩部放松，前胸舒展，双肩自然下垂。

(1) 吸气

吸到肺底——吸气要深，用意念引导气息通达到肺底。

两肋打开——两肋后部扩张撑开，体会气息下沉的感觉。

腹壁站定——随着吸气，小腹随两肋的打开而打开，腹肌从松弛状态渐渐绷紧站定，小腹有一定的绷紧感。

(2) 呼气

为了使气息有力度、有节制地慢慢呼出，原则是呼气时要保持吸气时的感觉。对吸进来的气，一刹那就要控制起来，立即转化为呼气状态。胸廓、两肋以及小腹要轻轻地挺住，不要使刚吸进来的气马上都撒出去。

一要保持稳劲状态。没有受过训练的人开始发音时气息总是出得较多，句头较重，然后气息越来越弱直到句尾下坠，这都是对气息缺乏控制的表现。因此，我们在发音时不要使气息前强后弱、忽大忽小，而要保持气息的恒定。二是锻炼持久力。演讲中为表情达意的需要，有时需要用

一口气说出较多的话，如果气息不够用，就会给表达带来困难。一口气发声能持续多长时间是检验呼吸控制能力的方法之一，一般来讲持续 25 秒至 30 秒钟就基本达到了要求。三是自如掌握调节方法。在演讲实践中，尤其是到演讲的后半部分，如果体力消耗较大、气息控制不稳时，即使感到气息不足也不要失去控制。要始终有控制感，气息一直托举着、支持着声音，声音才会扎实圆润，易于调节。发声不能一味地用蛮力，要么强要么弱，而是应该根据演讲的内容和声音的高低、强弱变化运用气息。气息过弱，声音不响亮，会影响演讲感情的抒发；气息过强，又易冲击声带使其失去韧性，声音变得尖利、刺耳。

（四）呼吸控制的练习

人的呼吸控制总是处在运动状态中，呼吸控制必须服从思维、情感表达的需要，要灵活多变，要把气息的运用作为思想、情感表达的重要手段。呼吸控制的训练和整个声音训练一样，是一个过程而不是一种方法，难以立竿见影，需要长期实践。

【演讲实践】

1. 同声韵四声夸张练习①

“气不顶则声无神，气不松则音不沉”，重点在于体会四个声调调值的相对音高变化。注意小幅度夸张时，呼吸控制细微的变化，要有意识地使呼吸控制有所变化，而这种变化又体现在腹肌对声音的支持程度上。训练时，演讲者要注意体会随着音高变化调整气流量、气息力度的运动变化状态。

发阴平音时，要想象在自己嘴的前方有一根圆形竹管，让自己的声音始终保持在竹管中前行。阴平调的开头起音要有饱满的气息支撑，用气类似于唱高音时的拖腔，要保持气流量小、气息力度强的状态，同时气息有比较明显的向前流动感。

发阳平音时，要想象声音向上爬坡的感觉，越到后半部分越要用力。声调的起音要有饱满的气息支撑，用气由发中音时适量的流量、力度开始，逐渐向加强力度减少气息流量的状态过渡，气息控制的力度总体上是渐强的，特别是在最后发到高音顶端时，小腹要给力将气息拖住，丹田处有上提的感觉。

发上声音时，由于变化幅度较大，所以气息控制也较为复杂。先以适中的流量和力度用气，变成发低音时的大流量和小力度的气息状态，然后再变成发阳平音时那样，渐渐减少气息流量，增大力度的控制状态。在腹肌控制上先松后紧，口腔控制先紧后松再紧，在意念上保持气息在一

---

① 参见吴洁茹、王璐：《播音员主持人语音发声教程》，中国传媒大学出版社 2006 年版。

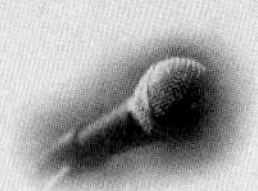

个U形管中运动的感觉。

发去声音时，随着音高的下降，气流量由少到多，气流力度由适中到较强，丹田处有下松的感觉。

2. 气息绕口令(要求一口气说完)

数 旗

广场上，飘红旗，看你能数几面旗：
一面旗，两面旗，三面旗，四面旗，五面旗，
六面旗，七面旗，八面旗，九面旗，十面旗；
十面旗，九面旗，八面旗，七面旗，六面旗，
五面旗，四面旗，三面旗，两面旗，一面旗。

3. 贯口

贯口是传统曲艺表演中的一种技巧，通常会采用排比句和相似并列的词语，用不换气或透气的方法，以最快的速度连续说出。表演贯口必须吐字用力，归音充分，力求语言节奏和内心节奏的高度统一，分清层次，巧用停顿和气口，使整个段子节奏鲜明，一气呵成。

地 理 图

去天津城隍庙哇？在丰台下车，奔长辛店、良乡县、窦店、琉璃河，奔涿州。你奔松林店、高碑店、定兴、徐水、保定府、石家庄、太原府，过黄河到陕西，过甘肃、新疆，有八百里瀚海，自带干粮自带水。不带干粮不带水？渴也把你渴死，饿也把你饿死。过了瀚海有个火焰山，过了火焰山你上飞机，一直往西北，走四十七个星期，下飞机您就瞧见了，那儿有一个小庙儿，匾上写着仨字儿：城隍庙。

4. 诗词朗诵

祖 国 颂

啊，鸟在高飞，花在盛开，江山壮丽，人民豪迈，我们伟大的祖国进入了社会主义时代。

提示:体会胸腹联合式呼吸对声音的控制能力。

七律·人民解放军占领南京

毛泽东

钟山风雨起苍黄，百万雄师过大江。
虎踞龙盘今胜昔，天翻地覆慨而慷。
宜将剩勇追穷寇，不可沽名学霸王。
天若有情天亦老，人间正道是沧桑。

提示:体会以气托声，加强声音的力度感。

5. 演讲练习

我有一个梦想

马丁·路德·金

如果美国要成为一个伟大的国家，这个梦想必须实现。让自由之声从新罕布什尔州的巍峨的崇山峻岭响起来！让自由之声从纽约州的崇山峻岭响起来！

让自由之声从科罗拉多州冰雪覆盖的落基山响起来！让自由之声从加利福尼亚州蜿蜒的群峰响起来！不仅如此，还要让自由之声从佐治亚州的石岭响起来！让自由之声从田纳西州的瞭望山响起来！

让自由之声从密西西比的每一座丘陵响起来！让自由之声从每一片山坡响起来。

当我们让自由之声响起来，让自由之声从每一个大小村庄、每一个州和每一个城市响起来时，我们将能够加速这一天的到来，那时，上帝的所有儿女，黑人和白人，犹太教徒和非犹太教徒，耶稣教徒和天主教徒，都将手携手，合唱一首古老的黑人灵歌："终于自由啦！终于自由啦！感谢全能的上帝，我们终于自由啦！"

提示：这段演讲内容气势磅礴、慷慨激昂，在表达时要通过气息控制，加强声音的力度感，体会"以气托声、以声传情"的发声状态，从而表现出马丁·路德·金对理想的坚定以及对自由的向往。尤其是在结尾部分，要通过气息的控制，使三个"终于自由啦"呈现出层层递进的力度感和日趋饱满的感情色彩。

第二节　口腔控制——让声音圆润动听

很多生活在方言区的人，在日常的口语交际中，都不太重视对于口腔的控制。北方方言区的人，在日常口语表达中，卷舌音较多，发音时会出现唇舌不用力的情况。南方方言区的人，发声时口腔多数不能充分打开，易出现声音扁平、吐字归音不到位的情况。但是在舞台上或是在公众场合演讲，从实际的传播效果来看，口腔控制不好的演讲者在表达时容易出现吐字含混不清、吃字、声音扁平等问题，影响听众的接受。

口腔是人类发音吐字的重要器官。没有口腔中唇、齿、舌、腭等各器官的有序配合，任何字音都不可能产生出来。口腔控制实际就是讲究吐字。因此加强口腔机能训练，对吐字和共鸣都具有重要意义。通过口腔控制的训练，可以让演讲者的声音变得圆润动听。

一、口腔控制与发声质量

演讲时的发音不同于日常生活中的口语发音，其难度超过一般语言交流，只有进行大量的重

复练习，才能达到纯熟的地步，才有可能将其用于丰富多彩的语言表达中。演讲吐字训练除了掌握正确的方法，还应在练习内容上有所选择，根据以往的经验，吐字训练的重点应放在字词上，尤其是生活在方言区的人，要先将声母和韵母练好，进而将单字和词发音规范化，做到字音准确清晰、圆润有力。在做双音节或多音节词练习时，除了注意声母、韵母外，还应注意声调的准确，避免含混。古诗词朗读是这一阶段练习内容之一。古代诗词语言凝练，意境深远，每个音节所含信息量和情感分量都极其丰富，用有声语言表达时需要根据对内容的挖掘和理解，使每个音节得到夸张和舒展，这样才能尽情达意。

吐字是为表达服务的，作为基本功，我们要求吐字工整。但在实际的语言运用中，则不应对每个字的发音都如此苛求。否则，演讲时就会有蹦字、破句的情况出现。在演讲的语言表达中，吐字的工整是就整体而言的，具体到每句话中，应当根据内容和感情色彩的不同，遵循语言固有的表达规律，错落有致地安排吐字。常有人片面理解吐字的重要性，过分强调每个字音都字正腔圆，忽视了语言表达中发音应有的动态变化，不是语言形式服从语言内容，而是将千变万化的语言内容和表达方式都套入僵死的吐字标准中，这样的吐字绝非演讲吐字所要达到的目标，需要在训练过程中加以注意。

口腔控制主要指发音时咬字器官的整体配合状态，口腔控制训练围绕咬字器官的训练和吐字归音训练两部分进行。训练内容中有个别词语、诗词、绕口令等与语音训练重复，但内容虽重复，训练的要求和侧重点并不相同。

由肺呼出的气流通过声带发出声音，经咽腔到达口腔，在口腔内受到各种节制而形成了不同的字音，这个节制过程就是咬字的过程。咬字器官包括：上下唇、舌（舌尖、舌叶、舌面、舌根）、上下齿、上下齿龈、上腭（硬腭和软腭）、下腭。其中唇和舌在形成字音的过程中动作最积极，起的作用最大。咬字器官的配合要领，咬字器官在吐字中的感觉应该是“口盖提起如穹隆，唇舌灵活力集中”。开大口腔，并不等于张大嘴。张大嘴口腔呈“前＞后”型，实际上是前开后不开。按照要求口腔的前后都应打开，呈“前]后”型。口盖提起如穹隆，指的是口腔要有一定的开度，口盖要挺起来，成为一个较坚韧的圆顶，这样字音就能得到较充分的泛音共鸣。在所有的音节中，开口度最大的音节是带有 ɑ 的音节，如：“海洋—遥远—慷慨—昂扬—平安”。唇舌灵活力集中，声音的集中首先要靠咬字器官的力量集中，它主要表现在唇和舌上，唇的力量集中到唇的中央三分之一。发音中舌体向中纵线收拢，不可绵软无力，这样有利于舌的动作弹动有力。

二、演讲吐字的要求

字音准确规范，也就是字正。这是我们必须做到的。我们要按照普通话语音规范吐字发音，

只能在符合语音规范的前提下，把字音发得更完美、更悦耳，而不能违反语音规律。

字音清晰。因为演讲者是要通过有声语言把思想感情和各种信息传达给听众、观众，宣传效果和有声语言的质量有着密切的关系。比如声母 z、c、s 和 zh、ch、sh，由于发音部位不正确而带有很大的杂音、噪音，那么通过传输设备传送到听众的耳朵里的时候，就会变得非常刺耳，甚至一些关键的字、词会因听不清而影响信息的传递。

在吐字的过程中，应保持较丰富的泛音共鸣，使语音悦耳动听，也就是实现“腔圆”的要求。每个字在发音过程中，字头、字腹、字尾要连接自如和润滑，要吐得饱满如珠玉，这是对吐字的审美的要求。

声音集中。集中的声音易于入耳，唤起听众的注意，打动人心。在发声过程中要使自己的声音有目标感，有距离感，且加强对象感和交流感也是使声音集中的必要条件。声音集中才能具有“磁性”，具有“穿透力”。许多优秀的语言表演艺术家都是在经过多年的磨炼之后，才具备了“声声入耳”的吐字能力，即使在十分嘈杂的场合，他们的声音也能穿透杂音进入听众耳中。假如语言艺术工作者声音散漫，字音不集中，再大的音量也达不到好的效果，而且还会影响字音的清晰度，使人感到精神不饱满，既妨碍了语言的表达，又会降低发音的效率。

我们发出的每一个字音、每一个音节，都是融会在语流当中的。听众听的不是一个一个单独的音节，而是通过语流来获取信息受到感染的。所以要求我们吐字归音必须灵活自如，轻快流畅。如果不注意语言的连贯畅达，咬字太死，就大大降低了普通话语音的韵律美和丰富的表现力。

三、吐字归音要领

中国传统音韵学把一个汉语音节分成声、韵、调三个部分。

1. 出字。对字头的处理，要求叼住弹出，部位准确，声母弹发有力。

2. 立字。立字的过程就是韵腹的发音过程。韵腹拉开立起，一个音节的发音能否做到字润珠圆，颗粒饱满，与韵腹的发音有密切的关系。字腹是字音里口腔开度最大的一部分，它的音程长，响度大，最富色彩。出字后，开口音自然就能把口腔打开获取丰富的泛音共鸣。闭口音要随着字腹的拉开适当地增加开口度，感觉字音随上腭的提起而“立起来”。

3. 归音。音节韵尾归位应干净利索，不可在归音过程中唇舌位置“不到位”。

4. 枣核形。字头、字腹、字尾是字音的三个组成部分，它们相互联系共同构成了字音不可分割的整体。吐字归音以“枣核形”为规范，声音是看不见的，“枣核形”的意念，有助于我们在音节发音时，把握各部分口腔的控制。整个吐字归音的过程，唇部力量集中在唇中央的三分之一处，嘴角不要用力。舌力也集中在前后中纵线上。让声音沿软腭、硬腭的中纵线推到硬腭的前部，达到“字挂前腭”的目的，力争获得声音从“人中”透出的感觉。

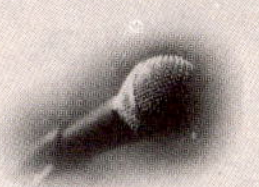

【演讲实践】

1. 绕口令

八百标兵奔北坡

八百标兵奔北坡，
北坡炮兵并排跑。
炮兵怕把标兵碰，
标兵怕碰炮兵炮。

哥挎瓜筐

哥挎瓜筐过宽沟，
赶快过沟看怪狗。
光看怪狗瓜筐扣，
瓜滚筐空哥怪狗。

2. 贯口

报 菜 名

全国大菜南北全席，我准备请你吃上四干四鲜四蜜饯，四冷荤仨甜碗儿四点心。四干就是黑瓜子、白瓜子、核桃蘸子、糖杏仁儿。四鲜是北山苹果、郴州蜜桃、广东荔枝、桂林马蹄儿。四蜜饯是青梅橘饼、圆肉瓜条。四冷荤是全羊肝儿、溜蟹腿儿、白斩鸡、炸排骨。仨甜碗儿是莲子粥、杏仁茶、糖蒸八宝饭。四点心就是芙蓉糕、喇嘛糕、油炸丸子、炸元宵。

3. 朗读成语

演讲时的口腔开度要比平时说话时大，可以通过朗读以下成语来体会具体吐字时的口腔开度。下列成语的第一个音节都是容易体会打开口腔的音节，在朗读时，请你以第一个音节打开口腔的感觉，带发后面的音节，使后面的音节也能尽量打开口腔的开度。

来龙去脉　来日方长　狼狈不堪　浪子回头　牢不可破　老当益壮
老生常谈　雷厉风行　冷嘲热讽　两袖清风　量力而行　燎原烈火
龙腾虎跃　包罗万象　超群绝伦　刀山火海　道貌岸然　调兵遣将
泛滥成灾　防患未然　放虎归山　光明磊落　广开言路　高风亮节
高瞻远瞩　豪情壮志　江河日下　娇生惯养　矫枉过正　慷慨激昂
冒名顶替　脑满肠肥　鸟语花香　庞然大物　抛砖引玉　乔装打扮

相安无事　相反相成　响彻云霄　逍遥法外　扬长而去　阳光大道
遥相呼应　咬牙切齿　耀武扬威　张冠李戴　招摇过市　浩浩荡荡

4. 朗诵诗歌

步出夏门行·观沧海

曹　操

东临碣石，以观沧海。
水何澹澹，山岛竦峙；
树木丛生，百草丰茂。
秋风萧瑟，洪波涌起。
日月之行，若出其中；
星汉灿烂，若出其里。
幸甚至哉，歌以咏志。

春　望

杜　甫

国破山河在，城春草木深。
感时花溅泪，恨别鸟惊心。
烽火连三月，家书抵万金。
白头搔更短，浑欲不胜簪。

凉　州　词

王之涣

黄河远上白云间，
一片孤城万仞山。
羌笛何须怨杨柳，
春风不度玉门关。

5. 演讲稿练习

我爱这土地

张爱凤

尊敬的评委、亲爱的朋友们：

大家好！

六十多年前，当日本侵略者的铁蹄踏上中国的土地时，诗人艾青曾饱含深情地写下了这样的

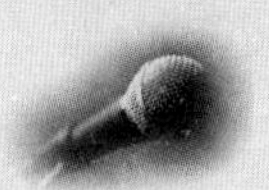

诗句：为什么我的眼里常含泪水，因为我对这土地爱得深沉……

我不知道在今天这样一个社会里，还有多少人会对生养我们的土地怀有如此强烈的情感？还有多少人会对生活在广大土地上的农民怀有真诚的热爱？

今天我演讲的题目是“我爱这土地！”

近年来，我国的经济发展取得了让世界瞩目的伟大成就，但同时我们不能忽视这样一个现实：东西部地区以及城乡之间经济发展存在差距。许多农民工为了生计被迫离开家乡，大量涌进城市，他们在建筑工地上顶着烈日流着热汗建设着我们的城市，他们在拂晓的街头挥动扫把清理城市的垃圾。在钢筋水泥的狭窄森林里，农民工们深深地感受到了自己与城市之间那道隔阂。

一个和谐的社会，应当是人与人、人与自然共同演奏的一曲交响乐。在这个社会里，人民安居乐业、和睦相处，城市乡村携手并进、共同发展。如何缩小城乡之间在多方面存在的差距，如何让城市人和农村人互相沟通和理解，是构建一个和谐社会必须直面并加以解决的问题。

第三节　共鸣控制——让声音扩大和美化

一个人的发音器官是天生的，无法改造，只能从使用方法上想办法。而人体发音的共鸣腔也是天生的，无法改变，但我们也可以通过共鸣的调节，经过后天的训练加以改善。在现实生活中，很多人不了解自己的声音特点，因而在表达时不能通过共鸣使自己的音色得到美化，声音色彩比较单一。比如，一些女性的声音比较高，在情绪比较充沛、激昂时容易有破音，有些男性的声音比较低沉，在演讲时很难让人听清楚他的演讲内容。演讲者如果能掌握好共鸣的调节，就能提高发声效率，改善声音质量，提高声音色彩的表现力。

一、共鸣的作用

一是对声音的扩大和美化。声带发出的声音叫喉原音，很微弱，通过共鸣得到扩大和美化，共鸣控制与音量、音高、音长和音色的调整都有密切的关系。口腔的开度能直接美化音色，口腔纵向打开，共鸣效果就好，声音就比较圆润悦耳；口腔横向咧开，共鸣效果就差，声音显得扁而直；口腔内部打得开容积就大，音色就饱满；口腔打不开容积就小，音色就闷暗。

二是共鸣腔的调节直接参与语音材料的制作，在调节过程中形成不同的语言，形成表情达意的不同色彩的语音。在语言表达中较大幅度和较多层次的语势变化，能够增强语言的表现力。其中大幅度、多层次的音高变化，与共鸣的调节密不可分，升高需要有高音共鸣的支持，下降又离

不开低音共鸣的支撑。共鸣调节对语言造型能力的获得和提高也大有帮助，用声音塑造不同类型的人物，体现人物的性格、年龄、身份等，都是通过共鸣调节来实现的。[①]

善于用声者使用在声带上的能量只占总能量的五分之一，而五分之四的力都用在了控制发音器官的形状和运动上面。善于使用共鸣不仅有助于扩大音量，而且对减轻声带负担、保证嗓音健康也是十分有益的。

二、共鸣器官

人类发声的共鸣器官主要有口腔、咽腔、鼻腔、胸腔等。我们根据形状和容积能否变化把它们分为两种：口腔、咽腔、喉腔等属于可变共鸣腔；鼻腔、胸腔等属于不可变共鸣腔。其中口腔的变化最灵活。从改变共鸣腔的形状和容积大小的角度来说，鼻腔是不可调节的共鸣腔。

还可以根据对声音的不同共鸣作用，将共鸣器官分为三个部分：上部共鸣腔、中部共鸣腔和下部共鸣腔。

上部共鸣腔指上腭以上各种腔体，包括鼻腔、鼻咽腔和鼻窦等。它们主要对高音起共鸣作用，这部分共鸣叫“高音共鸣”。

中部共鸣腔指的是上腭以下、胸腔以上各种腔体，包括口腔、咽腔、喉腔等。它们主要对中音起共鸣作用，这部分共鸣又叫“中音共鸣”。

下部共鸣腔指胸腔。它主要对低音产生共鸣作用，这部分共鸣叫“低音共鸣”。

只要经过共鸣调节的训练，每个人的音色都应能够得到不同程度的美化。就具体的个人来讲，共鸣调节应当是缺什么补什么，比如声音偏高、偏细者，需要增加低泛音共鸣；而声音偏低、偏暗者，则需要增加高泛音共鸣。

三、共鸣控制

共鸣应该服从内容和情感的需要，鼓舞斗志慷慨激昂的陈词、委婉细腻的倾诉在共鸣运用上是不同的，我们要根据内容选择共鸣方式。

演讲是面对大众的语言传播，作用是传递信息、表达情感，这就要求演讲者的用声朴实大方、自然清晰。演讲发声的特点决定了它采取的共鸣方式——以口腔共鸣为主，以胸腔共鸣为基础的混合共鸣方式。

中音共鸣区是声音的制造场。中音区共鸣发声练习，以口腔、咽腔、喉腔共鸣为主，吸气要柔

---

① 参见吴洁茹、王璐：《播音员主持人语音发声教程》，中国传媒大学出版社 2006 年版。

和，丹田处准备好支点；发声时，尽量提高上腭，适当打开后槽牙，舌根放松，声音力求圆润、明亮。如，用中音发六个元音“ɑ—o—e—i—u—ü”一气连续读出，每字拖音借口型变化自然过渡到下一个音，每个音的音高必须相同。练习时，喉头要有振动感，可用手轻轻摸着喉头，体验那种喉头的振动感。

高音共鸣区指鼻腔、头腔共鸣，高音共鸣可获得高亢、华丽、明亮的音色。同样是六个元音“ɑ—o—e—i—u—ü”，再用高音连续发出。要让练习者明白这个练习与中音区发声共鸣的不同之处在于：共鸣腔除了使用口腔、咽腔、喉腔外，更多地体会鼻腔、头腔共鸣点。启发练习者应觉得双眉间上方有震颤感。

低音共鸣区主要指胸腔共鸣，可获得深沉、低缓、宽厚有力的声音。发声时要感到胸部的振动。发声要领是下腭向下稍后收，气向下走。可先让练习者发 hòu 这个音，并启发他们寻找胸腔共鸣的感觉，然后再引导练习者用低音朗诵一些古诗。通过发声共鸣练习，声音就会变得洪亮、持久、悦耳。

演讲发声要求在保证字音清晰的前提下对声音进行美化，要求声音朴实、大方、自然。共鸣应服从内容，服从吐字的需要。要通过调节、控制取得较丰富的口腔共鸣，善于运用胸腔共鸣，以使声音浑厚、结实、有力。演讲发声不可追求头腔共鸣，以免声音过于明亮、尖利、刺耳；也不可过多运用胸腔共鸣，避免声音过于低沉、浑浊、含混、压抑。

【演讲实践】

1. 胸腔共鸣练习

春　晓

孟浩然

春眠不觉晓，处处闻啼鸟。

夜来风雨声，花落知多少。

提示：找准胸腔共鸣点，也叫胸响点，逐步扩大音量，增加中低音，使声音洪亮、浑厚、结实。体会“声铺地面”的感觉。一般来说，较低而又柔和的声音易于产生胸腔共鸣。注意体会韵脚的胸腔共鸣。

2. 鼻腔共鸣练习

妈妈　买卖　茂密　猫咪　阴谋　弥漫　隐瞒

出门　戏迷　分秒　人民　姓名　朽木　奶奶

提示：鼻腔共鸣过多，鼻音色彩就会过重。只有适当利用鼻腔共鸣才能美化声音。软腭抬起

则减少鼻腔共鸣。鼻腔共鸣少的人可使用这一练习。

3. 格律诗训练

早春呈水部张十八员外

韩　愈

天街小雨润如酥，草色遥看近却无。
最是一年春好处，绝胜烟柳满皇都。

江城子·乙卯正月二十日夜记梦

苏　轼

十年生死两茫茫，不思量，自难忘。千里孤坟，无处话凄凉。纵使相逢应不识，尘满面，鬓如霜。

夜来幽梦忽还乡，小轩窗，正梳妆。相顾无言，惟有泪千行。料得年年肠断处，明月夜，短松岗。

将　进　酒

李　白

君不见黄河之水天上来，奔流到海不复回。
君不见高堂明镜悲白发，朝如青丝暮成雪。
人生得意须尽欢，莫使金樽空对月。
天生我材必有用，千金散尽还复来。
烹羊宰牛且为乐，会须一饮三百杯。
岑夫子，丹丘生，将进酒，君莫停。
与君歌一曲，请君为我倾耳听。
钟鼓馔玉不足贵，但愿长醉不愿醒。
古来圣贤皆寂寞，惟有饮者留其名。
陈王昔时宴平乐，斗酒十千恣欢谑。
主人何为言少钱，径须沽取对君酌。
五花马，千金裘，呼儿将出换美酒，
与尔同销万古愁。

提示：格律诗由于具有严格的平仄对仗，因此尽显汉语声调的音韵美。结合诗的情景、情绪、意境，在朗读时要言有所指、情有所动、积极交流，不能有字无句、有句无意。声情并茂是此练习最终的要求。

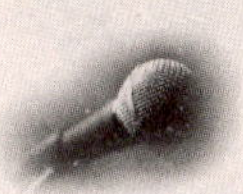

4. 演讲练习

中国——永远的乡愁

杨　婧

乡愁是中国文学中一个历久常新的主题，也是华夏儿女千年来心中挥之不去的情结。对于诗人来说，故土是他们的精神归宿、灵魂家园，但如果诗人的乡愁只有纯粹的距离而没有沧桑，这样的乡愁是单薄的。而对于我们每一个普通的中国人来说，乡愁既是“少年不识愁滋味”的青涩，也是“春风不改旧时波”的执著，更是风雨中声声呼唤“祖国，我慈祥的母亲”的深情！

每当我想起海峡，谈及祖国统一，耳畔萦绕的总还是余光中先生的这首《乡愁》。“小时候，乡愁是一枚小小的邮票，我在这头，母亲在那头；……而现在，乡愁是一湾浅浅的海峡，我在这头，大陆在那头。”

我记得在一次电视节目中余光中先生回忆70年代初创作《乡愁》时的情景，他时而低首沉思，时而抬头远眺，似乎又在感念着当时的忧伤氛围。他对记者说：“随着日子的流失愈多，我的怀乡之情便日重，在离开大陆整整20年的时候，我在台北厦门街的旧居内一挥而就，仅用了20分钟便写出了《乡愁》。”那一刻，坐在电视机前的我震惊了，20分钟，仅仅20分钟就书写了先生对祖国的地理、历史和文化甚至整个中国的眷恋之情。而浓缩在这短短的4行诗句中的，满溢的却是先生深厚、凝重、浓烈、深埋多年的与祖国大陆剪不断、隔不了、化不开的思乡之情。从21岁负笈漂泊台岛，到小楼孤灯下怀乡的呢喃，再到往来于两岸间的探亲、观光、交流，余光中先生虽然身居海岛，却始终是一位挚爱祖国的中国诗人。先生曾在文章中写道：“烧我成灰，我的汉魂唐魄仍然萦绕着那片厚土。那无穷无尽的故国，四海漂泊的龙族叫她做大陆，壮士登高叫她做九州，英雄落难叫她做江湖。”

第四节　弹性训练——让语言充满张力和魅力

演讲是演讲者在现场通过有声语言和态势语与听众之间形成即时互动的一种表达艺术。语言是否具有张力和感染力直接决定着现场听众的思想反应和情感共鸣。我们常用“声情并茂”作为朗诵、演讲的一种较为理想的表达状态，而声情并茂的一个直观、形象的外在表现就是演讲者的语言不是呆板、苍白、平淡如水的，而是充满变化、弹性和生命力的。在美国，两百多年来，从乔治·华盛顿到巴洛克·奥巴马，历任总统都善于通过声情并茂的演讲表达他们的雄才大略和英雄梦想。对于普通人来说，富有弹性的声音让我们的语言充满吸引力和感染力。

一、声音的弹性

演讲者针对不同的演讲主题，演讲的内容千差万别，范围广泛。要准确表达语言内容及其包

含的思想感情，演讲者就应当具有丰富的声音变化能力以适应表达的需要。而声音的弹性就是指用有声语言表达时声音形式对于人们变化着的思想感情的适应能力，即声音随思想感情变化而来的伸缩性、可变性。声音的弹性是和声音的单调、平板相对立的概念。

人们的思想感情总在不停地运动变化，这种思想感情的运动状态是演讲表达的内在动力，它要求气息、声音随之产生变化，以声音形式来体现他所感受到的一切，或激情澎湃，或娓娓道来，或如暴风骤雨般激烈，或如和风细雨般婉约。富有魅力的演讲表达需要富于弹性的声音，我们的训练也正是为了取得声音的弹性。

声音弹性的表现有如下特点①：

1. 表现为声音的可变性。声音的弹性涉及的要素较多，例如虚实是音色的变化，高低是音高的变化，强弱是音强的变化，快慢是音长的变化。

2. 声音的变化呈现出对比性。声音的变化是在比较当中显现出来的，没有强就没有弱，没有低就显不出高。一篇演讲稿之中的起伏变化同样是在对比之中形成的。综合把握声音各要素，使其适应运动变化的思想感情为表达服务是训练的主要目的。

3. 对比具有层次性。演讲稿中会采用大量排比句，以形成层层推进的语势，表达排比句时一定要使声音体现出层次性。

4. 声音的弹性变化不是以单项对比的形式出现的，而是以多种对比项目的复合形式出现的。在实际演讲中，演讲者对于主题的阐释、观点的提炼、情感的抒发往往并不是单一的，而是刚柔并济、错综交错的，这时候，演讲者声音的弹性变化就能体现出变化多端的内容和情感。

二、弹性发声要领

人的思想感情在一定的语言环境中是不断运动的，而人的声音通过控制调节是可变的，这是取得声音弹性的必要条件。观点、内容以及思想感情的运动变化是取得声音弹性的内在依据。演讲者要根据演讲主题以及观点和材料的组合，深切地体会情感运动中的细微变化而将之化之于声。所以，声音弹性训练绝不能脱离一定的语言环境只去训练音高、音强、音长、音色等“物理量”的变化，而应该以演讲的内容和情感作为变化的重要依据。

声音富于弹性要注意气息随感情的运动。气息是发声的动力，是由情及声的桥梁。“气是基础，情是内涵，声是载体。”声音能力的扩展也有利于声音弹性的加强。任何一种单一的发声状态都无法表达出丰富的思想感情，只有呼吸、吐字、喉部、共鸣等各个发声要素具有多种变化的能力，才为声音弹性创造了条件。

---

① 吴弘毅主编:《实用播音教程——普通话语音和播音发声》，北京广播学院出版社 2002 年版。

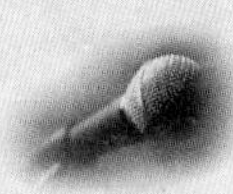

在发声的各个环节中，对发声的调节、控制都要留有余地，这样才有利于声音弹性的表现。在任何一个环节上表现出运动的极限，都是形成声音弹性的障碍，如音量过大、过小，声调过高、过低，口腔开度过大、过小，口腔控制过松、过紧，声音过度偏前、靠后，进气量过多、过少等等，这些都是发声控制达到极限的表现。在这种情况下就难以实现具有弹性的声音。

同时，对各种声音色彩对比的训练一定要有针对性，针对自己存在的问题，选择练习材料，扬长补短，为综合控制打好基础。

声音弹性不仅表现在声音的可变性上，而且表现在声音的对比性和对比层次上。因此，加强声音的对比训练是提高声音弹性和丰富声音色彩的有效办法。

在实际表达中，声音的弹性是以众多不同的声音要素混合在一起进行表达的，因此，在进行练习时，我们要有综合运用的意识，要做到有感而发，要情动于内、声发于外，要根据内容具体表达，不要走形式。

高与低。高与低的声音变化主要体现在音高的变化上，这与感情的变化息息相关。一般喜悦、激昂、紧张的情绪，声音呈现升高的态势；悲伤、松弛的情绪，声音呈现低沉的趋向。音高的变化常常伴随着音强的同步变化。例如：

(1) 君不见黄河之水天上来，奔流到海不复回。君不见高堂明镜悲白发，朝如青丝暮成雪。

(2) 3 月 14 日下午两点三刻，当代最伟大的思想家停止思想了。让他一个人留在书房不过两分钟，当我们进去的时候，便发现他在安乐椅上安静地睡着了——但已经是永远地睡着了。

强与弱。声音的强弱变化主要依据呼出气流和发音强度的变化，激昂有力的感情色彩需要用较强音量来表现；而消沉无力的感情色彩则需要较弱的音量。例如：

(3) 这是勇敢的海燕，在闪电之间，在怒吼的大海上高傲地飞翔。这是胜利的预言家在叫喊——让暴风雨来得更猛烈些吧！

(4) 我是你河边上破旧的老水车，数百年来纺着疲惫的歌。我是你额上熏黑的矿灯，照你在历史的隧洞里蜗行摸索。

实与虚。实与虚主要指声音音色的明暗变化。实声声音响亮扎实，多用于表达严肃、兴奋、激昂的感情色彩；虚声声音柔和，多与亲切、轻松的感情色彩相连。我们应该随着内容的要求而灵活转化声音的虚实程度。例如：

(5) 红日初升，其道大光；河出伏流，一泻汪洋；潜龙腾渊，鳞爪飞扬；乳虎啸谷，百兽震惶；鹰隼试翼，风尘翕张；奇花初胎，矞矞皇皇；干将发硎，有作其芒；天戴其苍，地履其黄；纵有千古，横有八荒；前途似海，来日方长。美哉，我少年中国，与天不老！壮哉，我中国少年，与国无疆！

(6) 一个春天的月牙在天上挂着。我看出它的美来。天是暗蓝的，没有一点云。那个月牙清亮而温柔，把一些软光儿轻轻送到柳枝上。院中有点小风，带着南边的花香，把柳条的影子吹到

墙角有光的地方来，又吹到无光的地方去。

快与慢。声音的快慢与发音的速度变化有关，涉及音节音长的拉长与缩短。音长的调节与语言表达中的节奏有关，舒缓凝重的节奏语速偏慢，音长普遍缩短；轻快紧张的节奏语速偏快，音长普遍拉长。要想避免拖沓或者急促，应该掌握快中有慢、快慢相间的原则。例如：

(7) 漓江的水真静啊，静得让你感觉不到它在流动；漓江的水真清啊，清得可以看见江底的沙石。

(8) 我是你簇新的理想，刚从神话的蛛网里挣脱，我是你雪被下古莲的胚芽，我是你挂着眼泪的笑涡，我是新刷出的雪白的起跑线，是绯红的黎明正在喷薄——祖国啊！

【演讲实践】

1. 声音弹性综合训练

卜算子·咏梅

陆　游

驿外断桥边，寂寞开无主。已是黄昏独自愁，更著风和雨。
无意苦争春，一任群芳妒。零落成泥碾作尘，只有香如故。

卜算子·咏梅

毛泽东

风雨送春归，飞雪迎春到。已是悬崖百丈冰，犹有花枝俏。
俏也不争春，只把春来报。待到山花烂漫时，她在丛中笑。

长江之歌

胡宏伟

你从雪山走来，春潮是你的丰采；
你向东海奔去，惊涛是你的气概。
你用甘甜的乳汁，哺育各族儿女；
你用健美的臂膀，挽起高山大海。
我们赞美长江，你是无穷的源泉；
我们依恋长江，你有母亲的情怀。

你从远古走来，巨浪荡涤着尘埃；

你向未来奔去，涛声回荡在天外。
你用纯洁的清流，灌溉花的国土；
你用磅礴的力量，推动新的时代。
我们赞美长江，你是无穷的源泉；
我们依恋长江，你有母亲的情怀。
啊，长江！啊，长江！

2. 演讲训练

伟人的遗产

钱　飞

诗人裴多菲曾激情满怀地说："我是你的，我的祖国！都是你的，我的这心、这灵魂；假如我不爱你，我的祖国，我能爱哪一个人？"国度不仅仅是一片疆域，更是一种承担；民族不仅仅是一个名号，更是一种烙印。大家还记得中山装吗？这是宋先生所设计的"共和的衣服"，而衣服右边袖口的3粒纽扣就代表了孙先生对共和的阐释：平等、自由和博爱！爱国者必爱国人，博爱者必有爱国之心！有了志向其实并不足够，只有将志向和博爱之心、爱国之心结合起来，才会有远大的志向。"惟愿诸君将振兴中华之责任，置之于自身之肩上。"正是这样对祖国民族深深的热爱才使得孙中山弃医从政，提起手术刀，切除了中国几千年的封建帝制这颗毒瘤！

十年树木百年树人，立志可以扎实我们的根基，使我们在风雨中毫不动摇；求学和读书可以使我们吸取养分，粗壮、高大地成长；而博爱与爱国则让我们将高尚的树冠伸得更远。立志、求学、爱国，这就是孙先生操劳一生留给我们后人的弥足珍贵的遗产！用之不尽、取之不竭，富可敌国。最后，希望我的演讲能够让你们觉得，现在，你们就是最富有的人！

第八章　演讲的态势语

【导语】

“说之，故言之；言之不足，故长言之；长言之不足，故嗟叹之；嗟叹之不足，故不知手之舞之，足之蹈之。”《礼记·乐记》中的这段话说明人的仪态、表情、手势、动作等对发声所起的作用。落实在演讲中，我们把除发音之外身体其他能够传递信息的部分称为态势语言。其实除发声之外，人的其他表现应该都是有意义的行为，它们有补充、强调、渲染等辅助作用。它们在塑造演讲者中起着重要作用。它们属于精神文化范畴，必须具有真正的审美价值，这是情感表达的需要，也是交流方式的需要。我们在这一章首先要理解掌握态势语的定义、作用、分类，然后按照态势语的运用特点、原则及注意事项等进行实际有效的训练。

【案例】

在第二届“香格里拉杯”全国演讲大赛上，个人特等奖获得者解放军战士黄传颂演讲了一段西藏军区骡马运输队在原始森林中遇到的惊险场面：“有一次，尹队长正在前面为骡马队开路，突然一只比人还高的大黑熊从离他不远的地方钻了出来，大家都惊呆了，几名战士紧张得连连后退，带枪的战士‘哗哗’拉枪栓、推弹上膛，准备射杀黑熊，此时，尹队长来不及退让，便挥舞手中的砍刀，亮出嗓门大吼一声：‘嘿！’谁知这一叫，步步紧逼的大黑熊竟站在原地不动了。大家一看这场景，齐声大吼起来，黑熊被吓住了，狂叫几声后钻入了林子。”这名演讲者一边讲，一边表现惊呆的表情，大睁着眼睛，面部肌肉紧张，同时后退一步，模仿战士拉枪栓的动作。当他表情严肃，跨前一步，模仿尹队长做手举砍刀状，口述大黑熊被吓走以后，这生动的演绎引得观众中爆发出热烈的掌声，达到了一次演讲的高潮。这一系列的配套动作，不仅生动形象，吸引听众，更和演讲内容紧密相关。“雪山赶马人的忠诚”是黄传颂演讲的标题。他叙述了一支穿梭在高山雪原和原始森林中的西藏军区骡马运输队的极为恶劣的工作条件和对党和祖国的坚强信念。没有恶劣环境的衬托，就无法真正显示一名共和国战士的赤胆忠心。这一段很好

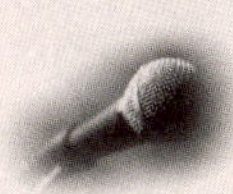

地衬托了演讲主题。其实，除了你滔滔不绝的口才之外，不要忘了你身体其他部位的作用，它会在辅助有声语言、塑造演讲者自身形象、加强语言信息可信度等方面起到至关重要的作用，还有一定的审美价值。

第一节　让更多因素说话

除发音之外身体其他部位能够传递信息的因素很多。有身体姿态、仪表风度、手势动作、面部表情和服饰打扮等。让更多发声之外的手段起到很好的作用，是演讲者必须做到的。

一、什么是态势语

陈望道先生在《修辞学发凡》一书中指出："态势语是以面部表情、身势动作、空间距离和装扮服饰为物质材料，在人际交往和社会发展中，凭借视读情感意义的语言形式。"态势语是演讲者必须具备的一种非口头语言。在演讲中，它是演讲者通过自己的身体姿态、仪表风度、手势动作、面部表情和服饰打扮等来表达情意、传达信息的一种无声语言，是演讲中不可缺少的直观性因素。态势语具有有声语言所不具备的种种优势。美国心理学家艾帕尔说："人的感情表达由三个方面组成：55%的体态，38%的声调及7%的语气词。"在演讲活动中，态势语不仅对有声语言起着重要的补充强调、渲染等作用，而且能体现演讲者风度，极大地活跃演讲气氛。可以这样说，一次没有态势语的演讲就不是一次真正意义上的演讲。

二、态势语的作用

就表意而言，态势语实际上是一种抽象的思维行为。对于人的态势语的观察和理解，我们主要采取的是联觉或通感的方式，从人的某一态势中，能够感受到听觉、嗅觉、触觉、味觉等各方面的信息。态势本身虽然是视觉的，一目了然的，但当它发出的时候，是经过了主体的抽象化处理的，也就是说，它实际上已经成了一种交流的存在。因为主体在发出某种态势信号的时候，它本身就已经被"缩影化"[①]，而态势的交流价值也就是在其缩影化过程中实现的。因此，接受者所看到的态势并不是随意的一种东西，而是具有丰富含义的人体符号。它的含义随着它的浓缩而增强，它的交流价值也随着它的运动而得以延伸和丰富。

无声语言具有对演讲者和对听众两重作用。对演讲者来说，有振奋、镇定、提示和辅助传情

① [法]加斯东·巴士拉著，张逸婧译：《空间的诗学》，上海译文出版社2009年版。

达意的作用;对听众来说,有启发、演示、感染、说明、吸引等作用。比如一个微笑,它既是演讲者向听众表达善意的信息,同时也起到镇定自我的作用。它传达给听众的信息是:演讲者是平易近人的。这无疑加强了听众对演讲者的信任感,"自己人"的感觉油然而生。这就是微笑对听众的感染和吸引。所以说,不会向听众微笑的演讲者给人造成的沉重感和现代社会交流信息这一重要演讲目的是不相符的。具体来说,态势语有以下几个作用。

(一) 辅助有声语言

这是态势语的主要功能,因为态势语的运用,能加强演讲语言表达时的效果,能辅助有声语言圆满地表达内容,充分地抒发感情;它可以对重要的词语、句子进行加重或强化处理,具有强调的功能。演讲的态势语不仅能强调或解释演讲辞中的含义,而且还能生动、形象地表达演讲辞中的东西,尤其是在表达情感、情绪和态度方面,态势语有时甚至比口头语言更明确、更具体、更有感染力。

态势语还可以弥补有声语言表达上的不足。《礼记·乐记》中就有论述:"说之,故言之;言之不足,故长言之;长言之不足,故嗟叹之:嗟叹之不足,故不知手之舞之,足之蹈之。"两千多年前,古罗马的政治家西塞罗更明确地指出:"一切心理活动都伴有指手画脚等动作,手态恰如人体的一种语言,这种语言甚至连最野蛮的人都能够理解。"这就是说,态势语可以把有声语言不便说、说不出的意思表达出来,或者帮助表达未尽之意,它具有取代和补充功能。著名的马克思主义宣传家雅罗斯拉夫斯基说过:"演讲者的态势是用来补充说明演讲者的思想、情感与感受的。态势语本身就像文字一样富有表现力,特别是在言辞少于思想,两三句话中蕴藏着通篇哲理的时候尤其是这样。"

(二) 塑造演讲者自身形象,展示风采

风采即风度,是人们美好的仪表、举止、姿态,给人留下的第一印象。演讲的第一印象,往往是演讲者还未开口,就已经通过态势语的表达,深刻地印在听众的脑子里。一位演讲者上讲台时,是胆战心惊,害怕得连头都不敢抬起来,还是迈着稳健有力的步子,抬头挺胸,它们给听众的印象是大不一样的。态势语的表达,在第一印象上具有举足轻重的作用。如果演讲者能够给听众留下亲切、真诚、老练、潇洒的第一印象,那么对于自己后面的演讲是极为有利的。

良好的态势语能使演讲者形成一种独特的风格和形象。它不仅能给人以美的艺术享受,同时也是演讲者文化素养和美学观念等内在素质的外在反应。正如英国哲学家培根说的那样:"相貌的美高于色彩的美,而优雅得体的动作的美又高于相貌的美,这是美的精华。"

(三) 加强语言信息可信度

有些演讲者由于心理素质的原因,在面对听众时心情会紧张,而情绪紧张所产生的心理、生

理上的变化，反过来又会对演讲产生消极作用，如无法控制语言速度、语音走调、遗忘内容等等，从而削弱了演讲的说服力和可信度。相反，如果演讲者表情轻松，神态自然，动作优雅，就可以稳定听众情绪，增加语言信息的可信度。因为听众不只是在“察言”，也在“观色”。形体、手势、表情具有自然流露的性质，具有更多的真实性，听众在倾听演讲的过程中，将从演讲者的这些自然流露中获得有声语言信息的印证。

第二节　面部表情

有人曾问古希腊最伟大的演说家德摩斯梯尼：“对于一个演讲家，最重要的才能是什么?”德摩斯梯尼回答：“表情。”又问：“其次呢?”“表情。”“再其次呢?”“还是表情。”由此可见表情在演讲中的重要作用。

一、面部表情的含义

面部包括眼神、眉目、脸部、口唇等。面部表情主要是指演讲者通过自己的脸、嘴和眉目所表达出来的感情。人的面部表情是十分生动、丰富和复杂的。根据生理学和神经心理学研究，人的喜、怒、哀、乐等复杂感情在脸上的表露，都是由面部二十四双肌筋的交错收缩与放松而造成的。比如：面部肌肉绷紧，多出现于严肃、庄重、愤怒、疑问、不高兴的时候；相反，面部肌肉舒松则表现出平易、和蔼可亲、取信于人、理解、友善、感激等感情。

二、面部表情的作用

在态势语中，面部表情和手势一样是最能传情达意的，它是人的内在思想感情在外貌上的显示。正如法国作家、社会活动家罗曼·罗兰所说：“面部表情是多少世纪培养成功的语言，比嘴里讲的更复杂到千百倍的语言。”所以，富有经验的演讲者，总是充分地利用面部表情和手势，表达出丰富的思想感情，吸引听众，影响听众，感染听众。

达尔文在《人类与动物的表情》一书中指出：“现代人类的表情动作是人类祖先遗传下来的，因而人类的原始表情具有全人类性。”在当今的社交活动中，这种全人类的表情成为了交际过程中的重要手段之一，它以最灵敏的特点和共性，把具有各种复杂变化的内心世界表现出来。如高兴、悲哀、痛苦、畏惧、愤怒、失望、忧虑、烦恼、疑惑、不满、得意等等思想感情都可以由面部表情充分地反映出来。“喜怒哀乐形于色”就是这个意思。

经常看演讲的人都有这样的体会：当我们坐在大厅里观看演讲者演讲时，在他上场的那一瞬间，首先看到的是他的整体形象，如大方的步态、得体的打扮等等形成的潇洒的风度，高雅的气

质。在心中定格出演讲者形象，但演讲的时间一长，大多数人的眼睛会聚焦到演讲者的一个部位——脸部。这并非演讲者有一张漂亮迷人的脸蛋，而是因为脸部是感情的窗口，听众可以从上面读到更多的内容，读懂演讲者的情感世界。甚至整个演讲用脸部表情就能很好地传情达意。

三、面部表情的不良表现

在我们的演讲实践中，有一种面部表情的缺陷特别突出，就是眼神呆滞，面无表情。究其原因，可能是由这几种情况造成的。一是紧张，心理状态不佳，很难进行外在表现。二是没有记熟演讲稿。演讲稿是演讲的思路，甚至是全部演讲内容，演讲者如果没有熟记，就很难分出精力来进行恰当的面部表现。三是对演讲内容体会不深。演讲的内容不是读出来就可以了，而是要把内容融合在表达里，其中包括融合在表情里。如果体会不深，就很难在面部表情中看到。四是情感不投入。就“真正意义上的态势语言而言，必须具有审美价值，这是情感表达的需要，也是交流方式的需要”①。要体现演讲的特点，感染听众，必须投入充沛的感情。打动自己才能打动他人。历史上著名的演讲无一不是演讲者以充分的情感完成的，它具有极大的号召力，甚至变成斗争的武器。有些演讲者觉得投入情感会使演讲变得做作。其实，情感的表达是演讲内容的体现，只有真正在演讲内容上下功夫，情感的表露就一定会自然和打动人心，具有充分的审美价值。

四、面部表情的运用

面部表情既然包括了眼神、眉目、脸部、口唇等各部分的变化，我们就要了解各部分所代表的意义，才能有目的地练习。眉的展与皱、眼角的翘与垂、嘴角的上与下都表达了不同的思绪和感情。

（一）笑

笑时一般面部肌肉向上拉动，眉头展开，嘴角上翘。微笑时嘴不张开，随着高兴的程度嘴可张大到极限，这时眼角出现鱼尾纹。另外还有假笑和苦笑。假笑时嘴角下撇，苦笑时眉眼下垂。

（二）思虑

思虑时面部肌肉一般比较平静，大部分不处于紧张状态。眉头舒展，眼睑下垂，表示有所思考。如果表示“自得”，嘴角可微翘，如果表示“自负”，嘴角可下垂，有怀才不遇之感。表示忧虑一般眉头紧锁，眼角下垂。

（三）兴奋

兴奋时面部肌肉紧张程度很大，眉毛扬起或下压，眼睛大睁，张嘴或咧嘴。比如惊讶的表情。

---

① 赵玲：《论态势语的价值》，《西藏民族学院学报》（哲学社会科学版）2010 年第 1 期。

一般来说眉毛扬起眼睛大睁，嘴成O形，面部肌肉向后拉紧。兴奋是由于受到某种刺激或对某个对象有兴趣。

五、眼神的表达

眼睛是心灵的窗户，听众看演讲者的表情，首先是看他的眼睛。心理学研究表明，在人的各种感觉器官可获得的信息总量中，眼睛要占百分之七十以上，人内心的隐秘，胸中的奔突，情感的起伏，总是自觉不自觉地在不断变幻的眼神中流露出来，它犹如一面聚焦镜，凝聚着一个人的神韵气质。

（一）眼神的作用

1. 沟通情感

面带微笑不只是嘴角和面部肌肉的变化，更重要的是眼睛的变化。眼角稍稍皱起，眼神平和、明亮、有神，可以缓解紧张气氛，给人一种轻松自然感，能和听众形成很好的"自己人"感觉。

2. 传达信息

凝视观众的眼睛，这是庄重、诚恳；眼珠乱转，这是慌乱；眼光向上，除有自高自大之嫌外，观众会认为你对演讲稿不熟，同时影响演讲者给人的美感效应；眼睛无神，这是冷漠，……眼神会传达给听众无数的信息。

3. 统领全场

帮助演讲者审时度势地控制演讲的进程。巧妙地使用眉目语言，这是一种艺术。在演讲中，演讲者两眼向下平视，目光自然、亲切、专注，和听众进行交流和沟通，可及时地了解和掌握听众的情绪、反应。演讲中，演讲者随意自然，有时盯着某处看，似乎专门说给一个人听；有时一会儿冲左边微笑，一会儿冲右边点头，一会儿朝后边示意，目光流盼，使全场每一个听众都感觉到演讲者是在看着自己说话，可形成一种极为亲切的交流氛围。

（二）运用眼神的方法

从眼睛活动的方向看，有以下几种：

正视：黑眼珠处于眼睛正中位置，这是演讲者面对听众的主要眼神。如果场面过大，演讲者就要转动自己的头部甚至是上身来达到正视的目的，这是对听众最基本的尊重，也不会使听众对信息产生误解。

另外还有：侧视，黑眼珠平移到一侧的眼角，不是给眼前的听众演讲；上视（仰视），黑眼珠向上，将眼白面对听众，这是一种极不雅观的眼神，演讲者除特殊需要外应该尽量克服；俯视，黑眼珠向下，精神状态不佳；斜视，黑眼珠向斜下方看，注意力不集中。

从眼睛活动的方法看，有以下几种：

注视:凝望某一点,眼睛聚焦。即把目光集中投向某一角落、某一部分,或者个别听众,并配合某种手势或表情。这是一种最有实效、最有内涵的眉目语言。

虚视:眼睛不聚焦,看不清台下观众,但台下观众感受不到,只是为了造成演讲者与听众之间的一种交流感,弥补因为环视和点视而可能使部分听众感觉受冷落的缺陷。它也是克服怯场的手段之一,但不利于信息的反馈。初学者可以适当多运用一些。

流转:目光采用正视的方式在全场流动,流动的方法有扇形、"V"形、"W"形、"O"形。[①] 这种环视的作用有三:其一,向听众打招呼,是尊重听众的一种表现;其二,体验听众情绪和现场情况,便于把握好演讲的方式与重点;其三,帮助静场。流转能前后左右顾及到全场听众,使每一位听众都感觉到是向他讲话,起到很好的使听众注意的作用。

在具体的演讲过程中,眼睛应该是非常灵活的。不仅要经常采用虚视法在全场流转,并且要凝望某些点,比如在设问过程中就可以采用这种眼神。但凝望时间不能过长。否则会造成听众的不适。在整个演讲过程中,"点"(注视的方式)"面"(流转的方式)应很好地结合在一起,使全场气氛活跃,演讲者情绪高涨。

第三节　肢体动作

演讲者的肢体动作包括头颈、手臂、腿脚,及全身的变化。但在演讲中演讲者全身活动较少,下半身除有特别要求外,基本不动。主要是上半身的活动,且只能作扇形转动,头部变化有限,手和臂部是变化最大的。在演讲实践中,有些演讲家喜欢在讲台上走来走去,甚至走到听众席中演讲,这当然算是一种演讲风格,但初学者不易采用。因为你的声音和感召力没有达到熟练控场的程度,随便走动,会使听众眼花缭乱,走下听众席会使前排听众听不清你的声音,看不见你的态势语。可以这样说,台上演讲者的每一个动作对台下听众来说都是一种信息。

一、肢体动作运用的原则

(一) 防止三种倾向,保持三个协调

防止的三种倾向是不动、乱动和错位。不动的极限是演讲从头至尾两手紧贴裤缝,或两手紧扣腹部,极其呆板。乱动指的是在演讲中有很多习惯性动作和小动作,和演讲内容没有什么关系,不仅无助于演讲,并且干扰听众接受信息。错位指的是口头语言和手势配合不协调,往往产生在初学者身上。他们的表情和动作产生在口头语言之前或之后,极不协调,影响了演讲的

① 邵守义等主编:《演讲学教程》,高等教育出版社 1993 年版。

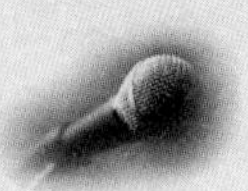

美感。

保持的三个协调是:第一,肢体动作应协调成套,保持自然。手、臂、腿、脚应配合一致,真正起到辅助有声语言的作用。第二,肢体动作应和表情与口头语言协调。肢体动作的起落应和话音的出没及表情的体现是同时的、同步的。第三,手势与感情协调。演讲中感情激昂时肢体动作的幅度、力度可大点,否则小一点,肢体动作幅度和感情是成正比的。

(二) 因人制宜

在演讲中肢体动作的恰当运用可以表现一个人的成熟、自信、涵养、气质和风度。演讲者要根据自身条件,选择符合自己的身份、性别、职业、体貌的,有表现力的、合适的肢体动作。就性别而言,男性的手势一般刚劲有力,外向动作较多;而女性的手势一般柔和细腻,内向动作较多。就年龄而言,老年演讲者因体力有限,手势幅度较小,精细入微;而中青年演讲者身强力壮,手势幅度较大,气魄雄伟。就身高而言,个子比较矮小的演讲者可以多做些高举过肩的手势来弥补不足,这样可以使自己形体显得高大一些,而个子较高的演讲者,可多做些平直横向的动作。初学者一般应少用一些肢体动作。这是因为初学者往往所承担的心理压力较大,受着各方面的干扰。比如:会不会忘词、礼貌是否周全、人们能否接受自己的观点等等,所以尽可能将重点放在有声语言表达上,以免顾及部分太多而喧宾夺主,反而使演讲不能成功。

对于在什么情况下该用什么手势、做什么动作,是无法确定的,全靠自己摸索、模仿。但一定要注意,不要去追求那种千人一招、万人一式的模式化的肢体动作。每个人都要有自己的特点,并不断强化自己的特点以至于美化定型。

初学演讲的人,往往不敢或不愿意用肢体动作来表达,怕不自然引起听众的耻笑。在实际学习演讲过程中确实经常出现这种情况。演讲者轻易不用肢体动作,一用就很不自然。其实学习用肢体动作和学习演讲的其他部分一样,都有一个从不自然到自然的过程。要克服心理障碍,不管听众反应如何,该用则用,还要表现出自己的特点,时间一长,听众自然就会接受。当然,在学习过程中还要采取跟着教师练,面对镜子或熟人自我训练等方法。

二、手势

前文说过,在肢体动作中手和臂部是变化最大的。手势,是演讲者运用手指、手掌、拳头和臂部的动作变化,表达思想感情的一种态势语言。它是态势语言的重要组成部分。美国心理学家詹姆斯认为,在身体的各个部分中,手的表达能力仅次于脸。讲话中的冲动,也往往可以从手的动作幅度、位置、紧张程度等方面表现出来。在演讲中,手势有着不可低估的作用。恰当地运用手势,对于加强口语的语势、补充口语的不足、表现演讲者的体态形象、增强演讲的说服力和感染力都有着重要的作用。因此,有一些较为规范的要求。

例如一个“不”字，如果表现出来就有方向、区位、幅度、形状之分。方向是一只胳膊向前推出或向右下方推出；区位在中区位或下区位；幅度可小（屈肘）、可大（整个胳膊）；形状是整个手掌并拢、五指向上。下面是一些手势的分类及运用的方法。

（一）手势的分类

1. 按表达功能特点分类

（1）情意性手势。在演讲中运用较多，表现方式也极为丰富。这种手势语，主要用于带有强烈感情色彩的内容，能表达出演讲者的喜、怒、哀、乐。它的表达情深意切，感染力强。

（2）指示性手势。这种手势主要用于指示具体人物、事物或数量，给听众一种真实感。它的特点是动作简单，表达专一，一般不带感情色彩。指示性手势有“实指”和“虚指”之分。实指涉及的对象是在场听众视线所能看到的；虚指涉及的对象是远离现场的人和事，是听众无法直接看到的。

（3）象形性手势。这种手势主要用于模拟演讲中的人或物的形状、高度、体积、动作等，给听众以生动、明确、形象的印象。这种手势重在“意会”，不能机械地模仿，不能过分地夸张和有过多的表演痕迹。

（4）象征性手势。这种手势的含义比较抽象，如果能配合口语，运用准确、恰当，则能启发听众的思考，引起听众的联想，给听众留下鲜明具体的印象。

2. 按活动的区域分类

（1）肩部以上，称为上区手势。手势在这一区域活动，一般表示理想、希望、喜悦、祝贺等；手势向内、向上，手心也向上，其动作幅度较大，大多用来表示积极肯定的、激昂慷慨的内容和感情。

（2）肩部至腰部，称为中区手势。手势在这一区域活动，多表示叙述事物、说明事理和较为平静的情绪，一般不带有浓厚的感情色彩。其动作要领是单手或双手自然地向前或两侧平伸，手心可以向上、向下，也可以和地面垂直，动作幅度适中。

（3）腰部以下，称为下区手势。手势在这一区域活动，一般表示憎恶、鄙视、反对、批判、失望等。其基本动作是手心向下，手势向前或向两侧往下压，动作幅度就演讲情况而定。

3. 按使用单、双手分类

分为单手手势和双手手势。双手手势的分量更重一些。它们能在不同程度上辅助口语的表情达意。在运用时要注意以下三点：

（1）感情的强弱。一般来说，讲到批评或表扬、肯定或否定、赞同或反对时，其情感特别强烈时，则可用双手手势。在一般情况下，用单手手势较为合适。

（2）听众的多少。一般来说，会场较大，听众较多的场面，为了强化手势的辅助作用，激发听众的情感，可以用双手手势。反之，用单手手势较为合适。

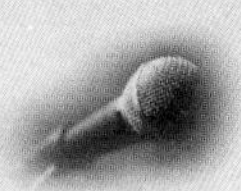

(3) 内容的需要。形式是为内容服务的，这是决定用单手手势或双手手势的最根本的依据。如果离开了内容的需要，即使会场再大，听众再多，也不宜用双手手势。同样，根据内容的需要，应该用双手手势时，如果使用单手手势，则显得单薄无力，不能充分地传情达意。

(二) 手势的运用

1. 手指的运用

在演讲中手指的动作是十分常见的，运用起来人人都会，简单明了。但有一点，不少演讲者都不太注意，那就是不能用手指直接指听众、指他人，这是一种缺乏礼仪常识和不礼貌的举动。因此，在演讲中、生活中每个人都要避免用手指直指他人的习惯。手指的运用主要能表示以下几种情况：表示数目、表示态度、指点事物或方向、凝聚注意力、表示微小或精确。

2. 手掌的运用

出掌时一般采用手掌平伸、四指并拢、大拇指稍稍分开的方法，或五指并拢平伸的方法。切忌“爪式”并和臂部成一定角度伸出，或出掌做“兰花指”状。推掌表示坚决、否认、果断、排斥、势不可挡等意。伸手(单或双掌心向上)表示请求、交流、许诺、谦逊等。抬手(单或双手心向上、两臂抬起)表示号召、唤起、祈求、激昂、愤怒、强调等。摆手(掌心向下)表示否认、蔑视、不屑一顾等。压手(掌心向下)表示安静、停止或气愤、激动等。挥手表示兴奋、果断、鼓动、呼吁、前进、致意等。手掌放在胸前表示自己、祝愿、愿望、心情等。两手心相对表示距离、物状、说明、描述等。手掌放在身体一侧表示憎恨、鄙视、气愤、指示人和事等。两手由分而合表示亲密、团结、联合等。两手平端向上挥动表示鼓动、号召、激励听众行动等。

3. 拳头的运用

拳头的动作在演讲中，一般表示无比激动、坚定信心、充满自豪、力量、斗争、奋斗、义愤、仇恨等。有单拳和双拳之分。

4. 臂部的运用

臂部分为上臂和前臂，前臂和手相连。在一般状态下，上臂和前臂成 90 度左右的角度，角度不宜过小或过大。臂部的活动范围只能随上半身做 180 度内的活动。臂部应和手掌配合，按演讲内容有不同的变化，所起的作用和手掌作用基本相同。臂部的幅度有时可带动身体的活动，如列宁的手势。

第四节　服饰打扮

服饰是指人们所穿的服装和所佩戴的饰物，一般是按照相貌和身材来设计，但演讲时有特别的要求，为的是凸显演讲者的礼貌、面部及两只手和臂。

一、对服饰的基本要求

服饰与身体条件要协调。一是身形和肤色与服装要互相协调。肥胖的人和特别瘦长的人都不宜穿过紧的衣服，否则缺点会更加暴露，影响美感。瘦长的人穿横条的服装就可显得丰满些，肥胖的人穿竖条的服装可显得苗条些。有肚腹的不可穿显示肚腹的服装，如：女性不宜穿连身衣裙。体形肥胖的人，适合穿深色服装，这样看上去有收缩的感觉，会显得身材瘦长些。体形瘦削的，适合穿浅色服装，这样看上去目标松散，会显得丰满些。皮肤白皙的人，穿深色、浅色的服装都可以。皮肤较黑的人，最好穿稍浅色的服装，但不宜穿黑色的服装。二是饰物和服装、身形要互相协调。饰物的搭配要和服装的风格相协调。正统的服装一般配传统些的饰物，休闲一些的服装可搭配一些新潮和另类的饰物，但不可太多。身形高大的人，饰物不宜过小，反之亦然。眼镜是很多演讲者必备之物，它在面部装饰中有绝对优势。其他饰物要相对减少和减小。

二、演讲时对服饰的要求

服饰的设计要有三个适合，即适合演讲者身份、适合演讲内容、适合听众。

（一）适合演讲者身份

演讲者身份包括演讲者的年龄、性别和职业。演讲者的年龄有老中青之分。青年人服饰可新潮些、随意些，但不要打扮得珠光宝气、艳丽夺目。而中老年演讲者一般服饰要求庄重典雅，而不能给人花枝招展、花里胡哨的感觉。可多穿一些套装。

性别有男女之分。男性服装一般以长裤居多，饰物较少。但不意味着服装过于随便和随意。女性服饰变化就较为多一些，但不宜穿戴过于奇异精细、光彩夺目、坦胸露背的服饰，否则会引人瞪目和议论，影响演讲效果。中性服饰能为大多数人接受，如长裤搭配衬衫，但个性化不强。

演员和教师的舞台服饰要求是很不相同的。演员可以按剧中的要求穿戴服饰，而教师则不能和生活中自己的服饰相差太远。按身份穿戴服饰是对观众的尊重。军人应穿戴军服，少数民族应穿戴本少数民族服装……对于在校学生而言，就不宜在演讲时身着高档的、名牌的服装。

我们认为在演讲中最好不戴眼镜，这样眼部的表现会更充分。头发过多者应扎成马尾或很好地固定，避免在演讲中影响美观，扰乱听众注意力。

（二）适合演讲内容

演讲者在不同的演讲场合，要根据其内容的不同而决定服装的款式和色泽，要与演讲主题和内容相协调。如：2010 年“中山杯”全国大学生演讲赛获得特等奖的学生林瀚，身着深色、合体的中山装上台演讲，穿戴格外醒目。因为这次演讲的主题是“辛亥革命与孙中山”，而他演讲的题目

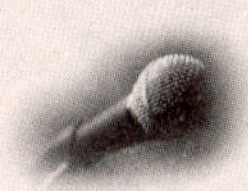

是“永远的中山装”。穿戴非常适合演讲的主题和内容。此外，服装颜色要与演讲者的思想感情和演讲内容协调一致。因为颜色给人的感觉是很敏感的，不同颜色所表达的不同寓意和象征作用，已经在人们思维中形成了较为牢固的观念。比如：深色给人深沉、庄重之感；浅色让人觉得清爽舒服；白色使人感到纯洁，蓝色使人感到恬静，红色、黄色则使人感到喜庆、愉快。如果演讲的内容是严肃、郑重的，或愤怒、哀痛的，穿深色衣服或黑色衣服比较合适。如果演讲的内容是欢快喜悦的，穿浅色的、鲜艳点的衣服会更好些。

（三）适合听众

演讲者的服饰款式与色彩一定要注意与演讲的现场气氛相和谐，与季节相符合，与广大听众的装束相协调。不可过于华丽时髦，那样会分散听众注意力，引起非议，破坏演讲气氛。比如：给普通大众演讲时，你穿的衣服太奢侈华美了，听众脑海里就要产生一种阔少或贵夫人的误会，讲好了还没有关系，若是讲得不好，有的听众也许会这样讥笑你：“这家伙讲话不行，可穿得不错，很漂亮，可惜我们是来听演讲的，而不是来看时装表演的。”虽然不至于到这种程度，但起码会影响听众的注意力和精神。但如果在较为郑重的场合，演讲时服装过于随便也是不行的，一是对听众不尊重、不礼貌；二是听众肯定会对演讲者产生一种不重视这次演讲的感觉。

不管怎样穿戴，都应该有扬美与遮丑的功能，它可以反映人的精神风貌、文化素质和审美观念。服装对演讲者应显得整洁合身、色彩和谐、轻便协调，以达到典雅美观、庄重大方的目的，充分体现出自己的特点与神韵。

第五节 其他微妙的传达

俗话说：“站如松，坐如钟，卧如弓。”这是比喻人在各种情况下身体的标准姿态。演讲者在讲话过程中要有较为严格的服饰要求，有经过训练的表情、眼神和手势、动作的要求。除此之外，还有一些微妙的信息传达给听众，从而影响听众的感受。一般指发声开始之前和发声结束之后的表现。也可以叫演讲礼仪。这些表现向听众传递着这样的信息：演讲者是否老练，演讲内容是否可信，演讲者能不能给自己更多的美感等等。礼仪是演讲者整体形象和演讲成功的重要组成部分。

一、步入演讲场地

演讲者要态度谦和，脚步稳健，潇洒自如，不论听众是否在注意你，都要面带微笑，用眼神和听众进行友好的交流。切忌左顾右盼或装腔作势，给人以轻佻和傲慢之嫌；也不宜忸怩畏缩，有

失身份。

二、就座前后

当演讲者与随同者走到座位前时，不应马上坐下，而是要以尊敬的态度主动请大会主席或陪同人员入座，对方肯定会礼貌地恳请演讲员入座，这时双方稍事相让，但不宜过多推让，即可落座。入座时声音要轻，要坐正、坐稳，身体不宜后倾或斜躺，不宜前探后望，不要和台上台下的熟人打招呼，也不宜玩弄手指、衣角等。坐下后，如大会主席和听众以掌声向演讲者表示感谢，应立即起立，面向听众，点头敬礼或鞠躬以示回谢。切不可流露出敷衍了事或得意忘形的神态。

三、介绍之时

当主持人介绍演讲者时，演讲者应自然起立，向主持人点头致意，并向听众呈一定角度鞠躬，或点头微笑，以表示感激之意，切不可稳坐不动或仅仅欠一下身子。

四、登上讲台

正式登台演讲时，先向主持人点头致谢，然后从容稳健、充满自信、精神饱满、面向前方地走上讲台，在话筒旁或话筒后面对听众站立，然后郑重地向听众鞠躬或敬礼。鞠躬的角度一般不要超过 45 度，除腰部下弯外，其他部位不动。除严肃的场合，演讲者都应面露微笑，并用目光环视全场，表示友好地打招呼。站稳后不要急于开口，而是要深吸一口气后，再开始演讲。

五、走下讲台

演讲结束，说“谢谢！”或“我的演讲结束了，谢谢大家！”的同时，应面带微笑。然后向观众鞠躬或敬礼，再向主持人致意一下后，从容不迫面朝前方地走回原座。下台时切不可过于匆忙，显出羞怯失意之神态，也不可摆出洋洋得意、满不在乎的样子。

六、离开演讲场地

演讲结束后，主持人或单位负责人陪同演讲者走出会场时，听众常常会出于礼节而鼓掌欢送。这时，演讲者更应谦逊谨慎，面带微笑，自然、得体地用鼓掌或招手和频频点头的方式，向听众表示诚挚的谢意，直到走出会场为止。切忌心不在焉，无动于衷。

总之，演讲活动是一种高层次的社交活动，演讲者一定要全面了解和掌握礼仪要求，时时处

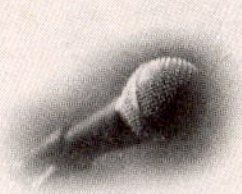

处注意自己的一言一行、一举一动，要给人一种谦虚谨慎、彬彬有礼、风度翩翩的印象，这样才不会因为缺乏风度和礼仪而影响演讲的整体效果。

【演讲实践】

一、面部表情训练

(一) 学生面部表情和发音配合的训练

1. 朗诵

内容：朱自清的《春》中的一句："盼望着，盼望着，东风来了，春天的脚步近了。"

要求：首先体会原文思想情感，在发音恰当的同时，下巴稍收，静静地由鼻中吸气入胸，眉毛成弧形，眼睛睁大而具神采，嘴角上扬，稍加用力，呈微笑状。这样，整个脸就洋溢出生动活泼的气息。

2. 下面请练习者在讲话的同时完成下列表情。

内容："为什么会这样呢?"他有了疑问。(疑问时的表情)

要求：讲话的同时皱眉。

"哼，排名在我前面!"(嫉妒时的表情)

要求：眉头舒展，眼睑和嘴角下垂，同时鼻中出气。

他惊讶得说不出话来。(吃惊时的表情)

要求：面部肌肉绷紧，眼睛睁圆。

"我的演讲完毕，谢谢大家!"(演讲的一般表情)

要求：面部肌肉平静，嘴角上翘。

(二) 学生眼神和听众交流的训练

内容：请几批学员站在前台，眼望听众，同时要求听众和台上实验者进行眼神交流。分别用注视、虚视及各种流转方式，感受眼神的力量，同时进一步克服怯场。

要求：这种练习要求台下听众评判。

二、肢体动作训练

(一) 肢体动作单项练习

内容：请全体学员起立，按站姿要求站立。

要求：身体挺直。可一脚略前，一脚稍后，重心放在后脚上，介于立正和稍息之间的姿势。或两脚适当分开，但宽度不可超过肩膀，重心放在两脚之间。

内容:手掌向内,到达胸前;手掌向前伸;手臂自然向前上方伸出。

要求:五指并拢,向内时手肘稍稍向外;手掌向前伸时,手心向上,上臂和前臂成一定角度;手掌向前上方伸出时,手心向上,整个手臂伸直或呈很大角度。

内容:五指并拢向上,手心向前,手掌向前推出;向侧下推出;向外摊开抖动。

要求:向前推出时,上臂和前臂呈一定角度;向侧下方推出时,手臂可伸直,手掌在下区位。向外摊开手掌表示无可奈何,注意要摊开抖动。

内容:肩旁伸指表示数字。

要求:手指竖起,尤其表示 3 时,伸出最后三指。

内容:肩旁攥拳包括双手攥和单手攥。

要求:拳心面对自己,四指包含在拇指之中。

内容:单手在肩旁,五指并拢呈爪状,再张开合拢回抓。

要求:有动作过程,表示"总的来说"、"总之"等意思。

内容:两只手掌成交叉状在胸前合掌。

要求:手臂从两边向中间集中,不要有响声。表示"合作"、"团结"等意思。

(二) 肢体动作配合发音练习

下面是 2011 年在青岛举行的全国大学生演讲赛二等奖获得者田琦的一段演讲辞,学习她的演讲态势语并进行练习。

(充满情感)仰望着镰刀与铁锤相重叠的党旗(微微向右前上方仰望,并高举右臂,掌心向上),她用旗杆的高度,以昂首的姿势,将那战争岁月的血与火、生与死铸成鲜红的底色,引领无数先辈们用枪声刺破黑暗,用信念点燃火把。(右臂缓缓放下,同时左臂慢慢抬起,呈右手状。)从天安门城楼那句铿锵有力的"中国人民从此站起来了",到神舟七号飞向太空的壮举;从地震废墟那句鼓舞人心的"任何困难也难不倒英雄的中国人民",到奥运会、世博会的成功举办。是党旗,用坚韧的铁锤锻造意志,用锋刃的镰刀开辟希望,使我们成为一支打不到、压不垮的革命队伍。(稍慢举起双拳,在胸前顿住。双拳朝向自己。面部表情庄严。)

党旗啊,是您,激励我锐意进取;是您,给予我前进的力量。(右手臂慢慢抬起向前向外,在右胸前和右臂边形成两顿。神态较为激动。)我愿把我的热血和您的鲜红溶为一色,把我的生命和您的坚强溶为一体,把我的灵魂和您的英姿溶为一脉。(双臂向前上方上举,顿住,慢慢落下。)

如今,我站在您的面前:紧握右拳,字字铿锵,愿这面共产党员的旗帜永远高高飘扬!(握紧右拳呈宣誓状,左臂向前上方挥去。神态激动。)

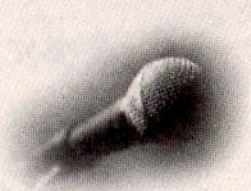

三、演讲礼仪训练

内容:走上讲台。

要求:面部向前,面带微笑。甩开手臂。中速。

内容:站立。

要求:在麦克风后或旁站立,鞠躬。挺胸抬头,面对观众,在深呼吸的同时,眼神在全场流转。不要急于开口。

内容:演讲完成后。

要求:向后或向旁走一步,鞠躬。

内容:走下讲台。

要求:和上讲台时要求一致。

四、有声语言和态势语言配合训练

预备:在教师讲解和示范之后两个星期之后的课堂上,每个组进行演练。

目的:进一步克服怯场心理,积累上台经验(快速进入角色),练习有声语言(普通话)和体态语言表达方法。

方法:从第一组开始,各小组依次上台表演已准备好的5分钟左右的小品。课间不休息。

评价:每组结束后教师和每一组的组长给分,按教师占50分,各组组长占50分算分。该分数为组中每一位参演同学的分数;点评在下次课上进行。评分注意整体表现,和能否调动现场气氛。每个组进行点评。

按100分计算。中心、材料10分,有声和体态语言各30分,结构10分,配合10分,其他(精神面貌、临场应变、观众反应、时间安排)10分。

演练注意事项:

尽量给组中同学提供上台机会。尽快进入角色。以有声语言为主,台词要熟,发音要洪亮,语速不要过快、口语化。旁白声音要响亮,要注意情感的投入。体态语言可夸张些。道具尽量少用。增加一些笑料。舞台站位设计要合理,要面对观众,焦点尽可能在舞台中间靠前。培养临场应变能力。要控制好时间,剧情要紧凑。

鼓励原创。

第九章　演讲的氛围

【导语】

一场成功的演讲，除了语言文字、讲演声音的处理以外，氛围的营造也是不可缺少的一个环节。在公共演讲中，演讲者通常通过演讲内容的推动、语音语调的修饰、肢体语言的渲染这三个方面培养听众的聆听需求，同时调节自身情绪，并从观众的现场反馈中进一步激发演讲者本人的演讲热情，使演讲者和听众共同达到一种精神高度集中的状态，最大限度地提高演讲者对听众传达的有效性，提升演讲的整体艺术性。如何现场调动听众热情，增加舞台效果的艺术渲染，是一名优秀的演讲者必须要掌握的能力。

【案例】

里根作为美国第一位演员出身的总统，在他任职期间，成功施行各项经济政策，同时积极走访于各地，不断进行各种公益活动与公共演讲，所到之处受到了支持者的夹道欢迎。他亲民的姿态，有感召力的演讲，大大振奋了自20世纪80年代开始，受到经济衰退而低迷的美国民众的精神。而作为演员出身的政客，里根从一开始就很好地利用了自己在舞台上的优势，在他的演讲中，常常看到他有力地挥舞着手臂，大踏步地走进人群，和民众们一同高呼着响亮的口号。亲民的态度，煽动的演说，使里根在一次又一次的竞选中出人意料地战胜了强大的对手，赢得最终的选票。无论是他的支持者还是竞争对手，都盛赞他出色的演讲。在1976年大选中，许多看过他声情并茂演讲的共和党党员都在演讲中表示，后悔将票投给了杰拉尔德·福特。而福特本人也表示，深深地被里根的演讲所吸引。

第一节　站着说比较好

演讲必须站着，这是一个基本原则。古今中外成功的演说家几乎都是站着演讲的，就是

在联合国的讲台上，不管是国家元首，还是政府要员，都一律站着讲，而且还限制时间。其原因就在于：第一，表示对听众的尊重；第二，显示演讲者的精神风貌；第三，增强和听众的交流，调节会场的气氛；第四，演讲者站立，可以给人一个完整的形象，只有站立，才能使手势、身势自由地摆动；第五，演讲者站立，也是一种生理的需要。因为“气乃声之源”，气由丹田起，站立有利于气息的贯通，发音更为理想。著名演讲家曲啸在没有病倒之前，有时一天讲四场，但他从不坐着讲，他说：“听众就是演讲者的镜子，而且是多棱镜，从各个角度来反映演讲者的形象。演讲者的体态、风貌、举止、表情都应给听众以协调平衡乃至美的感受。要想从语言、气质、体态、感情、意志、气魄等方面充分地表现出演讲者的特点，也只有在站立的情况下才有可能。”

一、站是积极的演讲姿态

高尔基赞扬列宁的演说时说：“他站在讲台上的整个形象，简直就像一件古典艺术作品，什么都有，然而没有丝毫多余，没有任何装饰。”英挺的站姿，会让听众感受演讲者对于本次活动的认真准备。干净利落的外表更容易获得听众的欢迎，和心理潜在被尊重的需要的满足。不同于教育性的知识灌输，听众面对演讲时实际上是一种选择性的信息获取的状态，演讲者所想表达的内容最终是否能传达到听众，很大程度上取决于听众本人的兴趣，因而，演讲与其说是闭门造车多多益善的“制造业”，实则更像是让听众这个消费群体满意的“服务业”。了解听众所需要的，在演讲中提供听众所想要的，激发听众的热情和兴趣，这一切都是对听众的尊重。因而，发自内心的尊敬，是每一个演讲者必须要做好的精神准备。

“站着”这一行为，在心理学上有很多层意思。首先，它代表着行动性，站着的身体姿态，更多的给人以一种“对方将会有立刻的行动”的暗示，从而潜在地激发了听众的注意力。而面对夸夸其谈的演说，行动性的增加无疑是增强了台下观众的信任感。其次，站着的身位造成的是听众仰望的姿态，对于仰望这一动作的解释就是“关注”，而人类身体本身的语言中，仰望某件事物会让人增加一丝微妙的“尊重某件事物”的情绪体验，这对演讲者来说是有利的。再次，站着，面对着坐下的听众，是一种人际关系上的让步，使听众得到了受到尊重的满足感，这为演讲的进一步进行，创造了有利的条件。

二、合适的站姿

在舞台上，如何正确地站立呢？著名演讲家曲啸曾在介绍演讲经验时说：“演讲者的体态、风貌、举止、表情都应给听众以协调的平衡的至美的感受，要想从语言、气质、神态、感情、意志、气魄等方面充分地表现出演讲者的特点，也只有在站立的情况下才有可能。”

演讲者站姿规范如下：

(1) 脊椎、后背挺直，胸略向前上方挺起。

(2) 两肩放松，重心主要支撑在脚掌脚弓上。

(3) 挺胸，收腹，精神饱满，气息下沉。

(4) 脚绷直，稳定重心位置。

演讲站姿有以下几种：

1. 前进式。这是演讲者用得最多，用得最灵活的一种站姿。右脚在前，左脚在后，前脚脚尖指向正前方或稍向外侧斜，两脚延长线的夹角成 45 度左右，两脚脚跟距离在 15 厘米左右。这种姿势重心不固定，可以随着上身前倾与后移的变化而分别定在前脚跟与后脚上，不会因时间长身体无变化而不美观。另外，前进式能使手势动作灵活多变，由于上身可前可后，可左可右，还可转动，这样能保证手做出不同的姿势，表达出不同的感情。

2. 稍息式。一脚自然站立，另一只脚向前迈出半步，两脚脚跟之间相距约 12 厘米左右，两脚之间形成 75 度夹角。运用这种姿势，形象比较单一，重心总是落在后脚上。一般适用于长时间站着演讲中的短期更换姿势，使身体在短时间里松弛，得到休息，一般不长时间单独使用，因为它给人一种不严肃之感。

3. 自然式。两脚自然分开，平行相距与肩同宽，约 20 厘米为宜，太平会影响呼吸声音的表达，太迂则显得拘束。

第二节　静场与暖场

演讲者准备就绪后登上舞台，一个人在舞台上面对全场的听众。此时，听众的注意力第一次集中在演讲者的身上，如何在第一时间抓住听众的眼球，如何将开场设计得有声有色，这对每一个演讲者都是很大的挑战。总的来说，开场，即从演讲者登台到演讲者开始步入自己演讲主题的这一段时间，必须处理好静场、暖场两个时间单元的工作，本节就开场所面对的问题和一些基本的技巧进行阐述，并列举适当情景，作为初学者的思维训练。

一、静场

评书演员来到舞台前，端立片刻后，便是一声清嗓，接下来是一首字正腔圆的七言律诗，声音洪亮，平仄得当。这时听众们便停下手中的事，将注意力转移到演员身上。而演员读过静场诗，便敲响醒木，脆落落一声响，之后便开始了评书主题。这一过程在评书的艺术中称之为静场醒木，意为开场清鸣，又有求吉祥的意思。

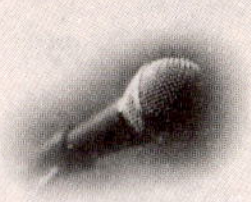

与评书这样的舞台表演相类似，演讲的开始也有静场这一阶段。《演讲艺术与口才》中对于“静场”的解释为：“演讲中，舞台上出现的短暂无声响和动静的场面，演讲者将这一时间，作为强调，停顿，开始的时间段。”但在实际演讲过程中，可能遇到很多突发情况，比如开场时场面喧闹，听众情绪不稳定，或者一些突发状况导致演讲无法正常顺利地进行，在这种时候，必须通过一些小的手段和方式进行场面控制。下面我们具体地进行分析。

（一）开场的静场

在演讲开始时，洪亮、有力的开场有利于留给听众深刻的印象，同时也是对演讲者基本功的一个考验。对发音的练习和声音的控制我们在第七章已经提到过，在本章节里，我们就开场时氛围的培养，甄选了一些优秀的开场和大家分享，便于读者进行使用和练习。

尊敬的各位领导，老师，亲爱的同学们，大家下午好！

春风和煦，百鸟竞飞，又是一年春意盎然之时，很高兴和朋友们共同分享这春季美丽的下午。

传统类的开场需要演讲者有着扎实的基本功，声音洪亮、圆润，这样不仅会给听众留下深刻的印象，同时还有利于演讲者本人顺利的开场。

在近些年的演讲舞台，也出现了一些比较新式的开场，比如利用评书或者相声演员的静场诗，再比如和暖场同时进行，即用一些网络妙语、幽默段子等进行开场。方式独具一格，给听众留下耳目一新的感觉，在此读者可以借鉴引用。

（二）演讲过程中的静场

在演讲进行的过程中，可能会出现一些突发的状况阻碍演讲的进行，如何正确应对处理这些问题，是演讲中一个非常重要的技巧。如果处理得当，不仅可以平息尴尬，而且会给评委和听众留下机智幽默的良好形象。在演讲突发状况的情况下，可以牢记以下四条原则作为借鉴。

1. 镇定解决，不可慌乱。面对突发事件，演讲者会瞬间感觉到尴尬和慌乱，在演讲前应做好面对这种事情的心理准备，同时做好对自己镇定的心理暗示，冷静下来，再对问题进行解决。

2. 向前而不是向后。任何突发事件的处理，都要切记向前而不是向后。所谓的向前就是你要敢于面对问题，处理问题，而不是遇到问题就恐惧，退缩，心慌意乱，不知所措。

3. 不要与听众争辩。每一次与听众争辩，不管是赢还是输，都会加剧你与听众间的矛盾，都会失去一批听众。在场面发生混乱的时候，要平复听众的情绪，不要与听众发生冲突，否则场面不仅得不到安静，反而会造成进一步的混乱。

4. 学会包容听众。包容，是处理现场问题的一个重要的人际因素，再出现问题的时候，在心态上保持谦逊容纳，可以大大避免一些不必要的冲突。在林肯的一次竞选演讲中，他的政敌安排了一个人在他的演讲现场进行破坏，并且大喊：“别讲了，满嘴谎言的家伙，都是乱讲！”在场的听

众非常诧异，只见林肯从容不迫地停下来，微笑着注视着那位高呼反对的听众长达一分钟的时间，那位听众反而觉得窘迫，自己退场了。在他退场后，林肯带着歉意地说："每一种思想需要反对的声音才可以完整，感谢刚才的那位听众，同时由于我的原因，耽误了大家一分钟的时间，十分抱歉。"并谦逊地向在场的听众鞠躬。这种包容、谦逊的态度，赢得了在场所有人的掌声。

二、暖场

开场过后，面对听众，怎样引出自己的话题同时博得听众的好感，都需要演讲者反复斟酌。在这里，我们给出的建议是，了解听众的心理态度，站到听众的角度，只有这样，才能真正赢得听众。

首先了解听众的心理需求。通常来讲，听众的心理需求有以下几个方面。

（一）尊重

满足听众被尊重的基本要求，是演讲者本人获得听众尊重的一种方式。在演讲过程中，应随时关注听众的反应，并且对演讲进行及时的调整，例如：在听众心不在焉的时候，可以适时地抛出一些之前准备好的段子，用幽默的方式吸引听众的注意力；当听众开始对演讲没有耐心的时候，应及时调整演讲的长度。

（二）交流

作为听众，长时间地听取演讲实际上是一件比较枯燥的事情。增加演讲幽默元素，及时互动，同时增加与听众的交流也是演讲中十分必要的一部分，了解你的听众，适当地选择一些有表现欲望的听众加入到你的互动中来，使听众满意，你会更好地完成你的演讲。

（三）价值

演讲是作为一种一对多的发散式交流存在的，作为一种交流方式，它更重要的存在意义在于信息的传递。再优秀的技巧，再完美的段子都很难真正地打动听众，充实演讲内容，刨除不必要的语言陈述，精简重要的内容，使信息传递效率增大，会让听众得到满足。

总而言之，从听众的角度出发，尽最大的可能使听众得到满意，将会营造一个良好的演讲氛围，有助于演讲的进一步进行。

与此同时，必须注意到，暖场是进一步引入自己的演讲主题的开始，因此在这一部分要有一定的文字处理，以下列举一些优秀的暖场讲稿，和大家分享。

成功学的创始人拿破仑·希尔说："自信，是人类运用和驾驭宇宙无穷大智的唯一管道，是所有'奇迹'的根基，是所有科学法则无法分析的玄妙神迹的发源地。"奥里森·马登也说过这样一段耐人寻味的话："如果我们分析一下那些卓越人物的人格物质，就会看到他们有一个共同的特点：他们在开始做事前，总是充分相信自己的能力，排除一切艰难险阻，直到胜利！"

——励志演讲《自信是成功的力量》

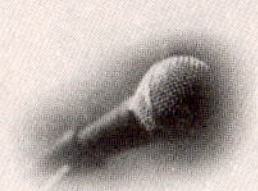

曾子曰："士不可以不弘毅，任重而道远。仁以为己任，不亦重乎。死而后已，不亦远乎。"每读论语至此，总是掩卷长叹。眼前浮现出钱学森那不畏阻挠，毅然归国，而献身中国航天的大义凛然。詹天佑那为修筑京张铁路而"力任其难，勉副众望"的不渝决心。纵观近代，无数中华仁人志士，就是在这样的呼号和鞭策下走向那"复兴中华、实业救国"的光辉道路的。

——五四演讲稿《士不可以不弘毅》

青春，是一个多么美好而富有诗意的字眼！有人把它比作初升的太阳，有人把它摘下，做为带露的鲜花。人们常说："青春年少是人生的黄金时代。"那么一个人应该怎样去看待青春，看待人生的黄金时代呢？

——《青春在高速路上飞扬》

从以上我们可以看到，合适的引用，幽默的元素，成文的例子，都可以为我们的演讲增色，同时生活和读书中的素材积累和创作也是非常必要的。我们可以在自身的生活中进行思考和整理，使自己的演讲更为丰富。

第三节　可信而直观的物证

老话说得好，一幅图顶得上千句话。人们发现，如果用文字和图画一起来辅助演讲，那么，演讲人的消息会更有趣，掌握起来更容易，保留的时间也更长。在演讲中，利用实物、模型、图标、相片作为展示，同时进行解释和演讲不仅可以给听众留下鲜明的印象，同时会更好地完成演讲。

【案例】

诺曼·施瓦茨柯夫将军在波斯湾战争结束以后进行的一次著名的新闻简介会中，没有使用任何手稿，而是一步一步让观看节目的人看了五六张地图，表明盟军从战争开始一直到战争结束时的部署和军事战略。他挥舞着一根可折叠的金属小棒，熟练地从一张地图移到下一张地图，如同指挥着一个乐队。他解释每一张地图如何显示出战争发展的不同阶段，听众的注意力完全被吸引，在结束时听众起立鼓掌长达三分钟。这次新闻简介会是 1991 年 2 月 27 日对沙特阿拉伯利雅德的新闻媒体发布的，CNN 进行了全球现场直播，后来被众人称为是公众演讲中的杰作。简介会发布几小时后，在全美国所有的网络中都进行了重播，而且，作为 ABC 新闻"施瓦茨柯夫：这场战争是如何打赢的"录像系列中的一部分，这次演讲还成了一盘畅销的家用录像节目。

在诺曼·施瓦茨柯夫将军的演讲中他用图画的形式展示了盟军和伊拉克部队在海湾的调动部署，这些地图产生的戏剧性可视冲击力使施瓦茨柯夫的观点更有效地表达出来了，远远超过仅凭事实和数据能够传达出来的效果。

一、可视辅助物的优势

可视辅助物有多种优势，最主要的优势是清晰、生动。我们生活在一个视觉时代，电视和电影使我们养成了指望看到可视图像的习惯。如果在演讲中利用可视辅助物，就可以让听众更准确地弄清楚你想传达什么。

可视辅助物的另一大优势是兴趣。由可视图像引发起来的兴趣是很强烈的，事实上，如果利用得当，可视辅助物差不多可以强化演讲的所有层面。一项研究显示，普通的演讲人，如果利用可视辅助物的话，他给人的印象是准备更充分、更可信，也更有专业精神。根据同一项研究，可视辅助物可提高演讲的说服力达40%以上。还有资料表明，可视辅助物是消除怯场的可靠办法。可视辅助物使听众的兴趣提高，使注意力从演讲人本身移开，从而使演讲人在整体上获得更大的自信。

二、可视辅助物的种类

（一）实物

在进行技术演讲，或者主题演讲的过程中，实物的引用，会给听众很强的视觉冲击力，也会营造合适于主题演讲的氛围。比如讲滑雪的演讲，可以应用滑雪板、帽子等道具，效果会很好。

（二）模型

在进行技术性演讲的时候，如果演讲者能够找到合适比例的模型，进行解释和分析，那么听众会更直观地接受内容。

（三）照片

如果没有实物，也找不到模型，那可以利用照片作为替代。在审判过程当中，律师经常利用照片显示犯罪现场，或者用来在陪审团面前展示证据。商务方面的演讲人会利用照片显示新的产品线，建筑师会利用照片向潜在的客户显示该公司设计的其他楼房。

但要注意的是，必须想办法将照片放大到一定的比例，足够听众观看，否则可能会带来负面的影响。

（四）图表

图表、素描和其他形式的图画都是可以替代照片的可视辅助物。这些东西制作起来也不贵。

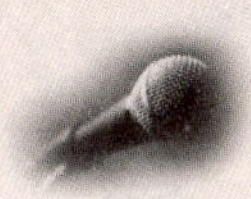

另外，由于这些东西是专门为演讲而制作的，因此可以用来更准确地示范你的想法。虽然其真实程度会差一些，但其准确性也弥补了这方面的不足。

三、可视辅助物的使用

在可视辅助物的使用中应该注意一定的使用方法。

（一）避免用黑板充当

在使用黑板书写的时候，会有很多时间背对着听众，而且黑板过于普通，其效果远没有招贴画、图片的视觉冲击力大。

（二）放在听众看得见的地方

尽量不要放到舞台边缘、教室边缘，这样很难让在场的全部听众都看到你的展示。把可视辅助物放在最佳位置以后，不要站在挡住听众视线的地方，这会使你前功尽弃。应该站在可视辅助物的一侧，并用离可视辅助物最近的胳膊指它。可能的话，用铅笔、尺子或其他指向物。用指向物，可让你站在离可视辅助物较远一点的地方，因而减少挡住跟你站在同一边的听众视线。

（三）对着听众而非可视辅助物演讲

解释可视辅助物的时候，很容易跟听众断开视线联系而变成对着可视辅助物说话。当然，听众主要还是在看可视辅助物，你可以一边讲一边看看可视辅助物。但是，如果你的眼睛一直盯着可视辅助物，那就会失去与听众的视线联系。跟听众保持视线联系，你可以得到反馈，知道可视辅助物和你自己的讲解是否为听众所理解了。

第四节 推理

一场好的演讲，并不仅仅是热情和归纳，更应该是应用合适恰当的例子论证观点。很多优秀的演讲者在论证观点的时候，一般都不会直接说出观点，而是借鉴和引用身边的直观的例子和现象，一步步引导听众的注意力，带动思维，最终使听众的思维结论和演讲的观点吻合一致，在这个过程中，需要演讲者找到贴切生动的例子，同时借助简单的逻辑推理。总的来说，在陈述观点的时候，要从听众的角度出发，思考下面三个问题：

(1) 演讲是否可信？

(2) 例子是否有证明力？

(3) 演讲是否有逻辑性？

也就是说，在演讲的过程中，只有通过例子的选用和适当的推理，才能真正地征服听众。

一、用亲身经历来证明自己的说法

在日常对话当中，我们总是利用一些例子来说明自己的想法。借助听众自身的经历，让听众更直观而真切地认同是一种很好的方法。比如，在向听众讲解身材体型的时候，合适地选择台下的听众，让他们来到舞台前作为展示，会更加直观。

例子是说明不为人熟悉或复杂的思想的好办法。正是如此，许多教师会在课堂里利用例子。例子使抽象的思想变成具体的内容，使听众很容易明白。

二、利用例子来强化思想

在一次题为“拳击：最危险的体育活动”的演讲中，威斯康星大学的一名学生罗伯·高奇凯尔说，美国应该禁止职业拳击运动。在列举拳击引起的数十例死亡案例之后，他还感叹拳击引起的不可恢复的严重脑伤。他解释说，重量级拳击手打出的一拳有1000多磅重，他提供的神经学家的证据说，头脑连续遭受重击会造成严重的后果。为了说明自己的观点，罗伯引述了穆罕默德·阿里的例子。阿里有严重的帕金森氏症，那是拳台上留下的后遗症。他的症状包括手眼协调功能受损、言语模糊、肌无力和慢性疲劳症。阿里曾是世界拳王，但最后“仅仅是一具躯壳，他双手颤抖，说话困难，那是拳击残忍的见证”。

这个例子的好处在于，它详细而直观地告诉听众拳击运动的危险。“言语模糊、肌无力和慢性疲劳症”，“仅仅是一具躯壳，他双手颤抖，说话困难，那是拳击残忍的见证”，用具体、生动的语言感染听众，而采用内容的典型性也增加了演讲的可信度，最终强化了主题和思想。

三、顺序结构的引用

通常，我们引入例子，需要遵循一定的顺序和结构。比如讲述历史人物的时候，要根据他的经历，从幼年到老年；对地理进行解释的时候，使用空间顺序结构，所讲诉的内容应该是富有逻辑性而循序渐进的。我们用以下几个例子来解释。

（一）空间顺序

具体目标：告知听众，让他们明白西班牙的主要地理区划。

中心思想：西班牙共有五大地理区划。

要点：

（1）北部山区从大西洋开始横跨西班牙最北部地区一直到沿岸平原。

（2）艾布罗盆地由大片的平原构成，这些平原沿着西班牙东北地区的艾布罗河延伸。

（3）沿岸平原顺着西班牙东海岸延伸。

（4）加达尔奎维尔盆地气候干燥，但它是西班牙南部极肥沃的地区。

(5) 梅塞塔是一个巨大的高原，覆盖了西班牙中部地区。

(二) 主题顺序

具体目标：告知听众，让他们明白现在正在开发中的主要的替代燃料汽车。

中心思想：正在开发的主要的替代燃料汽车是电能、天然气、甲醇或氢气驱动的汽车。

要点：

(1) 第一种替代燃料汽车是电能驱动的。

(2) 第二种替代燃料汽车是天然气驱动的。

(3) 第三种替代燃料汽车是甲醇驱动的。

(4) 第四种替代燃料汽车是氢气驱动的。

(三) 过程顺序

具体目标：告知听众，让他们明白如何自己制作网页。

中心思想：自己制作网页一共有四个步骤。

要点：

(1) 第一步是决定在网页里安排什么内容。

(2) 第二步是设计网页。

(3) 第三步是把网页以 HTML 文件的形式存储下来。

(4) 第四步是将网页上载到互联网上去。

根据自己的主题，先选取好自己的例子，进而分析自己主题的性质，选择好逻辑顺序，进行安排和排列，同时在现场带动听众的思路，在这样一步步的努力下，才会完成一场优秀的演讲。

【演讲实践】

战国时期，秦国实行商鞅变法，法度严明。秦孝公有一个幕僚，号称天下第一智者，犯下过失，按律当斩。秦孝公惜才，想救他一命，但又不得破秦律。于是，他设计了一个特殊的行刑方式，希望智者能够运用自己的智慧拯救自己的生命。刑场上站着两个武士，手中各拿着一瓶酒。秦孝公告诉智者：第一，这两瓶外观上看不出区别的酒，一瓶是美酒，一瓶是毒酒；第二，两个武士有问必答，但一个只回答真话，另一个回答假话，并且从外表上无法判断谁说真话，谁说假话；第三，两个武士间彼此互知底细，即互相都知道谁说真话谁说假话，谁拿毒酒谁拿美酒。现在只允许智者向两个武士中的任意一个提一个问题，然后根据得到的回答，判定哪瓶是美酒并把它一饮而尽。智者略一思考，提出了一个巧妙的问题，并喝下了美酒。结果，他被免于一死。

如果你是智者，你将如何设计问题，并找出美酒呢？

第五节 情绪渲染

长袖善舞，是舞者登台飘逸潇洒的姿态，舞者所依仗的，看似是轻柔腰肢，盈盈长袖，可真正感染听众的，却是舞蹈的内容，和舞者本人所散发出的充沛的情感。对于舞者来说，身姿、衣着，不过是用来表达情感的利器，而真正展现的，是舞者的内心。舞蹈如此，演讲亦是如此。在演讲过程中，嘴舌便是身姿，手势便是长袖，而演讲者本人所散发出的状态，才是真正打动人心的利器。本节就演讲过程中如何调动听众情绪，如何营造现场氛围进行分析，并与读者分享一些实用的技巧。

一、演讲前的心理准备

演讲，本身是演讲者借助语言与听众心灵的沟通，在这个过程中，演讲者本人是整个氛围的源头，因此，演讲者必须做好充足的准备，才能真正地打动台下的听众。

每一位听众都乐于欣赏一位自信幽默的演讲者的表演，如何在登上舞台前消除紧张情绪，提升自信的态度，使自己能够亲切自然地活跃于舞台，是演讲前必须要做的功课，而这涉及演讲者本人的自我认同、情绪控制和反馈等多个心理过程。以下针对演讲者登台前出现的一些比较普遍的情绪体验进行分析，并提出针对各类问题的解决方案。

(一) 紧张

这几乎是每一位演讲者都会经历的感受，无论经验多少，登台的紧张感都会发生，只是程度不同而已。

一位有经验的演讲者会利用自己的适度紧张，使演讲充满激情和力量，但是对于新手来说，过度紧张可能会带来许多负面的影响。

从心理学角度来讲，紧张是一种代表压力的中性的情绪反馈，在紧张的形成的过程中，在肾上腺素大量分泌的情况下，人的神经、肌肉的活动性和刺激性大大增强，可以使人的反应、动作的机敏性有所提高。总的来说，紧张，特别是适度紧张，对演讲是有利的，正确看待这一情绪体验，了解并认识这一点是非常重要的。

1. 熟悉场地

争取熟悉你要发表演讲的环境。提早到达并巡视讲台，练习使用麦克风和其他辅助视觉设施。

2. 熟悉听众

在听众进入会场时向他们致意。对一群友好的人演讲总比对一群陌生人演讲来得容易些。

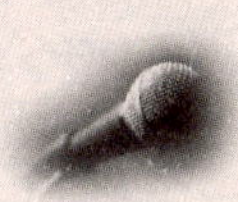

3. 松弛训练

坐在椅子上，使全身肌肉松弛到零度。肌肉零度，即人在醉酒、重病时所表现出的一系列动作特征，全身肌肉松弛后，先紧张某一条上下肢的肌肉，再逐步将全身肌肉适度紧张。

独立地站在舞台前，注意力集中，努力回忆你从宿舍到教室的一路见闻，做到自然松弛、目中无人。按摩自己的三角肌、胸肌，深呼吸，吞吐也有助于压力的减轻。

但同时需要注意的是，松弛不是松懈。松弛指的是演员在当众孤独的条件下，在艺术虚构的情境中仍然能够按照天性的规律去创造。也就是说，在这种情况下，演讲者的心理机制和生理机制应该处于一种在创作意志支配下进行真实、细腻的体验与富有表现力的状态。松懈则与此相反，它不可能使演讲者处于一种正常、积极和有效的体验与表现的状态。它与紧张虽然表现形式不同，但同样不是演讲者应有的状态。要想在演讲中真正地做到松弛，就离不开监督与督使演讲者发现自己身上，包括心理与生理上出现的不必要的紧张，然后通过有意识的自我控制和调整来排除它，以达到松弛的状态。从某种意义上讲，演讲者在舞台上能否保持松弛的状态，是与能否有效地控制自己紧密地联系在一起的。也可以说，是通过有意识地增强控制能力的训练才能达到的。

（二）自信

自信能带来很多正面的情绪反馈，一个拥有自信的演讲者能正确引导并且感染在场的听众。如何培养自信，我们介绍下面几种方法。

1. 熟悉讲稿

对演讲内容的充分了解，有助于消除演讲者对本次演讲的潜在不安，而对内容烂熟于心将会使演讲者在舞台上游刃有余。

2. 心理暗示

在演讲前，花一段时间进行冥想，进行积极的心理暗示会有很好的效果。成功学之父卡耐基在每次演讲的时候都会花一段时间在脑海中设想本次演讲成功的画面，这在心理学上称为“吸引力法则”。演讲者可以尝试着大胆设想自己演讲成功时的听众反应、现场效果和成就感，反复这么做，就会有意想不到的效果。

3. 做最坏的打算

自信实际上是一个人心理耐受能力的反应，耐受能力强的人一般会更接近成功，可以在演讲前做好最坏的打算，并且尝试去接受它，比如设想自己会结巴、紧张，演讲效果不尽如人意，尝试接纳并做好最坏的打算。当你做好这一准备时，勇敢地登上舞台吧，你会发现最坏的你都接受了，而你面对的，注定是更好的结果。

我们将消除紧张、建立自信的过程称之为情绪渲染的筹备过程，而筹备过后，借助多彩的、

丰富有力的肢体语言，我们将会更好地将情绪传达给在座的每一位听众。同时，演讲者必须从演讲的主题出发，结合现场的具体情景，针对听众此时此刻的心态和情绪，灵活地调动种种语言手段。只有这样，才能与听众形成某种情绪上的互动和共鸣，才有可能营造出合适的现场气氛。

二、语言的情绪渲染

（一）用呼告语引发激愤情，营造出热烈呼应的气氛

在法国大革命期间，革命领导人马拉被杀死，当时有一位名叫希罗的革命者登上国会讲台，向台下大声地呼喊“大卫，你在哪里？你给我们留下了为祖国献身的列比里契埃的形象，现在，该再画一幅出来！拿起你的画笔吧，为马拉报仇！让敌人看到马拉被刺时的真实情景而发抖！这是人民的要求！”希罗这一呼吁，立即引起强烈反响，当时正在现场的画家大卫，立即大声回应道：“好，我一定再画一幅！”全场响起热烈的掌声。三个月后，大卫的名作《马拉之死》诞生了。演讲中，希罗使用的就是呼告语，他用第二人称发出这种呼吁，给听众一种身临其境、直接交流的感染力，从而牵动听众的神经，引发他们直接参与交流活动，自然就营造出热烈呼应的气氛来。这种呼告语，既可以以不在场者作为呼告的对象，也可以像希罗这样，针对现场的人发出呼告。

（二）用反诘句引发震撼力，营造出严肃自省的气氛

在一次关于“孝道”的演讲中，一位青年以“我们也有老的时候”为题对听众大声说：“今天，在这样一个特殊的场合，请允许我冒昧地反问各位一句：‘你对自己的父母尽到做儿女的责任了吗？你把你的一片孝心奉献给为人父母者了吗？’”这里，由于演讲者抓住一个普遍的社会现象，又连续使用了一种反问句式，因此有一种很强的震撼力，极为容易地引起了听众的共鸣，唤起了听众心理上的反省，因而营造出一种促人反躬自省的严肃的反思气氛来。一般说来，反诘句多带有强化感情的因素，所以使用时，注意不要一味用居高临下的口吻去谴责什么，而要像上述演讲者那样，用一种“提醒”人们扪心自问的方式即可。

（三）用现身说法显示真实感，营造出亲切可信的气氛

著名推销员罗伯尼有一次去美国某大学演讲“成功术”，他以自己的减肥为话题开讲，着重论证事在人为，从而为听众鼓劲。他说：“眼前站在你们面前的这个人，156 磅重，但他曾经不是这样，而是一个重达 207 磅的‘圆球’！假若有人需要减肥的话，其实是一定办得到的。我——罗伯尼做得到，相信你们也一定能行！”此话一出，人人都在翘首以待听他的“成功真经”。可见，有时候，如果演讲者能把自己的亲历亲闻运用到演讲中去，就会给听众以亲切、真实、可信之感，这样调动起听众的热情，也就自然增强了演讲的感染力。

（四）运用幽默，吸引注意

有一次李敖先生在北大演讲，在谈到自由时，面对自己的被禁书单，感叹道："我一生写了 100 多本书……我的这些书卖不出去，就和地摊上那些三流书混在一起卖，结果很多去买三流书的人就成了我的读者。"整个会场笑声一片，李敖先生通过这种对比自嘲的方式，很好地调动了听众的情绪，也让听众加深了对演讲主题的理解。

第六节　背景音乐

音乐，是舞台效果中重要的组成部分，是一种非常特殊的语言形式。它不像图画那样是可见的造型艺术，也不像电影戏剧那样是可听可见的综合艺术，而是由声音运动作用于人的听觉引起联想，从而获得一个仿佛可以感觉到的形象。这种由感觉产生的形象，正是由人们的想象而产生的。而文学作品是由文字作用于人的视觉引起联想，激发想象，由此产生出一个个生动活泼的形象。从这一点看，音乐和文学是相通的。演讲者通过音乐的选用，可以营造合适的演讲氛围，激发听众热情。了解背景音乐的作用，使所选用的背景音乐和主题相辅相成，对每一个演讲者都是非常重要的。

一、音乐在演讲中的作用

简要地说，音乐在演讲中起了两个重要的作用：情绪铺垫、气氛渲染。

音乐是回忆最好的辅助物，人们常常借助音乐标记生活的某段时光，同时，轻柔的音乐能够自然地放松听众的身心，激昂的音乐可以振奋身心，带动现场气氛。

很多演讲者常常根据自己的演讲主题选择音乐，让一段音乐作为对听众的问候，音乐声起为开端，然后开嗓，开始演讲。

以音乐开场的好处在于，能够柔和地带入主题，抛弃了冗长的开端，有经验的演讲者还会让听众听一段有内容的音乐后把音乐当作物证，开始自己的演讲，这样能起到不错的效果，但应当注意的是，如果希望以音乐作为开场，一定要保证与内容的吻合，否则会造成反效果。

除了用音乐开场，音乐也是舞台上演讲者最常用来渲染气氛的工具。肯尼迪面对煤矿工人的时候，用一段轻快的爵士带来轻快的氛围；电台主持人在讲述幽默的小笑话时用搞怪可爱的音乐让人会心一笑；一位歌颂母亲伟大的演讲者，用一首《母亲》让现场听众潸然泪下。根据自己的演讲内容，选用适合的背景音乐，是个很高明的渲染手段，读者可以在自己的演讲过程中适当采用。

二、演讲与音乐节奏的掌握

演讲中的背景音乐，不仅在选用上必须慎重，更重要的是要了解音乐，熟知音乐节奏，使演讲节奏和音乐节奏相一致，这样才能最大限度地利用好音乐这个工具。

在使用音乐的时候，必须要明白：

1. 音乐的风格与演讲作品风格是否一致？

2. 音乐的各个部分是怎么样的？高潮部分在哪里？渲染部分在哪里？

3. 我的声音是否合适该音乐？

同样，进行有音乐背景的演讲，必须充分了解演讲的内容的开始，高潮，结尾，像《海燕》一文的朗诵者，借着《海之啸》的高潮，在海浪拍打礁石发出惊天动地的声音的时候，将演讲部分引入了中心阶段，让听众深深地陷入演讲者所编制的氛围之中。

在选用背景音乐时，就必须事先定好自己演讲的格调，是幽默阳光、讽刺批判、真情流露，还是激昂立志，要根据自己的格调选取歌曲，圈定氛围。

在选择好格调之后，还要进行对比训练，最好将自己的声音与背景音乐同时用录音设备录制一遍，然后自己认真比较分析，什么音乐比较适合自己的声线。

选取音乐过后，必须要做的就是充分了解音乐，掌握音乐的整个节奏，并开始训练自己的演讲随音乐同步。当然，这是个相对比较复杂的过程，需要读者自己的体会。

关于如何使用背景音乐，在此提供一些小技巧，可以使用简单的音频衔接技术以配合演讲时间和节奏，如果需要轻松的氛围，可以尝试一些特殊音效的使用，都会有很好的效果。

【演讲实践】

1. 请读者准备下面这篇演讲，并根据自己的语言来表述，同时根据本章所讲述内容，加入眼神、手势等肢体语言。

给北大同学们的一封信

俞敏洪

有一个故事说，能够到达金字塔顶端的只有两种动物，一是雄鹰，靠自己的天赋和翅膀飞了上去。我们这儿有很多雄鹰式的人物，很多同学学习不需要太努力就能达到高峰。很多同学后来可能很轻松地就能在北大毕业以后进入哈佛、耶鲁、牛津、剑桥这样的名牌大学继续深造。有很多同学身上充满了天赋，不需要学习就有这样的才能，比如说我刚才提到的我的班长王强，他的模仿能力就是超群的，到任何一个地方，听任何一句话，听一遍模仿出来的绝对不会两样。所以他在北大广播站当播音员当了整整四年。我每天听着他的声音，心头咬牙切齿充满仇恨。（笑

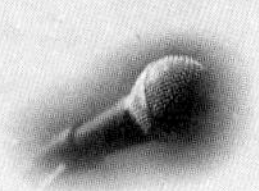

声)所以,有天赋的人就像雄鹰。但是,大家也都知道,有另外一种动物,也到了金字塔的顶端。那就是蜗牛。蜗牛肯定只能是爬上去。从底下爬到上面可能要一个月、两个月,甚至一年、两年。在金字塔顶端,人们确实找到了蜗牛的痕迹。我相信蜗牛绝对不会一帆风顺地爬上去,一定会掉下来、再爬,掉下来、再爬。但是,同学们所要知道的是,蜗牛只要爬到金字塔顶端,它眼中所看到的世界,它收获的成就,跟雄鹰是一模一样的。(掌声)所以,也许我们在座的同学有的是雄鹰,有的是蜗牛。我在北大的时候,包括到今天为止,我一直认为我是一只蜗牛。但是我一直在爬,也许还没有爬到金字塔的顶端。但是只要你在爬,就足以给自己留下令生命感动的日子。我常常跟同学们说,如果我们的生命不为自己留下一些让自己热泪盈眶的日子,你的生命就是白过的。我们很多同学凭着优异的成绩进入了北大,但是北大绝不是你们学习的终点,而是你们生命的起点。在一岁到十八岁的岁月中间,你听老师的话、听父母的话,现在你真正开始了自己的独立生活。我们必须为自己创造一些让自己感动的日子,你才能够感动别人。我们这儿有富裕家庭来的,也有贫困家庭来的,我们生命的起点由不得你选择出生在富裕家庭还是贫困家庭,如果你生在贫困家庭,你不能说老爸给我收回去,我不想在这里待着。但是我们生命的终点是由我们自己选择的。我们所有在座的同学过去都走得很好,已经在十八岁的年龄走到了很多中国孩子的前面去,因为北大是中国的骄傲,也可以说是世界的骄傲。但是,到北大并不意味着你从此大功告成,并不意味着你未来的路也能走好,后面的五十年、六十年,甚至一百年你该怎么走,成为了每一个同学都要思考的问题。就本人而言,我觉得只要有两样东西在心中,我们就能成就自己的人生。

2. 演讲主题训练

(1) 假如你是一名路演活动的主持人,正站在舞台上,向大家推广公司的一款新鼠标,同时你有数十张鼠标垫作为礼物,请自己准备语言,并且充分发挥,如何利用这些东西,来迅速吸引观众。

(2) 假设你现在是一名大型晚会的主持人,在邀请嘉宾上台发言的时候,嘉宾因为紧张,忽然不知道怎么说话,请你组织语言,怎么才能既不伤害嘉宾的自尊心,同时又能顺利完成这一环节。

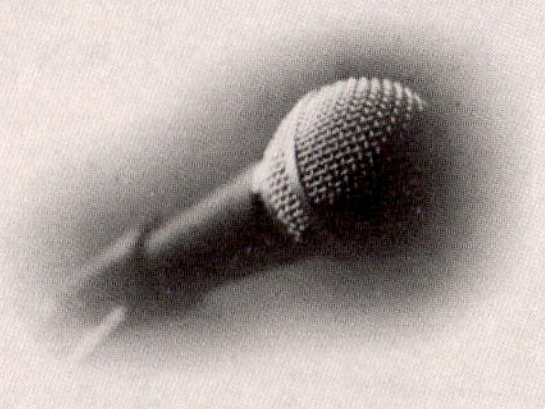

第四部分

演讲的过程

第十章 开 场 白

【导语】

被誉为“百科全书式”学者的亚里士多德，在演讲方面也具有卓越的才能，他建立起演讲的结构，一般演讲的结构由开头、正文、结尾三个部分组成。这里的开头就是我们所说的开场白。公开演讲中的开场白指公开演讲的开头或第一部分，也叫第一话题或前话题。一般来说，设计独到的开场白能起到出其不意的效果，能够创造适合演讲的良好氛围和互动环境，可以吸引观众的注意力，调动观众的情绪，引发观众的思考，为正文部分的演讲作一个良好的铺垫。反之，如果开场白比较平淡，会使现场气氛沉闷，激发不了观众的兴趣，甚至出现冷场的情况。即使正文部分的内容再精彩，也可能因为开场白的失误而大打折扣。

【案例】

英国《金融时报》专栏作家露西·凯拉韦曾经这样描述自己的一次演讲经历：“在(2009年)11月22日全美音乐大奖的颁奖典礼上，珍妮弗·洛佩兹脚下一滑，跌坐在舞台上。诡异的是，此前三天，我也在表演时摔倒了。不过，这两跤之间有着不同之处。珍妮弗当时正在攀登一座由近乎全裸的男舞者搭成的人梯，身着热裤，忘情演唱。而我却是在一个招待日本股票投资者的正式晚宴上，衣着体面，静静起身，准备发表演讲。我被自己的手袋绊了一下，整个人呈大字形摔向地板，下巴撞到地毯上，轰的一声。我身上别着的麦克风确保了所有没看到这一幕的人都听到了动静。”露西·凯拉韦认为，多数人都会觉得公开演讲比在黑漆漆的小巷里遭劫的可能性更令人恐惧，而这种恐惧完全是情有可原、合情合理的。而她的这次摔倒某种意义上也是心理紧张所致。但最终，露西·凯拉韦化解自己摔倒的解释是宣称自己是故意摔倒的，因为她实在想不出以什么笑话来作开场白，所以自导自演了这一出闹剧。

第一节　心理调节

几乎每一本有关演讲与口才的书，都会提到如何使演讲者消除心理紧张，对此，美国第42任总统比尔·克林顿的秘密武器是“鼓舞信心”，印度民族主义领袖“圣雄”甘地是“避免自负”，还有一些建议是不断练习，积累自己在公众面前演讲的经验。但对于很多初次登台演讲的人来说，诸如“放松”、“自信”等一些过于抽象的概念似乎并不能真正有效地指导他们消除紧张情绪。

一、演讲时的消极心理

在传统的语文应试教育中，语文的听说读写能力被简略为写的能力。长期重文轻言思想的影响，导致很多人在学校的语文课上只会埋头读书、做习题、考试，真正得到口头表达锻炼的机会很少。因此一旦需要在公开场合说话，绝大多数人都会产生紧张、恐惧、胆怯、害羞的消极心理。尤其是对于那些极少登台演讲的人来说，演讲前常常会紧张得脸色苍白、手足无措、头冒冷汗、声音颤抖，而当他们正式开口说话时，也会因为紧张导致脑中一片空白，张口结舌、面红耳赤。长期缺乏在众人面前进行口语表达的练习，让很多人心中有想法，但无从表达、不会表达，从而造成更加紧张的心理。

实际上，在公开场合面对陌生的大众说话，人本能地会产生一种不安全感和紧张感，这是很自然很正常的。世上没有一个成功的演讲者在演讲前一点都不紧张，只是他们善于通过心理调节把负面情绪慢慢淡化。就像著名的公关专家阿特·史蒂芬斯曾经说的那样：“你必须一把抓住谈话对象的注意力，绝不要放手！”在一次次登台演讲的过程中，我们不断积累消除紧张、害怕、胆怯等消极心理的经验，一次次成功的演讲帮助我们树立信心，最终成为演讲台的掌控者。如果能够正确地认识演讲前的紧张情绪是每一个演讲者都会遇到的情况，那么我们就能坦然面对。但只是面对还不够，我们还需要通过恰当的方式去化解紧张、恐惧的心理，从而确立演讲所需要的积极心理。

二、确立演讲的积极心理

自信，克服性格短板。一只木桶到底能装多少水，取决于桶壁最短的那块木板，这就是所谓的“短板效应”。一根链条，最脆弱的一环决定其强度；一个人，性格最弱的一面影响其前程。美国第32任总统罗斯福就是一个有着致命短板的人，他小时候是一个胆小、脆弱的学生，在课堂上总是心慌意乱、胆小如鼠，一旦被叫起来背诵，就会双腿发抖，嘴唇颤抖不已。然而他清晰地认识到自己性格中的短板，勇敢地用行动加以克服，大量地进行朗诵演讲练习，从而成为他那个时代

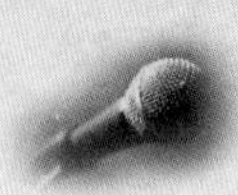

重要的演说家之一。我们常常说“性格决定命运”,一个人最可怕的就是性格短板。性格短板对于我们的心理、人生态度和事业前程都有着消极的影响。

在人群中,每个人都因为自身的遗传基因或者是独特的人生经历,从而形成与众不同的性格。一般来说,个性开朗、外向的人,在日常生活中能够积极主动地和他人交流,敢于表达自己的观点和想法,因此对自己更容易充满自信,而日常生活中的言语交际训练也为他们登台演讲奠定了良好的基础。个性内向、性格腼腆的人,在日常生活中可能就属于沉默的大多数,在人际交往和口语交际中,他们常常处于被动交际的状态,面对陌生人时,更容易产生紧张不安甚至自卑的心理。自卑是由于没有正确认知自己,过多地看到自己身上的不足从而否定自我而产生的一种消极心理。演讲者如果对自己的演讲不够自信,那么就很难在演讲时从容发挥。因此,我们要想在演讲方面取得进步和成功,一定要从克服自己的胆怯、内向、自卑等性格短板开始。在人际交往中,要敢于面对自己的性格缺陷并加以积极的改造,如通过朗诵、对话练习等激发积极表达的欲望,培养在众人面前说话的信心,获得大胆展示自我的勇气。要敢于承受来自别人的挑战和批评,只有这样,才能为成为一个优秀的演讲者奠定成功的基础。

淡然,消除患得患失的心态。俗话说“金无足赤,人无完人”,但有些人在生活中依然是个完美主义者,对任何事都苛求只能成功不能失败的结果。在演讲时,演讲者越是具有患得患失、苛求完美的心理,越不容易发挥好。沉重的思想包袱会如大山一样重重地压在演讲者的心中,导致演讲还未开始,已经对最后的结果成败患得患失了。其实面对激烈的竞争,别人的表现如何并不重要,重要的是自己能否表现得最好,充分挖掘自身的潜能,只要自己尽力而为,即使结果不是最好也无怨无悔。如果演讲者在心中能保持这样一种达观、淡然的心态,那么自然就不会对最终的结果太在意,而在意过程中自我全神贯注的发挥。我国古代哲学家庄子崇尚虚静恬淡,高扬“淡然无极而众美从之”的境界,他的“淡”的思想具有极其丰富的审美意蕴。在《庄子·缮性》中,有“古之治道者,以恬游知”一语。这里的“恬”与“淡”组成一词,与人心之忧患相及,所谓“忧患不能入,邪气不能袭”,并能至于“神不亏”。庄子崇尚的“恬淡”乃是超越大喜大悲之后的平静淡泊。如果我们平时能注意修炼自己安详、淡然的心态,注意消除急功近利的急躁心态,就能在任何场合都不执著于最后结果的得失成败,而更加在意演讲过程中自己的锻炼、进步和成长。如果能消除对结果成败患得患失的心理,自然就能逐渐消除内心紧张,能以一种轻松、淡然的心态面对一切挑战。每个演讲者在登台前都要告诫自己:“岂能尽善尽美,但求无愧我心。”

沉着,为演讲做好充分的准备。我们常说“凡事预则立,不预则废”。在演讲之前,如果我们准备充分,对演讲的主题非常熟悉,对演讲的内容烂熟于心,甚至能够达到不用思考就脱口而出的程度,那么我们面对大众演讲时就会沉着从容,对自己充满信心,不易产生紧张心理。反之,如果事先准备不足,对内容不熟,对于上台后的成功与否没有把握,走上演讲台时自然就容易产生

紧张、害怕忘词的心理。一个成功的现场演讲，需要演讲者在演讲前做大量充分有效的准备。如果是竞赛型演讲、竞职演讲或面试演讲，演讲者要事先熟悉演讲场地，了解自己上场的序号，掌握竞赛的流程和评分标准等，赛前反复演练，面对有力的竞争对手，心理上要保持冷静、平衡、不卑不亢的态度。做好充分的准备，有利于消除演讲前紧张不安的心理。如果是会议演讲或庆典演讲，不涉及竞争和最后的胜负结果，演讲者更需放松心理，事先准备好演讲的主题，理清思路，沉着、从容地上台演讲即可。

达观，消除以往受挫经历留下的阴影。很多演讲者都曾有过演讲受挫甚至是失败的经历，如不及时化解，这些失败的经历会在心里留下阴影。而一旦这种消极感受和体验作为反馈信息输入到个体已有的经验结构中，在下一次演讲中会产生不良作用，甚至会使演讲者产生更为强烈的焦虑反应，使得其忧心忡忡，害怕再次失败。英国著名的物理学家和化学家法拉第也是一名著名的演说家，他演讲成功的秘诀是"我的演讲听众一无所知"。这句话听来似乎有些狂妄，但是法拉第实际上只是在启示演讲者必须消除内心的阴影，建立新的自信。有些演讲者得知评委、观众中有某方面的专家，或者无法摆脱曾经演讲受挫的阴影，因此就对自己的演讲内容产生怀疑，持不自信的态度。其实没有必要，如果你对自己的演讲主题作了深思熟虑的思考，对演讲材料作了细致深入的分析，那么你完全应该充满自信。因为至少对这一演讲主题而言，没有谁能比你更熟悉。即使对于某一方面观点的认识不一定十分准确，有一些错误的表达，但是"言者无罪，闻者足诫"，只要态度诚恳、自然，实事求是，听众也不会当场令你难堪。

三、克服当众讲话恐惧的四把"利剑"

美国思想家、文学家及诗人爱默生曾说过："恐惧较之世上任何一种事物更能击溃人类。"对当众讲话的恐惧也如烈焰般灼痛着人类的神经。恐惧的压迫使人们面对众人不敢开口，即使勉强开口也是言语含糊、逻辑不清、思维混乱、词不达意，往往是"起于不知所云，终于不知所云"，一次次留下"遗憾"，一次次遭遇"挫败"。所以，调动一切积极因素，通过心理疏导和有效训练克服当众讲话的恐惧情绪，不但不能被它击溃，还要成为驾驭它的主人，这就是我们需要的积极心态。

1. 自我分析法

辩证唯物主义认为，外因通过内因而起作用。要克服当众讲话的恐惧，内因的作用至关重要。心理学家也反复强调：真正帮助人们战胜心理疾病的，并不是心理医生，而是患者本人！

自我分析法正是一种通过挖掘、调动、激活个体的内在因素而克服恐惧心理的方法。具体做法就是在培训教师的引导下，学员借助各种心理测试量表，自主、自发、自觉地认识自我、分析自我。通过逐层递进的认识、分析，学员逐渐"剥离"潜意识的"伪装"，找到造成当众讲话恐惧的"结

点”，即“恐惧点”，然后围绕这一“恐惧点”进行发散式拓展分析。分析的过程就是对原有认识进行扬弃的过程，也是恐惧度由强到弱的变化过程。

许多人当众讲话时，总是刻意设置一个过高的、过于完美的期望值，这无异于强迫“咿呀”学语的幼儿出口成章，是十分滑稽可笑的。所以必须要降低当众讲话的心理预期，树立积极、健康的心态和思维模式，循序渐进，不断完善。这些逐步深入的问题，就如同不断延长的“圆”的半径，半径越长，“圆”的面积越大，恐惧的程度也随之降低。

2. 自我暗示法

自我暗示，就是给予潜意识一定的信息刺激，持续不断地向潜意识输送一定的观念，借此来影响和改变人们原有的认知与行为。自我暗示可以分为正向、积极的暗示和负向、消极的暗示。

心理学家认为，潜意识是没有辨别能力的，你灌输了什么样的观念，潜意识就接受了什么样的观念。而一旦接受了所暗示的信息，潜意识便开始积极地工作，协助你达到目标，实现愿望。

潜意识通过自我暗示所发挥出的超强能量，是惊人的、不可思议的。世界潜能大师博恩·崔西说：“潜意识的力量比意识大三万倍。”实际上，许多所谓的奇迹或灵感，都是通过自我暗示的方式产生的。

人的行为的改变，关键在于潜意识的改变。所以，在演讲与口才的实践中，我们首先要完成潜意识的改变，充分肯定自身优势，并不断挖掘自身潜能，不断对自己进行正向、积极的暗示。尤其是那些自认为形象欠佳、口齿不清、风度不够、魅力不足或者因听众在社会地位、知识层次等方面明显强于自己而产生自卑心理的人，或者是罹患“恐惧流感”的人，我们要反复暗示自己：“我没有想象得那样糟糕”、“我以前那样妄自菲薄是愚蠢的”、“当众讲话的成败并不是单凭外在形象等某一个因素决定的”、“别人恐惧，并不代表我就必须恐惧”，等等，帮助自己清除消极的情绪体验，正确认识自我，找回自信。

3. 系统脱敏法

人们之所以恐惧当众讲话，一个很重要的原因，就是有过当众讲话失败的经验，即所谓的挫折体验，“一朝被蛇咬，十年怕井绳”。那么怎样才能克服这种因挫折体验而产生的恐惧呢？实践证明“系统脱敏法”是比较有效的方法之一。

系统脱敏法是行为疗法的一种，就是在人为创设的一种较为轻松的氛围中，通过一系列实验步骤，逐步再现使人们产生挫败感和恐惧感的场景，让学员直面恐惧。在这一过程中，按照刺激程度由弱到强的原则，逐渐训练学员的心理承受能力和忍耐力，增强其适应力，从而达到最后对真实体验不再产生“过敏”反应的结果，恢复身心的正常状态。

4. 条件反射法

条件反射是诺贝尔奖获得者、俄国生理学家巴甫洛夫最早提出的。他在研究动物的消化现

象时，获得了一个影响深远的重大发现，这就是人所共知的“狗、食物、铃铛”的“故事”，即在给狗喂食的同时摇响铃铛，经过一段时间的重复后，只摇响铃铛而没有食物时，狗也会出现唾液分泌旺盛、情绪兴奋等准备进食的状态。

应当明确，当众讲话的恐惧心理是一种受多种因素影响、错综复杂、可变度很高的情绪体验。有的人明明已经可以较从容地应对常规的当众讲话，但是一旦遇到更大的场景、高端的听众、重要的发言或者因事先准备不足等原因，还是会或多或少地紧张，甚至恐惧。针对这种情况，建立一个有效的“锚点”，就是我们的“秘密武器”。

建立一个“锚点”，实际上就是建立一种条件反射，人为设置一种情绪体验的“按钮”。具体到当众讲话，就是要设置一个自信的“按钮”，以此来击退恐惧。以下是塑造“锚点”的“三部曲”：

第一，明确地告诉自己，无论置身何地、面对何人、谈论何事，我都要相信自己一定会从容不迫、妙语如珠、口若悬河、侃侃而谈。

第二，再现一个令你最感自信的场景，比如：在运动会上夺冠、考试时得了满分，或者工作出色得到领导的赞赏，等等。场景再现时要把握好三点：在时间上要短暂，在细节上要清晰，在强度上要有冲击力。

第三，再现场景的同时，有意识地触碰身体的某一部位（虎口、拇指、手腕等），并将这种联系不断重复进行，直至自信的意识与触碰点之间建立起一种条件反射，形成当众讲话自信的“锚点”。

要克服当众讲话的恐惧心理，没有“服”下去就可立见奇效的“灵丹妙药”。在演讲口才的学习与实践中，我们将心理训练方法，喻为寒光凛凛的利剑，只有高高擎起，用力刺出，才能斩杀恐惧的“心魔”。这需要必胜的信念、积极的态度和不懈的努力，因为我们深信：内心的改变，才是真正的改变！

【演讲实践】

1. 请你谈谈自己首次演讲时的体验。
2. 请你谈谈自己演讲时的紧张有哪些表现。
3. 请你谈谈自己演讲时的紧张主要来源于哪些方面。

第二节　现场观察与临场应变

临场应变能力是指演讲者在演讲的过程中，对现场突发因素的一种迅速而能动的反应，这种反应应该是积极的、机智的、灵敏的。临场应变能力既表现在演讲者的思维过程中，也表现在情

绪反应、言语表达和行为举止中。临场应变能力的培养不是一朝一夕所能完成的，而在于平时的锻炼和经验的积累。临场应变能力与现场的观察能力密切相关。

一、演讲现场的观察

当演讲者处在一个陌生的环境中时，为了取得较好的演讲效果，必须注意对演讲现场的观察，当现场听众和环境发生突然变化时，要能够随机应变。

下面是演讲者到达演讲现场首先需要观察的方面：

1. 演讲所处的地点，演讲现场的空间有多大？这些与你和观众之间能否建立起亲密关系，你演讲时的用声状态以及你传递信息的速度、容量等有关。空间越大，观众越多，噪音可能也越大，你演讲时声音的力度感越要加强，为防止演讲现场回音的干扰，语速要慢一些，尽可能让自己的声音清晰地传到现场的每一个角落。

2. 听众的构成，他们的职业、身份、年龄和性别如何？他们看起来是生动活泼的，还是正经严肃的？在传播过程中，存在两个主体：传播者与受众。离开了受众，演讲的传播活动就失去了方向和目的。弹琴看听众，说话看对象。演讲者要有对象感，要意识到自己不是在自言自语，而是在把自己的思想和感情与他人分享。因此，要了解听众对你所讲的话题是否熟悉，他们可能会有怎样的想法，他们在这个话题上的知识水平如何。如果听众是普通的工人、农民、市民，就应该使用浅显、平易、朴实、生动形象的语言，或穿插一些小故事来让演讲更加生动易懂，尽量少用专业术语，更不可咬文嚼字，故作高深，否则听众不易接受。如果听众是具有较高文化素养的人，语言就可文雅些，可以适当地多引经据典，加强演讲的文采和信息量，让自己的谈吐和观众的欣赏水平相适应。

3. 听众离你多远？讲话的麦克风怎么样？是台式还是立式？是否需要调试？是否会在你讲话时嗡嗡作响？一般来说，在竞赛型演讲中多采用立式话筒，在演讲报告中，一般采用在演讲台上放置台式话筒的做法。在正式演讲之前，可以在话筒前说几句话试一下音，并且根据现场的传声效果调节自己与话筒之间的距离和用声状态。

4. 如果有演讲台，那么演讲台的高度如何？适合站着讲还是坐着讲？要想演讲效果好，一定要站着讲，这是演讲的基本要求。另外，还要考虑演讲台的高度与自己的身高是否协调。在某些演讲活动中，有时因为演讲台设置过高，或者摆放的鲜花过于复杂，使得演讲者只能露出一个头，这样就影响整体的美观性。在正式上台前，演讲者最好到演讲台前试讲一次，并根据观众席的视觉效果调整自己在演讲台前的位置。

5. 如果是一个时间较长的专题演讲，要注意一下是否有人倒水？如果没有，自己可以准备一点，即使是最有经验的演讲者也会在中途感到口渴。在这里，我们要提醒演讲者，在演讲的过程

中，声带处于运动发热的状态，切不可喝冷水、冰水，而应该喝温水。这样有利于润泽嗓音，保持声音的持久和清亮。

6. 如果你在演讲中必须使用显示屏、投影仪等工具，应该事先调试一下其使用情况。尤其要注意显示屏、投影仪和演讲人以及观众的位置关系，一般把显示屏、投影仪放置在演讲人偏左或偏右的位置，以照顾全场的观众，尽可能不放置在正中，这样会使演讲人一直处于投影灯光的直射中，时间长了会影响视力和整体精神状态。

7. 如果不是你的专场演讲，那么另外的演讲者是谁？他讲的内容是否与你所讲的内容有重复、冲突的地方？是否在演讲结束后安排与听众的互动与提问环节？如果有，如何控制时间？如果自己演讲的内容与之前演讲者的内容有重复的话，要及时作出调整。这就需要演讲者平时有较充分的知识积累和演讲经验，在有把握的情况下，可以增加一些新的信息和内容以吸引听众，如果感到现场修改和变动有困难的话，可以只删减重复的内容，以保证演讲的顺利进行。对于观点有冲突、争议的问题，可以在详尽阐述自己观点的基础上求同存异。如果安排现场与听众的互动，要控制好时间，在有效的时间内组织听众的提问或发言，尽可能正面、真诚地回答听众的提问。

8. 你期望最后获得怎样的效果？不管在演讲的过程中发生什么样的意外情况，都一定要保持自己情绪的稳定。在正式登台演讲之前，先处理好自己的情绪，在面对话筒开口说第一句话之前，一定要有充分的准备。万事开头难，只有对现场情况有了细致、全面的观察和把握后，才能做到气定神闲，沉着从容。

二、提高临场应变能力

演讲是一种直接面对观众的即时互动的表达艺术，因此，现场感是所有演讲者都需要充分准备并积极面对的。演讲现场通常不是一成不变的，可能会随着演讲的进程出现很多变化，而这一切，演讲者必须机智面对。通常情况下，演讲者登台之前会面对现场这样的一些变化：

1. 现场听众的情况发生了变化，可能增加了新的听众，也可能流失了很多听众。
2. 在此之前登台的选手演讲的内容与自己准备的内容有矛盾或重复之处。
3. 现场听众的反应很冷漠，注意力不集中。
4. 有人在现场喧闹或者出现对立情绪。
5. 前面的演讲者演讲得非常精彩或非常糟糕，引发了现场观众突然的情绪反应。
6. 现场设备或秩序出现问题。
7. 在与观众的互动中出现了意想不到的情况。

……

对于这些现场的突然变化，演讲者在登台前一定要细心观察，沉着应对，否则会影响自己的

演讲发挥。但不管现场发生了怎样的变化，演讲者都要善于调整、管理好自己的情绪，保持态度的真诚、思维的清晰和表达的流畅。

如果现场听众临时发生了变化，如增加了一些新的听众，那么演讲者应该在呼语中适当地体现出对这些新到听众的欢迎，从而获得他们的掌声支持。有一次，笔者在演讲登台之前，观察到现场来了几十位武警官兵，于是在登台前做了这样的一个开场白的设计：

今天我们在这里举行构建和谐社会的演讲比赛，是因为有无数解放军、武警官兵和公安干警在自己的岗位上默默工作，今天他们来到我们的比赛现场，请让我们用热烈的掌声向他们表示诚挚的敬意。

这是一段根据现场情况所作出的应变，在当时的情况下，引起了观众强烈的反应，取得了较好的现场效果。

【演讲实践】

1. 下面是一位同学竞选演讲中的开场白，请谈谈你的看法。

有幸走上讲台参加竞选，我激动、感动而不会冲动。瞧我一头简洁的运动短发，一身宽松的运动服，一双高弹力运动鞋，不折不扣的干净利索吧。这模样当班长太风风火火，做学习委员嫌冒冒失失，任文娱委员又恐缺少内涵……但是当你脑海中闪过“体育委员”四个字时，不觉得眼睛为之一亮，胸襟为之一阔吗？咱这“造型”绝对的“标准”，不，简直就是“经典！

2. 请你自拟一个演讲情景，并设计开场白。

第三节 开场白

关于演讲开场白的重要性，许多名人都有过很好的忠告。苏联文学家高尔基说：“最难的是开场白，就是第一句话。”奥地利的乐团指挥韦勒说：“如同有‘招眼’的东西一般，也有‘招耳’的东西。首先，对于演讲者而言，有决定意义的是要获得听众的好感，引起他们的注意，开场白就是沟通演讲者和听众之间的第一座桥梁。”瑞士作家温克勒说：“开场白有两项任务：一是建立说者与听者之间的感情；二是如字意所示，打开场面，引入正题。”一般而言，公开场合演讲的开场白有这样几种类型：零开场白、常规性开场白、非常规性开场白。

一、零开场白

零开场白，指说话者没有多余的话开场，直接进入主题。这种开场白就是我们日常所说的

“开门见山”。如黑格尔在他的一次美学演讲中就是采用这种开门见山式的开场白：

女士们、先生们，这些演讲是讨论美学的，它的对象是广大的美学领域，说得精确一点，它的范围就是艺术，或者毋宁说，这就美的艺术。

当代著名演讲家李燕杰在一所大学作《德才学识与真善美》的演讲时，就开门见山说：

我今天讲的题目是“德才学识与真善美”或者叫“学习事业和理想”。

还有一篇关于“怎样抓住成功”的演讲，开场白是这样的：

今天我要演讲的题目是：怎样抓住成功。想要抓住成功，第一个必不可少的因素是：做好充分的准备！

宋庆龄的《在接收加拿大维多利亚大学荣誉法学博士学位仪式上的讲话》就是这样开头的：

我为接受加拿大维多利亚大学荣誉法学博士学位感到荣幸。

开门见山式的演讲开场白，言简意赅，直切主题，没有太多的枝蔓，让观众一听就明白演讲者演讲的主题。一般来说，在学术型、政治型、新闻发布会、面试演讲等比较严谨、庄重、正式的演讲场合中，多采用这种开场白。但这种开场白也有其缺陷，就是没有铺垫，显得平淡，观众的情绪和注意力不容易一下子被调动并集中到演讲内容上来。对于没有太多演讲经验和技巧的演讲初学者来说，使用开门见山式的零开场白可以确保演讲顺利开端，避免失误。

二、常规性开场白

常规性开场白，指说话者按照常规的说法开始演讲，有一定的经验和规律可循。采用常规性开场白并不意味着平铺直叙，波澜不惊，无出彩之处，如果设计、运用得好，也会出现精彩的效果。

1. 以“楔子”和“引子”开场

楔子，最早是元杂剧的专业术语，居于剧首，其主要作用乃交代故事之背景、缘由，类似于现代话剧中的“序幕”，后来楔子也成为长篇小说的组成部分，通常是在小说故事开始之前，起到引起正文的作用。演讲中的“楔子”大多是些沟通情感的礼貌礼节用语，起到拉近与听众的距离、建立良好感情的作用。引子，一般指把话题引入正题，大多是从礼貌礼节用语向正题过渡的话。

1984 年 4 月 27 日，美国总统里根在人民大会堂的演讲是这样开场的：

谢谢你，周培源博士，谢谢各位尊敬的女士和先生。我很荣幸今天能够来这里，成为有史以来第一位在人民大会堂向贵国发表演说的美国总统。我和我的夫人南希一直盼望来历史上最悠久的文明古国之一中国访问，同你们伟大的人民见面，一睹贵国历史宝库的风采。北京宽阔的大道使我们赞叹，贵国人民的待客热情，使我们深受感动。我们唯一的遗憾，就是这次访问的时间太短。看来只能像唐代一位诗人所写的那样“走马观花”了。但是中国的《汉书》里还有另外一句话，叫做“百闻不如一见”，南希和我深有同感。

里根在人民大会堂的演讲是一篇长篇演讲。这一段话可以看作是整个演讲的楔子。在楔子里，里根首先对演讲主持人及听众表示敬意，对东道国表示赞叹，对东道国的古老文化表示理解，这些都是礼貌礼节上要求讲的话。这样一番话，使本来陌生的冰冷的气氛很快融化开来。当演讲者抵达一个陌生的环境开始演讲，与听众之间互不熟悉时，常以楔子来开场，通过提及一些能让听众心理上产生熟悉、愉快、美好感觉的东西来调节现场气氛，能营造良好的演讲氛围，以使演讲顺利进行。继这番话之后，里根总统接着说：

12 年前，前总统尼克松来到北京，他走下空军一号专机同周恩来总理握手，事后周恩来总理告诉他："你那次握手，是从世界上最浩瀚的大洋彼岸伸过来的手，是经过 25 年的完全隔绝之后伸过来的手。"从那次握手开始，美国和中国都打开了自己历史上新的一页。我认为现在历史又在召唤了。

这番话可以看作整个演讲的引子，楔子架起了情感的桥梁，引子就要毫不迟疑地把演讲引入正题了。里根在这里以回忆尼克松与周恩来第一次握手这个有深远意义的历史镜头，把演讲引入正题，转折得体、恰当、自然。里根总统这次演讲的开场，就是一种很典型、很规范的开场。

2. 以自我介绍开场

当演讲者到达一个陌生的环境中时，与听众之间还没有建立熟悉而亲近的关系，因此通过自我介绍来让听众了解自己、熟悉自己就显得非常重要。这种以自我介绍开场的开场白一般较多地用在与听众初次见面的场合，在竞职演讲、面试演讲中也较多采用。

例如抗战时期，著名作家张恨水在成都大学演讲的开场白是：

今天，我这个"鸳鸯蝴蝶派"作家到大学区来演讲，感到很荣幸！我取名"恨水"不是什么情场失意，我取名"恨水"是因为我喜欢南唐后主的一首词《乌夜啼》。（朗诵该词）我喜欢这首词里有"恨水"二字，我就用它做笔名了。

张恨水通过巧妙的设计，把自己名字的由来、信奉的文学流派、兴趣爱好告诉听众，这样的开场白既轻松幽默，又显得真诚坦率，听众顿时受其感染。

1990 年，中央电视台邀请台湾影视艺术家凌峰先生参加春节联欢晚会。当时，许多观众对他还很陌生，可是当他说完那妙不可言的开场白后，一下子被观众认同并受到了热烈欢迎。他说：

在下凌峰，我和文章不同，虽然我们都获得过"金钟奖"和最佳男歌星称号，但我以长得难看而出名……一般来说，女观众对我的印象不太好，她们认为我是人比黄花瘦，脸比煤炭黑。

这一番话嬉而不谑，妙趣横生，观众捧腹大笑。这段开场白给人们留下了非常坦诚、风趣幽默的良好印象。

颜永平老师在北京大学领导干部高级研修班《演讲与口才实用技巧》课程中的开场白是这样的：

尊敬的各位领导，亲爱的学员朋友们，大家好！今天很高兴能和大家相聚在美丽的北大校园。我叫颜永平，颜，喜笑颜开的颜，永，永远的永，平，就是平安的平；我的名字就是我的心愿，我的心愿，就是祝在座的各位在漫长而短暂的人生之路上喜笑颜开，永远平安！

巧妙地介绍自己的名字，并化为美好的祝福，一下子就拉近了与听众的距离，赢得了大家的好感，为正式讲课营造了良好的气氛。

3. 设定悬念开场

李增源曾经总结了演讲中先声夺人的十种语句：呼语、问语、叹语、排语、警语、妙语、趣语、壮语、赞语、俗语。[①] 有时候入题更需要讲求一定的曲折和委婉，尤其要讲求一点逻辑悬念，这样有利于入题的引人入胜。因此，有时候，我们不妨多用一点言辞，以悬念抓住听众心理，引起他们的注意和重视。这样稍作悬念设计的开场白比直接点出演讲的主题更能吸引观众的兴趣。有一篇叫作“人呵，认识你自己”的演讲，主讲人给自己划定的题目是“人与社会和自身的关系”。可是一开始，演讲者并不直接挑明这个题目，而是先援引恩格斯的话，讲了个“斯芬克斯之谜”的引子：“大自然——斯芬克斯向每个人和每个时代提出了问题……”继而话锋一转，问道：“那么人类呢？人和人类社会有什么难题呢？”最后他自己答道：“人类面对着的有三大难题：人生、社会和人自身。”这就是“转折式入题”了，它使自己的入题显得有些跌宕，有些波澜甚至悬念，不平铺直叙，自然能引起听众的关注与兴致了。

在一次毕业欢送会上，一位班主任给同学们致词。他一开口就让学生疑窦丛生——“我原来想祝福大家一帆风顺，但仔细一想，这样说不恰当。”这句话把大家弄得丈二和尚摸不着头脑，大家屏声静气地听下去——“说人生一帆风顺就如同祝某人万寿无疆一样，是一个美丽而又空洞的谎言。人生漫漫，必然会遇到许多艰难困苦，比如……”最后得出结论：“一帆风不顺的人生才是真实的人生，在逆风险浪中拼搏的人生才是最辉煌的人生。祝大家奋力拼搏，在坎坷的征程中，用坚实有力的步伐走向美好的未来！”“一帆风顺”是常见的吉祥祝语，而这位老师偏偏反弹琵琶，从另一角度悟出了人生哲理。第一句话无异于平地惊雷，又宛若异峰突起，怎能不震撼人心？[②]

有位教师举办讲座，会场秩序比较混乱，学生对讲座不感兴趣，于是老师转身在黑板上写了一首诗：“月黑雁飞高，单于夜遁逃。欲将轻骑逐，大雪满弓刀。”写完后他说：“这是一首有名的唐诗，广为流传，又选进了中学课本。大家都说写得好，我却认为它有点问题。问题在哪里呢？等会儿我们再谈。今天，我要讲的题目是‘读书与质疑’……”这时全场鸦雀无声，学生的胃口被吊了起来。

---

① 孙海燕编著：《口才训练十五讲》，北京大学出版社 2003 年版。

② 王富国：《匠心独运的演讲开场白》，《语文世界(高中版)》，2007 年第 5 期。

4. 提出问题，激发听众思考开场

演讲者可以提出一些激发听众思维的问题，把听众的注意力集中到演讲中来。郎咸平在清华大学的演讲是这样开场的：

感谢各位同学！从去年开始一直走到今天，我心中一直有一个疑问："到底什么叫做改革开放？"我一直思考这个问题，我也想找到一个适当的场合来陈述我的想法。今天，我感谢清华学生会邀请我。学生的邀请对我个人而言，意义极其重大。因为国家未来需要的就是你们。我准备在今天这个场合谈谈一个新思维，那么什么才是一个改革的新思维？在场这么多同学，冒着天寒地冻的危险（笑声），跑来听我的演讲，我想请现场每一位同学，当次历史的见证人。今天我以一个学者的身份来谈一谈我心目中的改革开放应该是一个什么样的思维，好吗？

5. 叙述事实，交代背景开场

演讲者在演讲的开头向听众报告一些新近发生的事实，容易引起听众的注意，吸引听众倾听。1986 年，美国航天飞机"挑战者"号在升空后突然爆炸，当时的美国总统里根在遇难机组人员悼念仪式上，发表了一篇激动人心的演说，开场白是这样的：

今天，我们聚集在一起，哀悼我们所失去的 7 位勇敢的公民，共同分担内心的悲痛。

恩格斯在 1881 年 12 月 5 日发表的《在燕妮·马克思墓前的讲话》中的开场白又是这样的：

我们现在安葬的这位品德崇高的女性，在 1814 年生于萨尔茨维德尔。她的父亲冯·威斯特华伦男爵在特利尔城时和马克思一家很亲近；两家人的孩子在一块长大。当马克思进大学的时候，他和自己未来的妻子已经知道他们的生命将永远地连接在一起了。

这个开场白对发生的事情、人物对象作出必要的介绍和说明，为进一步向听众揭示论题作了铺垫。

以身旁真实的事例作为演讲的开场白，亲切可信，说服力强，易被听众接受。例如王惠平的演讲辞《走自己的路》是这样开场的：

在日常生活中，我们经常可以听到有人在唉声叹气："唉，现在是说话难，办事难，做人更难！"难吗？就现实生活来讲，确实有些难。

这样的开场白不仅拉近了与听众的距离，更为下文的展开作了铺垫。

白岩松的演讲《人格是最高的学位》这样开场：

很多年前，有一位学大提琴的年轻人去向 20 世纪最伟大的大提琴家卡萨尔斯讨教：我怎样才能成为一名优秀的大提琴家？卡萨尔斯面对雄心勃勃的年轻人，意味深长地回答：先成为优秀而大写的人，然后成为一名优秀而大写的音乐人，再然后就会成为一名优秀的大提琴家。

俞敏洪在同济大学演讲的开场白如下：

同济大学的同学们，大家晚上好！非常抱歉由于路上堵车所以晚来了 5 分钟。其实人活着就挺好，至于生命有没有意义另当别论。活着每天都会有太阳升起来，每天都会看到太阳落下去。

你就可以看到朝霞，你就可以看到晚霞，看到月亮升起和落下，看到满天的繁星，这就是活着的最美好的意义所在。

这种从缘由讲起的方法，不仅能使听众概括地知道演讲的来龙去脉，引起听众的兴趣和注意，而且和演讲正文的衔接也较为自然流畅。

6. 引用警句，引出下文

名言、警句、诗歌、谚语等具有内涵丰富、节奏明快的特点，把它们作为演讲的开场白，富有力量，引人深思。一位同学在参加全国大学生演讲比赛时用了这样的开场白：

大家好。人们都说啊，"天下兴亡，匹夫有责"，但当我每每矗立在江边的时候，心里所想到的却是"长江兴亡，我的责任"。生在江边，长在江边，咆哮的江水带给我的，不仅仅是美好的回忆，还有无可懈怠的责任。因为，我是长江的女儿。

此外，还有一些实用开场白如讲个故事、做个活动、列举事实、赞美听众等。演讲者可以根据自己的情况进行有针对性的练习。

三、非常规性开场白

非常规性开场白指的是演讲者转换思路，跳出常规思维模式，以独辟蹊径的方式开场。非常规性开场白具有极强的个性特征，很难归类，因而显得创意无限。这种开场白如果设计得好，易收到很好的现场效果，但是如果设计不当，也容易失误，因此非常规性开场白对演讲者而言具有相当的挑战性。

每一场演讲面对的听众都不同，怎样针对不同的听众对象设计不同的开场白也是一门学问。高明的演讲者往往善于针对特定的听众对象，在开讲时就运用十分精当、独到的开场白来吸引观众，激发听众的情感。例如，著名演讲家曲啸在一次给少年犯罪管教所劳教人员作演讲时，面对那些具有特殊身份的听众，他使用了这样的开场白：

触犯了国家的法律的年轻的朋友们。

这个呼语体现的是一位长者面对少年犯的真诚、平等、尊重的情感，这让在场的很多听众心情激动、热泪盈眶。角度新颖、语言简洁、富有个性的开场白，能起到巧妙自然地切入主题、调节现场气氛、渲染观众情绪的作用。胡适在一次演讲时这样开场：

我今天不是来向诸君作报告的，我是来"胡说"的，因为我姓胡。

话音刚落，便引来台下听众一阵哄笑和热烈的掌声。著名作家、翻译家胡愈之先生，也偶尔到大学客串讲课，开场就说：

我姓胡，虽然写过一些书，但都是胡写；出版过不少书，那是胡出；至于翻译的外国书，更是胡翻。

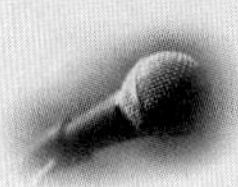

在看似轻松的玩笑中，介绍了自己的成就和职业，十分巧妙而自然。这两个开场白都以轻松活泼、自我调侃的方式介绍了自己，既体现了演讲者的谦逊和幽默，又活跃了现场气氛，拉近了演讲者与听众的距离和感情，可谓“一石三鸟”。

一次，金庸应邀到北京大学演讲。一开始，他对同学们说：

我刚从绍兴过来，在绍兴的兰亭，那里的人让我写字。我说，这可不行，这是书法家王羲之写字的地方，我怎么能写？他们不干，非要我写不可，于是我就写了一行“班门弄斧，兰亭挥毫”。今天，北大又让我在此讲学，又是一种怎敢当的心情，于是我又写了一行“草堂赋诗，北大讲学”。我是搞新闻出身的，做新闻是杂家，跟专攻一学的教授不同，如果让我做正式教师的话，那是完全没有资格的，幸亏我当的是你们的名誉教授。①

幽默风趣而又自谦的开场白，引来了同学们会心的笑声和热烈的掌声。

1985 年，冯骥才应邀到美国访问。一天，旧金山中国现代文化中心邀请他去演讲。美国人参加这类活动是极其严肃认真的，必定是西装革履，穿着整齐。他们对演讲者要求也很高，必须要口若悬河、机智敏锐，而且要幽默诙谐，否则就不买你的账，甚至会纷纷退场。演讲即将开始，大厅里座无虚席。文化中心负责人葛浩文先生向听众介绍说：

冯先生不仅是作家，而且还是画家，以前还是职业运动员。

简短介绍完毕，大厅里一片寂静，只等这位来自中国的作家开讲。这时，冯骥才也很紧张，这台戏不好唱啊！只见冯骥才沉默了片刻，当着大家的面，把西服上衣脱了下来，又把领带解了下来，最后竟然把毛背心也脱了下来，然后慢慢说道：

刚才葛先生向诸位介绍了我是职业运动员出身，这倒引发了我的职业病。运动员临上场前都要脱衣服的，我今天要把会场当作篮球场，给诸位卖卖力气。②

全场听众大笑，掌声雷动。

有一次，陶行知先生在武汉大学演讲。他走上讲台，不慌不忙地从箱子里拿出一只大公鸡。台下的听众全愣住了。陶先生从容不迫地又掏出一把米放在桌上，然后按住公鸡的头，强迫它吃米，可是大公鸡只叫不吃。他又掰开鸡的嘴，把米硬往鸡嘴里塞。大公鸡拼命挣扎，还是不肯吃。最后陶先生轻轻地松开手，把鸡放在桌子上，自己向后退了几步，大公鸡自己就吃起米来了。这时陶先生则开始演讲：

我认为，教育就跟喂鸡一样。先生强迫学生去学习，把知识硬灌给他，他是不情愿学的。即使学也食而不化，过不了多久，他还是会把知识还给先生的。但是如果让他自由地学习，充分发

---

① 摘自:《新一代》2010 年第 12 期。

② 摘自:《做人与处世》2009 年第 7 期。

挥他的主观能动性，那效果一定会好得多！

台下一时间欢声雷动，为陶先生形象的演讲开场白叫好。

营销讲师金克言先生在一次有近千名观众参加的演讲会上准备演讲，可台下只响起了稀稀拉拉的掌声，于是他说：

从大家的掌声中可以发现两个问题：第一，大家不认识我；第二，大家对我的长相可能不太满意。（掌声）大家的掌声再次证明了我的观点！

话音刚落，台下笑得更厉害了，又是一阵热烈的掌声。这个开场白既活跃了现场气氛，又缩短了演讲者与听众的距离，可谓一箭双雕。

2005 年 9 月 21 日，李敖到北大演讲，他的开场白是这样的：

你们终于看到我了。我今天准备了一些"金刚怒目"的话，也有一些"菩萨低眉"的话，但你们这么热情，我应该说菩萨话多一些(掌声、笑声)。演讲最害怕四种人：一种是根本不来听演讲的；一种是听了一半去厕所的；一种是去厕所不回来的；一种是听演讲不鼓掌的。(掌声)当年克林顿、连战等来北大演讲时，是走红毯进入的，我在进门前也问道："我是否有红地毯?"校方说："没有。因为北大把你的演讲当作学术演讲，就不铺红地毯了。"如果我讲得好，就是学术演讲；若讲得不好，讲一半再铺红地毯也来得及。

听众席顿时爆发出雷鸣般的掌声。

美国著名黑人律师约翰·罗克勤口才出众，颇具幽默感。1862 年，在一次听众都是白人的演讲会上，约翰·罗克勤发起一场"要求解放黑人奴隶"的演说，他的开场白简洁而幽默，但却意味深长。面对全场的白人听众，约翰·罗克勤一上台，就对自己的肤色作了一番自嘲的解说：

女士们，先生们：我来到这里，与其说是发表演说，还不如说是给这一场合增添了一点点"颜色"……①

此言一出，台下的白人听众哄堂大笑，紧张的气氛立马缓和下来。

在以上的例子中，演讲者都是名家，对于普通人而言，有时很难有这样的智慧、幽默和临场应变能力。但是"处处留心皆学问"，只要我们平时注重思维创新，开阔视野，注意多观察，多积累，多实践，普通的演讲者也能为自己的演讲设计一个别具特色的开场白。

【演讲实践】

请分析下面的开场白属于哪种类型，有哪些特点？你有何体会？

---

① 摘自：《做人与处世》2009 年第 7 期

1. 扬州市优秀民营企业家创业事迹演讲开场白：

今天我要为大家介绍一个人，她是一个女人，她的名字叫美丽；她是一位母亲，她的名字叫慈爱；她曾是一个生命垂危的病人，她的名字叫坚强；她是一个优秀的青年企业家，她的名字叫拼搏。她就是扬州金飞驰电动车公司的董事长、党支部书记王琳女士。（张爱凤）

2. 扬州市优秀民营企业家创业事迹演讲某同学的开场白：

你能把牙刷生产和民族产业的振兴联系在一起吗？你能想到牙刷可以与全球化经营挂钩吗？相信大多数人会觉得简直是难于上青天，而一位白手起家的企业家却想到也做到了。他就是江苏兴盛刷业有限公司的董事长盛大明先生。

3. 2010年“中山杯”全国大学生演讲大赛某同学的开场白：

在座的各位不妨试想一下，如果你得到了一大笔遗产，你希望是什么呢？大笔存款还是豪宅？那么今天我想给大家描述一份特别的遗产。这份遗产来自一位伟人，近代中国资产阶级民主革命的杰出领袖——孙中山！国父的遗嘱只有一句话，总共12个字：“革命尚未成功，同志仍需努力！”而国父所留下的遗产究竟有多么珍贵，究竟价值几何？

4. 一位幼儿教师演讲时的开场白：

尊敬的评委，亲爱的朋友们：大家好！中央电视台有一句广告词是“传承文明，开拓未来”。这句话中既包含着对优秀历史文化的继承，又意味着对新的事业的开创和进取。我是一名幼儿教师，或许把我的工作和“传承文明，开拓未来”的宏大事业联系在一起，别人会觉得未免小题大做。但是请听我说，教育是知识创新、传播和应用的主要基地，也是培育创新精神和创新人才的摇篮。而创新是一个民族进步的灵魂，是国家兴旺发达的不竭动力。

5. 张爱凤演讲开场白：

法国思想家帕斯卡尔说：“人是一根苇草，一滴水一口气就足以致他以死命，但人是会思想的苇草，他的全部尊严都在于此。”因为有了思想，人类才能成为宇宙之精华，万物之灵长，才能从茹毛饮血的蛮荒时代，走进科技发达的21世纪。一个能思想的人，才真是一个力量无边的人。

第十一章　中场调节

【导语】

一场演讲，就像是一场音乐会，有序曲，有高潮，有结尾；分上半场、下半场，中间还有幕间曲。演讲者就像一个指挥家，要根据演讲的内容与听众的情况，适当进行中场调节，活跃现场气氛，防止冷场、泄场。心理学研究表明，听众的注意力每隔5—7分钟就会出现一次松懈。我们要在演讲中提倡全场互动的理念，即让每一位听众都参与到演讲中来，演讲者在演讲的每一个时段，与全场每一个位置的观众都形成有效互动，把演讲者一个人的演讲变成全场人的共鸣。这就要求演讲者充分发挥演讲的技巧，将眼神、选择、评判等诸多互动因素都调动起来。演讲者必须具备多向度驾驭演讲题目的能力。

【案例】

著名男中音歌唱家廖昌永教授十分注意调节演唱会的气氛，他在上台时，一般先用眼神跟指挥交流，再用眼神与乐队交流，然后用眼神分别与坐在音乐厅正厅、左厅、右厅、上厅的观众交流，然后开始演唱。演唱结束谢幕时，先跟指挥握手，再向乐队致意，然后用眼神看前面的观众，鞠躬致意，得到一片欢呼声；再用眼神看左面的观众，鞠躬致意，又得到一片欢呼声；再用眼神看右面的观众，欠身致意，又得到一片欢呼声；再抬头用眼神看上面的观众，鞠躬致意，又得到一片欢呼声。最后，他上、下、左、右环顾音乐厅各方向，鞠躬致意，赢得了全场的欢呼声，演唱会在一片欢呼声中完美落幕。

第一节　眼神交流

印度诗人泰戈尔说："一旦学会了眼睛的语言，表情的变化将是无穷无尽的。"美国文学家爱默生说："当眼睛说得这样，舌头说得那样时，有经验的人更相信前者。"一个成功的演讲者，一定

要学会运用眼神和观众互动。眼睛是心灵的窗户，一个人心里想什么，有什么样的知识水平和气质，只要看他的眼神就可知道。同时，眼睛又是人最重要的感觉器官，富有极强的表现力。西班牙著名画家毕加索最喜欢画眼睛。

一、用眼神亮相

演讲者走上讲台，站定之后，应该先环视全场，戏剧中叫“亮相”。这样做有三个目的：一是向听众打招呼，让每一位听众都感觉到你在关注他、尊重他；二是体验听众情绪和现场情况，便于确定与调整演讲的内容与方式；三是提醒听众不要喧闹，安心听讲，迅速静场。

二、用眼神增强表现力

演讲者站在演讲台上，如果没有其他的辅助手段来增强表现力，那就应该十分重视眼神的作用，一定要让听众感觉到他眼神里丰富的内涵。演讲者的眼神里一定要有东西。演员出身的美国前总统里根拥有高超的表演技巧，每次演讲他都能充分运用眼神，有时像聚光灯一般把目光聚集到全场的某一点上，有时则像探照灯一样目光扫遍全场。因此，有人评价里根的眼神是一台“征服一切的戏”。

不同的眼神能表示各种不同的情感，如正视表示庄重，斜视表示轻蔑，仰视表示思索，俯视表示自信，侧视表示羞涩，逼视表示命令，瞪视表示敌意，不停地打量表示挑衅，行注目礼表示尊敬，白眼表示反感，双目大睁表示吃惊，眨个不停表示疑问，眯成一线表示高兴，等等。

三、用眼神交流

演讲中的眼神有交流的作用。有些缺乏经验的演讲者不能正视观众，眼光老对着天花板。演讲者的眼神应该有变化，有时盯着某处看，似乎专门说给一个人听；有时一会儿冲左边微笑，一会儿冲右边点头，一会儿朝后边示意，一会儿朝前面挥手，目光流盼，使全场每一个听众都感觉到演讲者是在看着自己说话，营造一种亲切的交流氛围。

“眼睛是心灵的窗户。”心理学研究表明，在人的各种感觉器官可获得的信息总量中，眼睛所获得的要占百分之七十以上。人内心的隐秘、胸中的奔突、情感的起伏，总是自觉不自觉地在不断变幻的眼神中流露出来，而在与现场的听众进行交流时，演讲者的眼神中所反映出的内容，更容易被听众所相信。因此，一个成功的演讲者一定要了解和运用千姿百态的目光语和眼神技巧，以下简单介绍几种。

环视法，即演讲者有意识地环顾全场的每个听众，从左到右，从前到后，从听众的各种神态中了解和掌握现场的情况与听众情绪。这种方法既使用在演讲的开头，也不断地作用于演讲的过

程中。

点视法，即把目光集中投向某一角落、某一部分，或者个别听众，并配合某种手势或表情。这是一种最有实效、最有内涵的眉目语言。譬如有的听众，面带微笑，频频点头，甚至情不自禁地鼓掌喝彩，演讲者投去一丝亲切的目光，这是表示赞许、感谢；有的听众轻轻摇头，甚至还在嘀咕着什么，演讲者在作了某种调整以后，再盯着看一眼，这是表示征询、探讨；有时会场的某一角，某一部分听众发出议论声，甚至有骚动，演讲者立即把目光投过去，这是表示调整和制止。

虚视法，即虚眼。演讲者的目光在全场不断扫视，好像是看着每个听众的面孔，实际上谁也没看，只是为了形成演讲者与听众之间的一种交流感，弥补因为环视和点视而可能使部分听众感觉受冷落的缺陷。

在演讲的过程中，演讲者总是把实眼与虚眼交替使用。环视法与点视法使用的是实眼，即看得很实在，看得很清楚；虚眼，即虚视法，似看非看，甚至什么也没看，只是一种神态。

四、眼神与其他手势相配合

中国向来有眉目传情一说，眼神如配合眉毛的变化，就更有感染力。如欢乐时眉开眼笑，眉飞色舞；忧愁时双眉紧锁，愁眉不展；愤怒时横眉怒目，虎视眈眈；顺从时低眉顺眼，目不转睛；戏谑时挤眉弄眼，暗送秋波；畅快时扬眉吐气，炯炯有神。

当然，用一些适当的肢体动作来夸大眼神或者面部表情的表现力，也是很有必要的。古希腊的戏剧表演家上台要戴面具，中国的京剧艺术表演家上台要画脸谱，都是为了增强表现力。

【演讲实践】

1. 请上台用眼神和全场的观众交流一次。
2. 请设计一段演讲辞，充分运用眼神来表达情感。
3. 请在台上用眼神和全场观众来一次致谢交流。

第二节　引领掌声

李敖在北京大学演讲时，讲到中场，为了调节气氛，他说：“世界三大男高音之一帕瓦罗蒂，一上台来就双手张开，示意观众为他鼓掌。我也请你们为我鼓掌，不要因为我讲得太传神了，你们都忘了鼓掌了。”听众们立即给他以热烈的掌声，中场的气氛一下子活跃起来。

一场没有掌声的表演是不可想象的，一场没有掌声的演讲无疑是失败的。没有掌声，演讲者

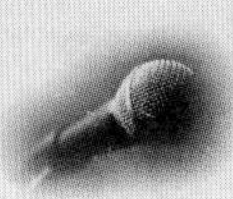

在台上会感到十分孤立，听众会感到十分乏味，气氛会变得十分压抑，甚至有某种对抗性。掌声是演讲的氧气，没有掌声，长时间的演讲无法继续下去。听众不应该吝惜给演讲者以掌声，因为掌声是雨水，可以让演讲变得根深叶茂、万紫千红，可以激励演讲者讲得更充实、更生动。演讲者不应该吝惜给听众以掌声，因为掌声是阳光，可以让演讲的氛围更温暖、更明亮，充满生气。演讲者的掌声可以让听众感到他们受到了关注，从而更加集中注意力。掌声是对真、善、美的赞叹，是演讲者与听众的共鸣。

引领掌声，是中场调节的重要方面。一个不具备掌声引领能力的演讲者，是很不完美的。有些演讲者把引领掌声看作是向听众讨掌声，动不动就让听众鼓掌，让听众觉得莫名其妙。其实，引领掌声并不是向听众讨要掌声，不是做掌托，它有一些需要注意的技巧。

一、运用听众熟悉的问候方式，可以赢得第一波掌声。2010 年 12 月 19 日，温家宝在巴基斯坦议会演讲。在热烈的掌声中，温家宝健步登上讲台。他首先向议员们大声问候道："萨莱姆，阿来贡，帕伊！"这是乌尔都语，意为"兄弟们好"。话音刚落，台下就响起一阵以手拍击桌面的掌声，一些议员站起身来高呼"中巴友谊万岁"。

二、强调听众的重要地位，可以赢得掌声。在 2010 年的长江夏季论坛上，云南省昆明市市委书记仇和在作题为"'桥头堡'昆明与企业家"的主题演讲时，以一连串排比递进句作为演讲的开场白。他说：

有一位学者曾经讲过，世界以和谐为本，国家以民生为本，民生以发展为本，发展以企业家为本，企业家以市场为本，市场以竞争为本，不管国家、大家、小家都离不开企业家，不管国际市场、国内市场、区域市场都是企业家的战场。

在座的企业家听到这里，纷纷报以热烈的掌声。

三、演讲中故意设置一些悬念，可以赢得掌声。杨赛在作《道法自然——道家的生存智慧》演讲时，这样说：

越王勾践消灭了吴国之后，势力进一步扩张，成为春秋时期最后一个霸主。他的大臣范蠡很识趣地离开了越国，到了齐国，给他的好朋友大夫文种写了一封信，信中说："飞鸟尽，良弓藏；狡兔死，走狗烹。越王这个人只可以与别人共患难，不可以与别人共享乐，你为什么还不离去？"文种看过信后，声称有病不再上朝。有人中伤文种准备叛乱，越王就赏赐给文种一把宝剑，对他说："你教给我攻伐吴国的七条计策，我只采用三条就打败了吴国，那四条还在你那里，你替我去到先王面前尝试一下那四条吧！"文种只好自杀了。有想听文种肚子里留着的四条计策的听众朋友，请鼓掌。我将根据掌声热烈的程度来确定我要讲的数目。（听众鼓掌）大家的掌声这么热烈，看得出大家都是喜欢智慧的聪明人，我实在不好意思保留下面更精彩的内容。

四、在演讲中有听众互动，可引领其他听众给予掌声，以表谢意。在南京信息工程大学毕业

典礼上，宿舍管理员吴光华作为教职工代表上台讲话，她不到800字的演讲，被11次掌声打断。吴光华说：

人们常说：活到老，学到老。我今年60岁了，已经是“60后”了。和你们相处，你们的淘气让我感到年轻；和你们沟通，我看懂了韩剧的悲欢离合，学会了植物大战僵尸，偶尔也在半夜“偷偷菜”。但是，无论游戏多么“给力”，“神马”都是“浮云”！我认为，世界上最宝贵的是时间，大家要趁年轻，好好珍惜光阴。多看看书，增加知识面；多运动运动，增强体质；多想想父母，常回家看看。别浪费时间！后悔药买不到！今天，29栋又有90名学生要毕业了，虽然我有很多的不舍，但同时也很高兴看到你们走向一条更加宽广的路。最后，阿姨把抄写在29栋宿舍门口的几句话送给全体毕业生：“再苦，也别忘记坚持！再烦，也别忘记微笑！再急，也要注意语气！再累，也要爱自己！低调做人，你会一次比一次稳健。高调做事，你会一次比一次优秀！”

五、在演讲中提到令人尊敬的人物或事件，也可以引领听众给予掌声，以表敬意。在演讲中提到共识，可以引领听众给予掌声，以表共鸣。郑强教授2011年6月12日在武汉大学演讲，赢得134次掌声。他说：

有四句话，请大家用掌声认同：伟大的中国人民万岁！伟大的中国共产党万岁！伟大的中华人民共和国万岁！伟大的中国人民解放军万岁！

六、发表了令人耳目一新的观点，可以赢得掌声。台湾中信中学的校长高震东先生作演讲时说：

禹是人，舜是人，我也是人！他们能做到的，我为什么不能呢？“天下兴亡，我的责任”，唯有这样思想，我们的国家才有希望。我们每个学生如果人人都说：学校秩序不好，是我的责任；国家教育办不好，是我的责任；国家不强盛，是我的责任……人人都能主动负责，天下哪有不兴盛的国家？哪有不团结的团体？所以说，每个学生都应该把责任拉到自己身上来，而不是推出去。我在台湾办学校就是这样，如果教室很脏，我问：“怎么回事？”假如有个学生站起来说：“报告老师，今天是32号同学值日，他没打扫卫生。”那样，这个学生是要挨揍的。在我的学校，学生会这样说：“老师，对不起，这是我的责任。”然后马上去打扫。灯泡坏了，哪个学生看见了，自己就会掏钱去买个安上，窗户玻璃坏了，学生自己马上买一块换上——这才是教育，不把责任推出去，而是揽过来。也许有些人说这是吃亏，我告诉你，吃亏就是占便宜，这种教育要牢牢记在心里，我们每个中国人都要记住！

七、一针见血地指出事情的本质，可以赢得掌声。中国科学院地理科学与资源研究所研究员梁季阳委员在全国政协十一届三次会议上说：

地方政府是房地产交易中最大的获利者。据统计，2009年全国的土地出让金收入已经超过1.5万亿元，不少城市的土地出让金已经占地方财政收入近50%。为什么在房价下跌的时候，地

方政府总会或明或暗地“托市”、“救市”？原因是不言而喻的！

【演讲实践】

1. 请你设计三种问候方式以赢得掌声。
2. 请你设计五种悬念以赢得掌声。
3. 请你举自己的实践例子谈谈掌声在演讲中的作用。

第三节　尊重听众的选择

你会去听谁的演讲？你会去听什么主题的演讲？你喜欢什么样的演讲方法？你适用什么样的演讲氛围？你一般会关注哪些演讲内容？如果在设计你的演讲时，考虑到了这些因素，那么，你的演讲就很可能会取得成功。

演讲者要尊重听众的选择权。不论听众因何而来，他都有选择倾听的意愿与权力。尽管他们或许不大好意思选择离开，但他们只会记住自己愿意听到的内容，而对不感兴趣的内容不会留下多少印象。如果一场演讲让听众无从选择，那么，留给听众的印象恐怕只有空白了。当演讲者不能确信听众喜欢听什么时，不妨让听众当场作出选择，尽量让演讲与听众的生活贴近，以切中听众所需。

杨赛在作《中国音乐文化》的演讲时，一开头就让听众对演讲的方法作出选择。

中国音乐文化这个题目很大，要讲得详细一点，得讲好几十个小时，就算粗略地作一个介绍，也要好几个小时。要在一个半小时里讲完很不容易，我准备了三种讲法。第一种讲法包括中国古代音乐文化、中国近代音乐文化、中国现代音乐文化三个部分；第二种讲法包括中国音乐与中国礼制文化、中国音乐与中国民俗文化两个部分；第三种讲法包括西北、东北、江南、岭南、海外中国音乐文化五个部分。想要听第一种讲法的听众朋友请举手。想要听第二种讲法的听众朋友请举手。想要听第三种讲法的请举手。（然后根据大多数听众的选择确定演讲的内容。如果选定第一种讲法，还可要求听众朋友在古代、近代、现代三者之间作一次选择，以便根据大多数听众的要求确定演讲的重点。）

演讲者应该针对不同类型的听众，设计多种演讲的内容与方法，让听众作出选择。这样，听众感觉到自己直接参与了演讲的进程，演讲氛围就活跃了。

演讲者还可以现场调查，了解听众的价值判断。如问听众要还是不要？是还是不是？对还是不对？同意还是不同意？收到听众的反馈后，再及时调整演讲的内容与方法。

演讲者也可做一些现场采访，从而引出话题。杨赛在作《演讲与口才艺术》演讲时，开场即做了两个现场采访。他找了五位听众做现场采访，让他们谈谈自己印象最深刻的演讲家，他的演讲有什么特点，尽量回忆这场演讲的细节，等等。根据对听众的采访，引导听众一起总结一次令人印象深刻的演讲应该包括哪些方面。同时，他还找来五位听众，让他们谈谈自己的第一次演讲，演讲的题目、演讲的场合、演讲的准备情况、演讲的过程、听众的反应、自己的评价，等等。杨赛在作《文艺复兴时期的艺术精神》的演讲时，开场即给出一张达芬奇的画——《蒙娜丽莎》，然后采访听众：这幅画画了什么内容？用了什么样的技法？体现了什么样的艺术精神？听众就这些问题作出各种各样的回答，杨赛将这些回答归纳成为数条，然后引出下面的演讲。

演讲者在做采访与调查时，一定要注意提问的深度、广度与相关度。既要让听众答得上来，又不要过于简单，最好是由易到难，由简到繁，步步推进；涉及面要广，又要紧紧围绕一个主题，最好是由松到紧，由博到专，层层收拢；既要发动听众广泛参与，又要能作出有力的总结与归纳。

为调动听众的积极性，可以设置一些小奖项。比如，事先准备一些精致的小礼物，在开场时，以有奖问答的方式来鼓励观众回答自己的问题，并且送出礼品，这个过程会增加观众的参与度。心理学家告诉我们，礼物，是人际交流中最容易让人产生好感的物品，而在演讲中，很多有经验的演讲者发现，送出一听可乐的效果，远远好于送给听众一个小装饰品。在准备礼物的过程中，要让礼物能够引出自己今天所要讲述内容的主题，抑或能够带动在场观众的热情。

【演讲实践】

1. 一般情况下，你会因为哪些原因去听演讲？
2. 你有哪些方法让听众参与选择？
3. 请你谈谈演讲中采访的作用。

第四节　演讲的气场

古人云："话须通俗方传远，语必关风始动人。"演讲气势就是演讲内容和表达形式相结合而显露出来的一种气度和神韵。它使演讲体现出震人耳目的浩荡气势和磁性力量，以此去打动听众，震撼听众的心灵，使其对演讲所阐述的道理，认识上坚定不移，行动上坚持不懈。演讲的气势来源于演讲者对真理及时代精神的把握和对自我真理在握的信心。它是以有声语言和态势语言的形式综合表现出来的，要想在演讲中充分显示气势的力量，起码要把握以下三点。

一、理足而气壮

演讲气势效应是一种力量的体现，其实质就是一种理性的力量，它源于深邃的思想和独到的见解，所阐述的观点是具有时代感、独创性、深刻性和真理性的。就是演讲者站在时代发展的巅峰之上，充分展现时代的特点和气息。在向人们心灵的深度和广度的探究中，折射出崭新的审美理想和道德情操，使人们从演讲中听到时代精神的回响，感受到生活光流的碰撞旋转，体会到理想人格的价值。

二、情真而意切

情感是艺术的灵魂，也是演讲气势动力的源泉。没有演讲者真挚情感的流动、跳跃和燃烧，演讲气势就无从谈起。所谓情真，就是真挚感情的抒发，不言词虚浮，不矫揉造作，保持说话人的自然本色，使人听后感到自然，乐于接受。意切，就是演讲的气势必须符合演讲的主题、听众和时境情况，也就是演讲的气势要切旨、切己、切近听众、切近生活。

三、德深而技精

我国古代人们就非常重视气势方面的修养。孟子说："我善养吾浩然之气。"他的语言表达，内容充实丰富，博大精深，摇曳多姿，清畅流利，跌宕有序，层层推进，其气势"若决江河，沛然莫之能御"。演讲是演讲者内心世界的表露和人格的再现。塑造个人良好的道德品质，会真正地让听众不仅被你的演讲，更多的是被你个人的品行所深深吸引。

第五节　演讲的节奏

演讲者应该根据演讲现场的实际情况，调整演讲的节奏。所谓演讲的节奏，就是演讲者的叙事速度要有快有慢，形成叙事的张力。当叙事速度快时，单位时间里所讲的情节就多，当叙事速度慢时，单位时间里所表现的情节就少。就演讲而言，论述的部分节奏较快，细节陈述的部分节奏较慢。调控演讲的节奏有以下三种方法。

一、化简为繁，情节戏剧化

演讲可以提供大量的细节，经过戏剧化的处理，使演讲显得生动活泼、情趣盎然。长篇的演讲离不开细节。演讲结构的展开，需要势能。演讲者要不断地在上一阶段的演讲中为下一阶段作铺垫，让听众对后面的演讲充满期待，既紧张又轻松，既对抗又和谐，这样整个演讲充满一种张力。

演讲者必须注意，化简为繁与啰嗦不可同日而语。举个例子，张老师是新上任的学生辅导员，他想对新生讲一些开学注意事项，但每一句话开始前，总会情不自禁地讲出“这个”、“那个”的口头禅，下面的学生听他讲了前面几句，就再也没有心思听下去了，在心里默默数着张老师究竟讲了多少个“这个”、“那个”。张老师讲完一个注意事项，又补充了一条，然后又觉得还有些没讲完，又补充了一条，最后连自己也不清楚到底讲了哪几条，学生们觉得张老师的讲话十分啰嗦，又抓不住要点。

二、化繁为简，精练思想

乔布斯通过演讲将数字音乐、智能手机、平板电脑等方面的见解介绍给听众。乔布斯说过许多非常有哲理和充满智慧的话。他说：“这一直是我的一个秘诀——专注和简洁。简单比复杂更难，你必须付出巨大的艰辛，化繁为简。但这一切到最后都是值得的，因为一旦你做到了，你便能创造奇迹。”乔布斯说：“成为坟墓中最有钱的人，对我来说毫无意义，晚上睡觉的时候能说，我们做了一件很棒的事情——这对我来说才重要。”他还说：“我们要始终保持求知若饥、虚心若愚的状态，才能不断取得成功。”

三、闲忙结合，注意衔接与跳转

闲许少说，言归正传。这是我们在中国古代评书中常听到的话。演讲可以根据内容、时间、空间等进行连接，这样能做到衔接自然，但却很难做到主题突出，也不容易让听众出乎意料。实际上，演讲时，我们还可以参考其他叙事结构，如可以将事物的正反两方面进行对比，或者将两种不同的态度、两组不同的人物进行对比，这样能起到突出主题的作用。花开两朵，各表一枝，这是中国古代小说经常用到的手法。演讲又好比下围棋，话题与话题之间既要讲究衔接，又要注意跳转。

【演讲实践】

1. 怎样使演讲的节奏变慢？
2. 怎样形成演讲的张力？
3. 调控演讲节奏有哪些方法，请举例说明。

第六节　场上的意外

一次，杨赛受上海市某青年团体的邀请，到上海某合资企业为一线员工进行励志演讲。该企

业没有专门礼堂，便把数百名员工都集中到食堂里听演讲。食堂很大，但楼层很矮，没有讲台，也没有话筒。由于是7月，天气很热，食堂顶上好几十台电风扇开着，噪音很大。这样一来，杨赛来之前准备的PPT都用不上了，他灵机一动，把几张饭桌拼起来，站在饭桌上作演讲，取得了很好的效果。

一、意外的产生

演讲经常出现意外，有的来自场地，有的来自举办方，有的来自演讲者自身。无论何种意外，演讲者都要从容应对。

有时演讲者赶到一个演讲场地，发现这个演讲场地与当初预料的完全不一样，这时就需要演讲者尽快调整情绪，改变演讲计划，以取得最好的效果。

由于举办方的疏忽或者别的意外造成演讲中的意外，应该尽快与举办方沟通，确保演讲顺利进行。演讲者事先应该与举办方进行联系，详细了解举办方此前所举办的演讲的情况，向举办方说明本场演讲对场地的要求，听众的数量、文化层次、工作性质等，与举办方落实演讲的时间、地点和方式。如果是很敏感的讲题，演讲者还要提醒举办方，如何应对搅场、侵场等情况。演讲者要认真遵守和举办方的约定，不得因为任何原因迟到或早退。

二、搅场

出现冷场、搅场、侵场等意外情况，演讲者要有很好的控场能力，从容应对。在《最后一次讲演》中，面对前来侵场的特务，闻一多先生厉声斥责道：

今天，这里有没有特务？你站出来！是好汉的站出来！你出来讲！凭什么要杀死李先生？杀死了人，又不敢承认，还要诬蔑人，说什么“桃色事件”，说什么共产党杀共产党，无耻啊！无耻啊！

特务们，你们想想，你们还有几天？你们完了，快完了！你们以为打伤几个，杀死几个，就可以了事，就可以把人民吓倒了吗？其实广大的人民是打不尽的，杀不完的！要是这样可以的话，世界上早没有人了。

你们杀死一个李公朴，会有千百万个李公朴站起来！你们将失去千百万的人民！你们看着我们人少，没有力量？告诉你们，我们的力量大得很，强得很！看今天来的这些人，都是我们的人，都是我们的力量！此外还有广大的市民！我们有这个信心：人民的力量是要胜利的，真理是永远存在的。历史上没有一个反人民的势力不被人民毁灭的！希特勒，墨索里尼，不都在人民面前倒下去了吗？翻开历史看看，你们还站得住几天！你们完了，快完了！我们的光明就要出现了。我们看，光明就在我们眼前，而现在正是黎明之前那个最黑暗的时候。我们有力量打破这个

黑暗，争到光明！我们的光明，就是反动派的末日！

三、冷场

所谓冷场，就是演讲者在演讲过程中，发现听众交头接耳，看书读报，甚至有人退场。出现这种情况，主要原因是听众对演讲的内容完全没有兴趣。演讲者应该立即对听众展开现场采访和调查，根据听众的选择重新确定演讲的内容和方式。杨赛应邀为上海音乐学院附中第二届巴洛克室内乐大师班活动周作《巴洛克艺术思想》的演讲。杨赛本想说从17世纪艺术发展的整体情况来谈巴洛克艺术思想。到场一看，举办方安排的听众多为小学二三年级学生，成人很少，于是他马上就改变了演讲的方式，拿出巴洛克时期代表美术家布鲁斯的作品，让小听众们分析：布鲁斯画里的大厅里有些什么？画里的大厅跟我们现在坐的演讲厅有什么不同？画里的大厅里的人们穿的什么衣服，演讲厅里的听众穿的什么衣服？如果我们要在画里的大厅举办音乐会，应该是什么样子的音乐？由此引出巴洛克时代的社会风气与音乐艺术之间的关系。演讲现场立即活跃起来，没有出现冷场的情况。

【演讲实践】

1. 你在演讲过程中见到过意外吗？你是怎样处理的？
2. 演讲的意外一般来自哪几个方面？
3. 怎样防止演讲意外的发生？

第十二章 结　尾

【导语】

结尾是演讲的点睛之笔。一个演讲能不能给听众留下深刻的印象，很大程度上取决于结尾。结束语应该达到两个目的：第一，让听众知道演讲行将结束，掌握演讲的进程；第二，让听众记住演讲的主要内容并产生共鸣。

【案例】

演讲快要结束了，最后跟大家分享一个故事结束今天的演讲。一个生活平庸的人带着对命运的疑问去拜访禅师，他问禅师："您说真的有命运吗？""有的。"禅师回答。"是不是我命中注定穷困一生呢？"他问。禅师就让他伸出他的左手指给他看说："您看清楚了吗？这条横线叫作爱情线，这条斜线叫作事业线，另外一条竖线就是生命线。"然后禅师又让他跟自己做一个动作，把手慢慢地握起来，握得紧紧的。禅师问："您说这几根线在哪里？"那人迷惑地说："在我的手里啊！""命运呢？"那人终于恍然大悟，原来命运是在自己的手里。各位，同样，我们的成长，由我们自己来决定命运吧。

第一节 结尾的感觉

如果一位参加大赛的长跑运动员，起步姿势优美，中途跑得流畅，到冲刺时却步伐错乱，会不会影响到观众对他的评价？如果一位参加跳水比赛的运动员，起跳优雅，完成了空中翻转的各个动作，在落水时却出现了纰漏，会不会影响到他的最终成绩？如果一位参加双杠比赛的运动员，圆满地完成了高难度的动作，落地时却摔跤了，结局会怎样？

那些经验不足的演讲者一般都会费尽心机地设计开场白，以赢得听众的第一波掌声。略有经验的演讲者会设置一些包袱，中场时用来调节气氛。至于结尾，只有那些最有经验的演讲者才

能够驾驭，一般演讲者都是不了了之，要么结束得十分突然，不够平顺，要么缺乏修饰，没有呼应。这样的结尾都会让听众不愉快，产生负面的效果。

如果演讲者只想哗众取宠赢得掌声，那么，他只要关注开头就可以了。如果演讲者想留住听众，那么，他只要在中场设置一些包袱就可以了。如果演讲者想要让听众记住他的观点，对他的演讲留下深刻的印象，那么，他就得十分认真地处理演讲的结尾。

一、结尾的感觉

一个生手如何才能具有对演讲结尾部分的正确感觉？这是一个很微妙的问题。经验丰富的演讲者对演讲的结尾要有一种直觉。林肯在他的就职演说中这样结尾：

我们很高兴地盼望，我们很诚挚地祈祷，这场战争的大灾祸将很快成为过去。然而，如果上帝的旨意是要这场战争持续两百五十年，让那些无报酬的奴隶所积聚的财富完全耗尽，持续到受皮鞭鞭打而流出的每一滴血要用由刀剑砍伤而流出的血来赔偿，那么，我们也必须说出三千年来相同的那句话："上帝的裁判是真实而公正的。"不对任何人怀有敌意，对所有人都心存慈悲，坚守正义的阵营，上帝指引我们看见正义，让我们努力完成我们目前正在进行的任务，治疗这个国家的创伤，照顾为国捐躯的战士们，照顾他们的寡妇及孤儿，我们要尽我们一切的责任，以达成在我们之间的一项公正永久的和平，并推广至全世界各国。

这样的结尾充满感情，很容易引起听众的共鸣，给听众留下深刻的印象。巴顿评价说："盖茨堡演讲已经十分高贵了，但这篇演讲却更好，这是亚伯拉罕最伟大的一篇演讲，把他的智慧及精神力量发挥到了最高境界。"卡尔·史兹写道："从来没有一位美国总统向美国人民说过这样的话。美国也从来没有一位能在内心深处找出如此感人话语的总统。"

世界上那些优秀的长跑运动员在训练的时候，起步、中途、冲刺三个部分都要拿出来单独进行训练，然后再进行合成训练。同样，韦斯特、布莱竺、葛雷史东等著名演讲家甚至主张把演讲的结尾全部写下来，然后背出来。结尾的感觉是完全可以培养出来的。

美国总统林肯本来想以下面这段话作为他向南部人民发表的就职演说的结束语：

各位有不满的人们，内战这个重大的问题掌握在各位手中，而不是在我手里。政府不会责骂你们。你们本身若不当侵略者，就不会遭遇冲突。你们没有与生俱来的毁灭政府的誓言，但我却有一份最严肃的誓言，要我去维护、保护及为这个政府而战。你们可以避开对这个政府的攻击，但我却不能逃避保护它的责任。"和平或是大动干戈"这个庄严的问题是在各位身上，而不是在我身上。

他把这份演讲稿拿给当时的国务卿西华过目。西华认为这段结尾过于直率和鲁莽，有可能刺激反对派，造成不必要的社会动荡。于是，西华对原词进行了修改：

我痛恨发生冲突。我们不是敌人，而是朋友，我们绝对不要成为敌人。强烈的情感也许会造成紧张情势，但绝对不可破坏我们的情感和友谊。记忆中的神秘情绪从每一个战场及爱国志士延伸到这块广大土地上的每一颗活生生的心及每一个家庭，将会增加合众国的团结之声。到时候，我们将会，也必然会，以我们更佳的天性来对待这个国家。

二、潦草的结尾是怎样产生的

第一，演讲者没有把握好自己的情绪，过度紧张或是过度亢奋。最后不得不潦潦草草地说："诸位听众朋友，我要说的就这么多了，实在不好意思，占用了大家宝贵的时间。谢谢大家前来听我演讲。"这完全算不上完美的结尾。因为演讲者事先完全没有计划好，直至面对听众，他才试着策划他的结束语，而此时，他正承受着演讲的巨大压力，专注于学说的内容，情绪十分紧张，如果场上再出现一些意外的情况，就更难应付自如了。因此，为了保险起见，每一名成熟的演讲者，都应该在事前心平气和而又安静的状态下策划演讲的结尾，避免草草收场的尴尬局面。

第二，演讲者没有掌握演讲的节奏。一般而言，演讲的开头部分要舒缓，让演讲者与听众之间建立良好的沟通关系。演讲的中间部分要求条理清晰，逻辑完整。演讲的结尾部分则要求呼应全篇，给人留下印象。

第三，演讲者没有经过预演讲，对演讲的时间把握不准。对于长时间的演讲，若演讲者准备的内容不够丰富，一般会把前面的内容讲得过多过细过琐碎，故意拖延时间，往往还没有讲完正题部分，演讲的时间就到了，不得不匆匆结束演讲。

演讲快要结束时，一定要给听众发出结束的信号。就像我们去拜访一位朋友，交谈甚欢时，突然起身告辞，那样会让主人觉得很唐突，很不礼貌。但这并不意味着演讲者要将此前说过的话再说一遍，喋喋不休的演讲者会让听众感到很厌烦。在演讲中要不忘提醒听众，我要讲多长时间，花多长时间讲什么内容等。讲到一半过后，可以更加频繁地提醒听众还剩多少时间，以集中听众的注意力。

【演讲实践】

1. 结尾为什么很重要？
2. 怎样训练演讲的结尾？
3. 怎样防止潦草的结尾？

第二节　结尾的原则

结尾应该遵循五个基本原则。

一、结尾要简洁有力

结尾是演讲内容的自然收束。言简意赅、余音绕梁的结尾能够使听众精神振奋，并促使听众不断地思考和回味。松散疲沓、枯燥无味的结尾则只能使听众感到厌倦，并很快被听众遗忘。结尾只占整个演讲的百分之五到十，不要作又长又臭的结尾。

二、结尾要争取与听众达成共识

江泽民主席在哈佛大学演讲时，结尾引用了哈佛校门上的一句话："为增长智慧走进来，为服务祖国和同胞走出去。"他告诉哈佛师生，中国青年也把"胸怀祖国、服务人民"作为自己的座右铭，希望中美两国青年相互学习，增进友谊，为创造美好的未来而努力奋斗。

三、结尾要让听众印象深刻

美国作家约翰·沃尔夫说："演讲最好在听众兴趣到高潮时果断收束，未尽时戛然而止。"这是演讲结尾最为有效的方法。在演讲处于高潮的时候，听众大脑皮层高度兴奋，注意力和情绪都由此而达到最佳状态，如果在这种状态中突然收束演讲，那么保留在听众大脑中的最后印象就特别深刻。有些富有生命体验的情节，很能打动听众。乔布斯在一次演讲结尾时说道：

斯图尔特和他的团队做了几期《全球目录》，快无疾而终的时候，他们出版了最后一期。那是在70年代中期，我当时处在你们现在的年龄。在最后一期的封底有一张清晨乡间公路的照片，如果你喜欢搭车冒险旅行的话，经常会碰到的那种小路。在照片下面有一排字：求知若饥，虚心若愚。(Stay Hungry, Stay Foolish.)这是他们停刊的告别留言。求知若饥，虚心若愚——我总是以此自省。现在，在你们毕业开始新生活的时候，我把这句话送给你们。

四、结尾应该充满感情

1869年10月28日，在美国密苏里州的小镇沃伦斯堡发生了一件事，引发了一场旷日持久的官司。一位枪手射杀了邻居家一条无辜的猎犬老鼓，这位邻居一气之下把枪手告上了法庭。双方都雇用了著名的律师对簿公堂，官司持续一年，一直打到密苏里最高法院。邻居雇用的律师之一，也就是后来的美国参议员乔治·韦斯特曾发誓："不赢此官司，将向全密苏里州的狗谢罪。"韦

斯特果然不负众望，在法庭上慷慨陈词，最终赢得了这场官司。韦斯特 1870 年 9 月 23 日在法庭上的结案呈词，最终以“狗赞”之名传世，成为史上最著名的演讲之一。

一个人在世上最好的朋友会和他反目，成为他的敌人。他悉心养育的儿女会不忠不孝。那些和我们最亲近的人，那些我们以幸福和美名信赖的人会背叛信义。一个人拥有的金钱会失去，也许就在他最需要的时候不翼而飞。一个人的名誉会由于瞬间的不当之举而丧失殆尽。那些当我们功成名就时跪拜向我们致敬的人也许是第一个在失败的阴云笼罩我们时对我们投石下井的人。在这个自私的世界里，一个人能有的最无私的，从不抛弃他，从不知恩不报，从不背信弃义的朋友是他的狗。无论富有或是贫穷，无论健康或是患病，一个人的狗总伫立在主人身旁。如果能和主人在一起，它愿意睡在冰冷的地上，任凭寒风凛冽，朔雪飘零。它愿意亲吻没有食物奉送的手，它愿意舔抚艰难人世带来的创痕。它守卫着穷主人安睡如同守卫王子。当所有的朋友离去，它留驻。当财富不翼而飞，当名誉毁之殆尽，它仍然热爱着主人，如日当空，亘古不变。如果在命运驱使下，主人被世人抛弃，众叛亲离，无家可归，忠诚的狗仅仅要求能陪伴主人，守卫他免遭危险，去和他的敌人搏斗。当最后的时刻来临，死神拥抱着主人，他的躯体掩埋在冰冷的黄土之下，任凭所有的朋友风流云散，就在墓地旁你可以看见那高尚的狗，它的头伏在两爪之间，双眼神情悲伤，却警觉注视着，忠诚至死。

这篇演讲的第一部分被保留下来。今天人们只要来到沃伦斯堡法院前，就能看到老鼓的雕像和刻在座基上的这篇脍炙人口的演讲辞。

五、结尾要与全文相呼应

陈善在《扪虱新语》中说，写文章就像长蛇阵，攻击蛇头则蛇尾接应，攻击蛇尾则蛇头接应，攻击蛇身则头尾都来接应。演讲的结尾也是这个道理，前后左右都要互相呼应，开头和结尾要呼应，主题和内容要呼应，警语与闲话要呼应。

【演讲实践】

1. 结尾有哪些基本原则？
2. 如果要你发表竞选班长的演讲，怎样在结尾部分体现共识？
3. 如果要你发表竞选校长的演讲，怎样在结尾部分表达感情？

第三节　结尾的要素

结尾至少应该包括以下五个基本要素。

一、回顾要点

演讲者可以引导听众对前面的演讲内容进行总结。如，前面我们讲了三点，是哪三点呢？演讲者可以打出手势，并作部分提示，让听众对演讲的内容进行回顾。演讲者甚至可以调动听众的积极性，让他们顺着演讲的话题延伸，说出自己的想法，借题发挥，让演讲向更深入的方向发展。演讲者最好能总结这些要点之间的逻辑关系。

二、感谢听众

感谢听众，不是一句简单的“谢谢”就完事。致谢的秘诀在于让对方真切地感受到你真诚的谢意，一般而言，越具体越能让对方满意。演讲者应该对听众参与演讲的情况作出整体的评价，最好提供一些细节。

三、演讲的感言

一般的演讲者都会轻描淡写地说“我很有幸到这里来演讲……”这类套话作为感言，这无法让听众印象深刻，这样的套话还不如不说的好。所谓演讲感言，是演讲者面对独一无二的主题、独一无二的观众、独一无二的演讲现场、独一无二的主持方所谈的自己的感想。

四、呼吁采取行动

演讲者确立了正确的思想，对不妥当的行为提出了批判，必然要以正确的行为来引导行动。

五、得体的结束语

演讲者不妨用不同的词句，把演讲的结尾的主要意思说出来，选取 2—3 种最好的结束语备用。

【演讲实践】

1. 设计一个演讲情境，有创意地感谢听众。
2. 设计一个演讲情境，发表一段演讲感言。

第四节　演讲问答技巧

演讲者的主题演讲结束以后，一般应该安排一个回答听众提问的环节。回答提问的环节是

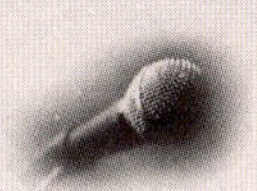

主题演讲的延伸，应该引起听众和演讲者的充分重视。

一、听众提问的原则

第一，尊重演讲者。2010 年 12 月 19 日，温家宝总理在巴基斯坦议会演讲完成后，一直坐在台下第一排聆听温总理演讲的巴议会反对党领袖阿里·汗站起身来，挥动着手臂，充满感情地大声说道："温总理，促进中巴友谊是巴基斯坦跨越党派界别的一致立场，是巴基斯坦全体人民的共同心愿。刚才，您已经看到了在座的议员和官员们对您演讲的反应。您不仅要听执政党、反对党和政府官员们的意见，更重要的是要听普通民众的意见。只要到巴基斯坦各地城乡走一走，即使是在偏远的山村，哪怕遇到的是文盲，甚至有的人并不知道中国的具体位置，但只要一提到中国，都会说中国人民是可信赖的朋友和兄弟。当前，巴基斯坦人对不少问题存在争议，但唯一没有争议的就是中巴友好。"阿里·汗的话引起全场人们的共鸣，会场顿时响起热烈的以手拍击桌面的掌声。

第二，提问要符合演讲的内容，不要游离于演讲主题之外，一般情况下不要为难演讲者。听完他人的演讲后，怎样对演讲者提问，有一些原则。一般而言，不要采用封闭式提问的方式，如要演讲者回答是或不是、好或不好等。应该采用开放式提问，诱导演讲者就演讲中某个尚未澄清的问题作更深入的讨论。

二、演讲者答问的技巧

作为一个演讲者，要具备唤醒听众提问的能力。唤醒听众提问与引领听众的掌声同样重要。有的演讲者一上台就会说：在我演讲的过程中，欢迎大家随时提问，我将很乐意回答诸位的问题。

当然，演讲者要预先估计听众会提哪些问题。如果是专业性的学术演讲，可以在演讲中预设空白地带，在回答问题时趁机将这些空白地带补上，甚至可以准备一些材料发给大家，以作为演讲的补充。其次，要准备如何应对现场的提问，尤其是有些听众可能会提出一些涉及你的个人隐私或者引起你负面情绪的问题，一定要能从容应对。遇到你没法回答的提问时，有两种态度：一种是诚实地说明这个问题你真的没法回答，请求提问者的原谅；另一种是从侧面进行回应。

【演讲实践】

1. 听众提问应该注意哪些问题？
2. 演讲者答问应该怎样体现对听众的尊重？
3. 演讲者答问在整个演讲中有何作用？

第五部分

演讲的类别

第十三章　说服型演讲

【导语】

亚里士多德在《修辞学》中将演讲分为三种：政治演讲、诉讼演讲和典礼演讲。政治演讲事关“劝”与“阻”，用于劝说和劝阻，目的在于指出建议是有益的还是有害的；诉讼演讲事关“控”与“辩”，用于控告或答辩，目的在于指出行动是正当的或是不正当的；典礼演讲事关“毁”与“誉”，用于称赞或谴责，目的在于指出行动是光荣的或是不光荣的。无论是政治演讲、诉讼演讲，还是典礼演讲，都涉及说服，都是为了说服听众接受演讲者的观点。在中国当下背景下，随着民主政治在基层和党内的逐渐破冰和实验，政治演讲，或者说具有政治演讲色彩的竞选演讲和竞聘演讲在中国的土壤上得以生根发芽、发展壮大。西塞罗说：“在大庭广众之中，人人静听某一个人谈论最重要的问题，这确实是了不起的事业。”“人们在演讲艺术中寻求的不是某种必不可少的实际用途，而是思想中得以无所拘束地、精细地、近乎挑剔地进行评价的乐趣。”在当下中国，人们越来越多地享受演讲带来的乐趣。

第一节　村官竞选演讲

改革开放30年，“村民自治”与“包产到户”、“乡镇企业”并称为党领导下我国农民的伟大创造；党的十七大报告也把“基层群众自治制度”提升到“四大政治制度”之一的新高度。国务院发展研究中心研究员赵树凯认为，“村民自治，是从中国现实需要出发的民主制度，是我国民主的‘生长点’。这个民主制度的核心，是民主选举”。而民主选举的重要一环，就是候选人发表竞选演讲。

1980年2月，“村民自治第一村”——广西宜州市合寨村的果作等6个生产队的85户农民无记名推选产生了我国历史上第一个村民委员会——果作村村民委员会。村民们不会想到，这种具有自我管理性质的村委会组织模式，从此在广袤的中国大地上生根发芽开花。

30年来，村委会选举成了中国9亿农民最好的“民主训练”，村民自治成了一所最好的“民主学校”。据民政部基层政权和社区建设司的《2005—2007年全国村委会选举工作进展报告》，当下

中国的村官选举已经走向"常态化",进入"平稳期"。选举模式也正经历从"有候选人选举"到"无候选人选举"的变革,623690 个村已完成选举,平均完成率 99.53%,村委会成员中拥有高中及以上学历的平均占 44%,村官的文化水平总体上正在逐年提高。民政部基层政权和社区建设司司长詹成付曾经把我国的村民自治分为三个阶段:一、萌芽:80 年代初,中国农民创造了村委会这种自我管理的方式,并在 1982 年宪法中得到了最高法律效力的确认。二、试验:1988 年 6 月 1 日,《中华人民共和国村民委员会组织法(试行)》开始实施,一试十年,创下我国立法史上的纪录。三、正轨:1998 年 11 月 4 日,《中华人民共和国村民委员会组织法》摘掉"试行"的帽子,正式颁行。截至 2007 年底,全国已建村委会 62 万多个。

很多地方的村民自治选举,都有候选人发表竞选演讲这个环节。当下中国农村的村委会选举不是采用"有候选人选举"就是采用"无候选人选举"的形式,前者由村民先投票推选若干候选人,再对选出的候选人直接差额选举。而对于后者,符合条件的选民均可"自荐"参选,再辅以竞选演讲、竞职承诺等形式,由全体村民一次投票,按得票多少直接产生"村官"。"无候选人选举",是在"有候选人选举"实践基础上产生的,适应了当前农村社会发展变化的需要,降低了选举成本,节约了选举时间,进一步扩大了选举的透明度。

村官竞选中的竞选演讲,有的是为候选人发表政见提供平台,有的是为候选人提供自荐的机会。比如,1992 年 5 月 10 日,山东省七届人大常委会第二十八次会议审议通过的《山东省实施〈中华人民共和国村民委员会组织法〉(试行)办法》,在候选人的介绍上就突破了过去由党支部向选民介绍候选人的做法,规定由候选人自我介绍并发表竞选演讲。

村官竞选中候选人发表竞选演讲阐述自己的政见,可以在形式上进行灵活的创新,不必弄得过于死板严肃,总之要以农民群众喜闻乐见为宗旨。比如在江苏南京,近年来就出现了聘请乐队招徕后援团活跃演讲现场气氛、增加演讲现场人气的新鲜尝试,实践证明效果不错。

2010 年 6 月 19 日,土生土长的南京城东沧波门行政村杨庄村 28 岁村民、有大学文凭的张浩放弃年薪 10 万元的民营公司主管职位,来竞聘月薪只有 1000 余元的家乡的村主任。张浩为宣传自己,专门花了上千元做了后援团广告衫,自己骑着摩托车在沧波门 5 个投票点演讲,派发宣传小扇子和自我推荐的单页。他还特地创建了沧波门网站自我宣传,为的是在乡里乡亲里"聚个人气"。

在沧波门村大门西投票站,张浩拉来一支小型乐队活跃演讲现场气氛。张浩的姐姐张源穿着张浩特地印制的,正面印有"大学生村官"、背面是"80 后张浩"的文化衫,一直在投票点为弟弟摇旗呐喊拉人气。张源是开出租的,她深知路不好给的哥的姐带来的苦,所以她宁愿一天停工,也要支持弟弟竞选村官。"等弟弟当上村官,路修好了,再多做生意挣回来!"张浩的一位大学同学在竞选当天也赶到现场参与张的竞聘后援。

在村民投票之前，张浩拿着大喇叭对村民发表演讲，称“我竞聘村官不是为了图钱”，而是为了服务家乡的父老乡亲，在演讲中他表示，他竞选村主任如果成功，“第一是修好路，第二是建公厕，第三亮路灯，第四搞透明村务……”

张浩的做法令人耳目一新，也反映了当代大学生村官的风采，同时还有与国际接轨的时代感。国外一些政党为了更大众化，也有类似的亲民举措，比如新加坡的人民行动党。面对全球化、信息化浪潮的冲击，李光耀说：“如果一个宗教必须改变，使自己更有吸引力，更能适应年轻一代，那么，政党也必须朝着这个方向前进，否则你就会发霉并变成过时的组织，一个没有人愿意同它挂钩的组织。”为了适应新的形势，人民行动党在 2002 年 12 月宣布设立“更新行动党委员会”，力求将党组织的形象从庄严郑重形象变为青春时髦，将组织的活动从严肃刻板变为轻松活泼。

在民营经济较为发达的长三角和珠三角农村，一些私营企业主利用村级民主选举制度提供的机会，积极参与村委会主任或委员的竞选，对乡村的治理和农村社会的发展产生了深刻的影响。比如，浙江省永康市是民营经济发达的地区之一，在 2004 年底至 2005 年的村级组织换届选举中，当选的村委会主任共 706 人，其中私营企业主有 524 人。“老板村官”的日益增多已成为农村基层组织建设的显著特点。这些私营企业主在经营中积累了许多的成功经验，往往会不自觉地将其应用到选举活动和竞选演讲中。他们十分注重对自身的宣传，把自己当作一件“商品”进行“推销”。参与竞选的私营企业主们既“走上层路线”——拜访政府大院，与政府领导人广泛接触进行竞选游说，又“走下层路线”——敲开选民家门，挨家挨户向村民们进行竞选游说。有的候选人还在上门游说的过程中向村民许下创业承诺，承诺自己担任村委会干部后的创业举措会给村集体和村民个人都带来好处，以此打动村民在选举中投自己一票。

【演讲实践】

1957 年 11 月 17 日，莫斯科大学，数千名中国留苏学生和实习生从四面八方来到这里，期盼毛泽东主席的接见。下午 6 时许，当毛主席和邓小平、彭德怀、乌兰夫、杨尚昆、胡乔木等领导人出现在莫斯科大学的大礼堂时，全场沸腾，欢声雷动。毛主席高兴地走到讲台的前沿和两端，频频向大家招手致意。毛主席一开头就对留学生们说：“世界是你们的，也是我们的，但是归根结底是你们的。你们青年人朝气蓬勃，正在兴旺时期，好像早晨八九点钟的太阳。希望寄托在你们身上。”

第二节　居民委员会和业主委员会竞选演讲

进入 20 世纪 90 年代以来，随着中国经济社会的发展，在农村基层民主活动的影响下，中国城

市社区自治改革开始启动，重心是将城市社区的管理权下放给城市社区居民，走社区居民自治的道路，原有的居民委员会逐渐被改造成凸现自治功能的社区居民委员会，社区居民委员会的组成人员由社区居民通过民主选举产生，城市社区居民委员会直接选举由此拉开帷幕。

中国城市社区居民委员会直接选举的最早尝试发生在1998年的青岛。这年夏天，青岛四方区瑞昌路街道办事处第二和第六居委会进行了直接选举，10位居民联名提出候选人，然后候选人在居民代表会上进行竞选演讲，居民代表进行投票，从候选人中选出正式的候选人。接着召开全体居民参加的选举大会，由全体居民投票决定居委会的组成人员。此后，1999年6月，沈阳市沈河区文化路街道的今生社区管理委员会也进行了选举，产生了新的社区居委会。

2000—2002年，城市社区居委会直接选举从试点走向大规模推广。全国10多个省市开展了社区居委会直接选举，比较典型的有：北京东城区九道湾社区居委会直接选举、宁波海曙区社区居委会直接选举、南京白下区社区居委会直接选举、武汉武昌区杨园街柴东社区居委会直接选举、深圳盐田区社区居委会直接选举等。

另外，近些年由于新型住宅区的大量出现，以业主委员会建设为载体的业主自治活动由民间自发而走上社区民主的前台。业主自治模式的创新成为城市社区自治中非常值得关注的领域。

在居民委员会和业主委员会选举中发表竞选演讲，需要注意以下问题。

一是要让所有参加选举过程的居民和业主感受到民主自治和竞选演讲的魅力。民主制度要真正运转起来，必须建立在参与者对民主技能熟练掌握的基础上，而居民和业主民主技能的形成、民主知识的获得又是一个长期的过程，这个过程必须通过居民和业主对民主制度的学习和感受来完成。通过社区选举的民主实践，特别是通过竞选演讲，候选者有必要让居民和业主获得民主参与的宝贵体验，在日常生活中感受到民主选举和竞选演讲的魅力。

二是在竞选演讲中多鼓动文化素质高、年纪比较轻、尚未退休有正规职业的男性居民和业主多多参加选举，加入居民委员会和业主委员会。传统的居委会基本上是老年女性的活动空间，其成员以退休人员居多，文化水平以小学和高中为主。这种现象对居委会和业委会的管理和运行是有弊端的，因此，候选人要利用竞选演讲的机会促成居委会和业委会成员组成结构的改善。

三是在竞选演讲中要突出社区居民和业主的利益，争取居民和业主对居委会和业委会的认同。过去，城市社区治理结构主要由单位、街道办事处、居委会三者组成。街道办事处则是市辖区、不设区的市的政府派出机关，是城市最基层的行政组织。传统意义上的居委会名义上是居民自我管理、自我教育、自我服务的基层群众性自治组织，但实际上是街道办事处的“腿”。在工作的过程中缺少自主权，基本上都是在执行政府的命令，只对上级政府负责，不对居民负责，常常忽视社区居民的利益，由此造成居委会与居民之间的隔膜。有鉴于此，在居民委员会和业主委员会选举中发表竞选演讲，候选人应该强调居委会和业委会的功能由“管理型”向“服务型”的转变，要

多为社区居民利益代言。

【演讲实践】

如果你在电梯里遇见一位邻居或朋友，请用你们共同乘坐电梯的时间对这位邻居或朋友发表一场有始有终有观点有论据的微型演讲，在电梯门再次打开前，一定要结束演讲。（注：麦肯锡公司曾经得到过一次沉痛的教训，该公司曾经为一家重要的大客户做咨询，咨询结束的时候，麦肯锡的项目负责人在电梯里遇见了对方的董事长，该董事长问他："你能不能说一下现在的结果呢？"由于该项目负责人没有准备，而且也无法在电梯从1层到30层的30秒时间里把结果说清楚，最终，麦肯锡丢掉了这一重要客户。从此，麦肯锡要求公司员工凡事都要在最短的时间内把结果表达清楚，凡事要直奔主题、直奔结果。）

第二节 党政机关竞选演讲

近些年来，特别是十六大以来，江苏、云南、重庆、吉林、贵州等地在党政干部公开选拔上大胆进行改革试点，探索出了"公推公选"、"公推直选"、"公推差选"、"差额直选"、"双推一选"、"公推竞岗"等竞争性选拔或选举活动。这些改革措施从初创到成熟，从试点到推广，从乡镇层级扩大到县市层级，从一个地方的部分干部职位扩大到政府的全部组成人员，从一些党政部门负责人到地方党政"一把手"，从在一定范围内公开选拔扩大到电视、网络"直播竞选"，充满了锐意创新、开拓进取的气魄。

党的十七大向全党提出了推进党的建设改革创新的时代要求，其中一个重要的取向是"逐步扩大基层党组织领导班子直接选举范围"。近年来，已先后有许多地方的基层党组织进行了竞争性选举实践，成效明显。竞争性选举与传统选举的不同体现在几个方面。在提名方式上，传统选举由上级党委提名，体现组织意图，组织意图往往成了上级个别领导的意图。而竞争性选举则是开放式提名，凡是符合资格条件的党员都可以报名参选。在选举方式上，传统选举一般是间接选举，先由党员选举党代表，再由党代表选举党委委员，再由委员选举书记和副书记。为了贯彻"组织意图"的实现，上级党委召开多种形式的座谈或谈话，动员党代表投票给组织提名人选，基本上不存在竞选。竞争性选举则采取直接选举，党员直接选举基层党组织领导班子成员，没有组织意图。

在党政机关竞争性选拔或选举活动中，候选人发表竞选演讲是整个选拔和选举程序中的必不可少的重要一环。

1998 年，四川省遂宁市市中区区委推出了由选民直接选举乡长的重大制度创新。选举分为提名（报名）、预选、竞选和正式选举四个阶段。参选者只要获得 30 位选民联合推荐就可以被提名为乡长候选人，步云乡由选民提名的初步候选人一共有 15 名。由村民代表、村民小组组长和乡村干部组成的选区联席会议在听完 15 名候选人的竞选演讲后，通过投票选出前 2 名候选人，与政党提名的 1 名候选人一起成为正式候选人。在选委会组织的竞选活动结束之后，全乡选民于 12 月 31 日进行正式投票选举，政党提名的候选人谭晓秋获得了 50.19%的选票，当选为步云乡第十二届人民政府乡长。

2001 年，四川省平昌县在进行乡镇换届选举时，县委决定在灵山乡进行党委领导班子的党内公推直选试点。媒体称“这是中共历史上第一次党员公推直选党委领导班子的尝试”。2004 年 1 月，平昌县在全县三分之一的乡镇扩大公推直选党委领导班子试点面，共有 9 个乡镇直选产生乡镇党委书记 9 名，副书记 28 名，委员 81 名。在乡镇党委班子公推直选过程中，候选人要在推荐大会和党员大会上进行竞选演讲。

2008 年上半年，深圳市监察局、深圳市国土资源与房产管理局两个单位率先进行了机关党委的“公推直选”，采用组织推荐、党员群众联名推荐和党员自荐的办法，产生党委、纪委委员候选人，在党员大会上让候选人发表竞选演讲，接受党员提问，全体党员直接投票选出两委委员和书记、副书记，整个直选过程由公务员之窗内网全程直播；从 2008 年 8 月开始，深圳市直机关党组织的换届改选和成立均采取“公推直选”的方式；深圳市直机关 3.6 万名共产党员将充分有效地行使民主权利，选举产生自己满意的基层党组织领导班子。深圳的党内竞选有三个引人注目的亮点：一是委员的初步候选人全部由党员联名推荐或党员自荐，组织部门不参与初步提名，体现了候选人提名权的巨大转变。二是“双直选”，即由党员或党员代表大会在直接选举产生委员的基础上，再由党员或党员代表大会直接从当选委员中选举产生党组织书记、副书记以及纪委书记。三是在选举方式上引入竞选机制，包括允许参选人在一定范围内开展竞选活动，进行竞职演讲及答辩，扩大差额选举比例，有的差额比例甚至达到 600%。深圳市在全国范围内首次在市直机关较大面积地推进“公推直选”，改革力度较大、创新实效明显，提高了竞选演讲在人们心目中的地位。同样的情况还出现在南京市的党内选举制度改革中。

在党政机关竞争性选拔或选举活动中，竞选演讲常常是候选人自我介绍的方式。候选人的介绍有组织介绍和自我介绍两种方式。“组织介绍”方式，由党组织进行人事安排的说明，对候选人的文化程度、知识水平、政治履历、道德操守、以往政绩等方面，进行详细、准确、适当的介绍和宣传；“自我介绍”方式，可允许候选人开展竞选活动，即通过举行竞选演讲，发放书面材料（如竞选纲领等），接受质询与提问，增进候选人与选举人之间的相互了解，使党员或党员代表对候选人的参选目的、动机、施政纲领有充分的了解。候选人通过在党员大会上的竞选演讲以及回答党员

的即时提问，可以减少选举人选举投票的盲目性和盲从性，候选人则可以在党员大会上通过发表竞选演讲进行合法拉票。

在党政机关竞争性选拔或选举活动中发表竞选演讲，候选人一般都会承诺当选后如何推动当地经济社会发展，还要承诺不搞“政绩工程”、“形象工程”和“面子工程”，要承诺如何把领导班子的工作中心转移到为民办事和带领群众致富奔小康上来，具体包括如何修桥铺路、如何建设学校、如何推动乡镇发展、如何提高城镇居民可支配收入和农民人均纯收入。

目前，党政机关竞争性选拔或选举活动表现出两个特点：一是试点面不断扩大，也就是说越来越多的基层党组织进行竞争性选举的试点，几乎每个省份都选择了若干乡镇进行试点。二是试点的层级不断提高，从村到乡镇，再到县级，竞争性选举或选拔的领导职务逐步提高。2003 年，江苏徐州市沛县进行了公推公选方式产生县长候选人的试点。2008 年 7 月，贵阳市在全国率先进行区县委书记公推公选竞争上岗的试点。伴随着党政机关竞争性选拔或选举活动在规模上的扩大和层级上的提升，竞选演讲在我国政治生活中的重要性也必将越来越高。

中国社科院政治学研究所副所长房宁表示，民主选举要和民主决策、民主管理、民主监督比翼齐飞才能相得益彰，“四个民主”要均衡发展。因此，党政机关竞争性选拔或选举活动中的竞选者，应该在竞选演讲中有意识地承诺自己一旦获选将严格实施民主决策、民主管理和民主监督。只有回答了选举者关于民主决策、民主管理和民主监督方面的疑问，才能使选举者对民主选举本身产生信心，使选举者对竞选者产生信心。

在民主决策和民主管理方面，竞选者可以在竞选演讲中明确表白自己上台后会通过制定规章制度和工作计划保障其他党员和群众的参政议政权利；会通过各种方式自下而上广泛听取和征集党员和群众的意见、建议，并将合理建议落实和体现到决策中去；还可以承诺实行领导者与普通党员群众“定期见面会”、“不定期接待日”等制度，以及通过设立意见箱、“领导专线”、“网上留言”、“政务微博”等渠道，及时让党员群众提出意见、建议，并指派专人负责对各种意见、建议进行汇总，及时解决党员群众反映的各种问题，及时反馈处理进程和结果。

在民主监督方面，候选者要在演讲中承诺接受上级、下级和舆论的监督。长期以来，“一把手”体制成为当代中国政党政治的非正式权力运行体制，在这种体制中，决策不按多数人决定的原则进行，而是以首长个人意志为决策依据，党内重大决策的权力不是来源于全体党员的意志而是集中在“一把手”个人手中，这就在客观上强化了领导个人的绝对权威和权力欲望的膨胀，这既是导致机关主要领导干部走向腐败的深层原因，又是导致党员服从、顺从意识长期得不到消解的重要原因。在监督体系中，“一把手”的绝对权力导致普通党员面临“想监督而不敢监督”、“敢监督而监督不了”、“监督了又被‘打击报复’”等多种困境，使不少党员丧失了监督的信心和勇气。针对这种现实，参加竞选演讲的人员可以在演讲中承诺自己愿接受上级、下级和舆论的监督，绝

不把个人意志作为决策的唯一依据，并设计具体的制度加以落实。

【演讲实践】

找个机会，在下次自己发表演讲前，主动走到听众席与听众握握手，对他们微笑，或打个招呼。

第四节　公务员招考和企事业单位竞聘演讲

江泽民同志在十五大报告中说：要“深化人事制度改革，引入竞争激励机制，完善公务员制度，建设一支高素质的专业国家行政管理干部队伍”。“要加快干部制度改革步伐，扩大民主，完善考核，推进交流，加强监督，使优秀人才脱颖而出，尤其要在干部能上能下各方面取得明显进展。”全面推行竞聘上岗制度，就是贯彻落实这一精神的重要体现。竞聘上岗制度是干部人事制度改革的一项重要举措，它体现了公开、平等、竞争、择优的原则。

公开，就是用人政策公开，选用条件公开，录用程序和方式方法公开。平等，就是要完全打破各种身份界限，有的也要打破单位、区域界限。竞争，是核心，是灵魂，就是要体现人们自主、主动和进取的意识，使人的智能在一定机制下得到最大限度开发，包括根据不同单位、岗位确定不同的竞争形式，如笔试、答辩、竞聘演讲、群众评议等。择优，既要重视选录中的各项考试成绩，又要重视群众评议，干部人事部门要全面掌握和把握情况，把那些有德才的人选用到最合适、最重要的岗位上来。

一般来说，竞聘上岗在操作上包括以下环节：1. 公开报名；2. 资格审查；3. 演讲答辩；4. 民主测评；5. 组织考察；6. 提出人选；7. 公示评议；8. 岗位试用等。竞聘演讲是其中重要且比较优先的一环。

如今，竞聘上岗制度的推行正在发生越来越大的社会反响和越来越积极的社会效应。与此同时，竞聘演讲的重要性也在与日俱增。

发表竞聘演讲，要统筹兼顾涉及竞聘演讲和职位竞聘的各个方面的利益诉求，根据招聘方及评委的具体要求，针对所要竞聘的岗位的性质和职责要求，均衡地拟定演讲标题、确定演讲主题、设计演讲结构、组织演讲内容、运用演讲技巧。具体来说，有以下因素值得考虑。

演讲的主题和内容要符合“公开、平等、竞争、择优”的原则。“公开、平等、竞争、择优”的原则是竞聘上岗制度的核心，在演讲中包涵“公开、平等、竞争、择优”的原则是保证演讲成功的根底。

参加党政机关招考面试时发表竞聘演讲，要突出演讲者符合“革命化、年轻化、知识化、专业

化”的“四化”方针和德才兼备的标准。

要走群众路线。很多地方的招考和招聘在运作上实行群众推荐与组织考核结合的原则，一般会在书面考试和公开演讲的基础上组织民主测评和民主推荐，提出考察人选，从群众中来，到群众中去。有些地方还在公开演讲后组织群众评委打分，群众评委的打分占据最终评分相当大的权重。还有些地方甚至将竞聘演讲的实况进行电视直播，让所有电视观众都有资格对应聘者评头品足，在这种情况下，在演讲中注意照顾群众口味和群众诉求就更加必不可少。

参加企事业单位招聘面试时发表竞聘演讲，要靠演讲者的履历、工作经历和过去的工作业绩说话。业绩是竞聘上岗的一个基本条件，达不到一定的业绩水平是没有资格报名的。业绩突出容易服众，便于开展管理工作。此外，要突出演讲者对所要竞聘岗位的胜任力，包括知识、技能、能力和个性特征。不同类别和层级的岗位，其胜任力模型的区别很大。在竞聘中，不能用一个标准、一种方法来评价候选人是否合适。对高层管理者而言，专业知识已经不是关键的胜任力，但对于基层操作人员来说，实际的操作技能才是最重要的胜任力。曾有一位在微软内部七年换了四份工作的职场“达人”坦言自己的面试演讲经验，第一点是反向评估工作职位。多数人找工作第一个想到的是自己要做什么工作，但是却没有去思考招雇方需要的是哪方面的人才。多数人只是把履历丢出去就等待幸运降临；而专业的人会先看工作描述，了解应聘职位所需要的工作内容、对能力与经验的要求，例如语言或教育程度等，然后有针对性地在竞聘演讲中展示自己的强项。

在很多单位组织的竞聘演讲活动中，竞聘者事先都准备好了竞聘演讲的讲稿，演讲时只是照着背，而水平高的演讲者更喜欢将演讲稿变为娓娓道来的口头语言。口头语言总是更能打动普通听众。只有使用口头语言，听众才能感受到演讲者气脉的自然流动。薛飞曾经说，发声是气脉的流动，是大自然的天然之气与人体生理机能的有机结合，从而演奏出的是一首人声乐曲；演讲是话筒前的思想感情的运动，不仅是用声音把文字读出来，而是要进入一种创作的状态——用心灵对作品本身进行再创作。这种状态要从分析作品的内容入手，从内涵进行剖析，剥离出大结构、小结构，体会感情的层次，找到文章或者诗歌的凝聚点和落点。把声音注入情感，用情感装饰声音，使声音形象起来，生动起来，具有感发生命的力量。

【演讲实践】

请分别用 1 分钟、3 分钟、5 分钟、15 分钟时间描述自己的简历。

第十四章　沟通型演讲

【导语】

在竞争日趋激烈的当下，形象竞争已经成为组织竞争的重要内容，因为良好的组织形象是组织和个人发展的推动力。而在社会组织塑造形象的手段中，沟通协调是不可或缺的重要手段之一。因为良好的沟通是展示组织形象，协调各方矛盾，成就组织知名度与美誉度的必要过程。因此，为了更好地塑造形象，很多社会组织都会借助一些重要活动来实现这一目的，如庆典活动、颁奖典礼、新闻发布会等；而在这些重要活动场合，必不可少地需要一个良好的对外沟通表达，这个表达便是沟通型演讲。如今，沟通型演讲已经成为协调塑造组织形象的一个重要载体。所以，不论是社会组织还是个人，要想适时有效地发挥这一载体的作用，必须做好沟通型演讲。

【案例】

在华中科技大学2010届本科生毕业典礼上，校长李培根院士16分钟的演讲，被掌声打断30次。全场7700余名学子起立高喊："根叔！根叔！"在2000余字的演讲稿中，李培根把4年来的国家大事、学校大事、身边人物、网络热词等融合在一起：

"近几年，国家频发的灾难一定给你们留下深刻的记忆。汶川的颤抖，没能抖落中国人民的坚强与刚毅；玉树的摇动，没能撼动汉藏人民的齐心与合力。留给你们记忆的不仅是大悲的哭泣，更是大爱的洗礼；西南的干旱或许使你们一样感受渴与饥，留给你们记忆的，不仅是大地的喘息，更是自然需要和谐、发展需要科学的道理。

…………

亲爱的同学们，也许你们难以有那么多的记忆。如果问你们关于一个字的记忆，那一定是'被'。我知道，你们不喜欢'被就业'、'被坚强'，那就挺直你们的脊梁，挺起你们的胸膛，自己去就业，坚强而勇敢地到社会中去闯荡。"

亲切自然之中，拉近了学生与校长的距离，拉近了学生与学校的距离，对全社会来说提升了华中科技大学的领导者的形象，没有官腔，没有大道理，语言的针对性很强，展示了一个活力包容、与时俱进、谦和亲切的华中科技大学形象。

第一节　自我介绍

在社会交往日益频繁的今天，需要自我介绍的场合非常多。根据首因效应，成功的自我介绍就是良好的第一印象。现实中，每个人的性格都有多元性，获得的成就也是多方面的，如何在大量的信息中，挑取有用的信息，在短时间内将个人形象鲜明准确地展示出来，这是自我介绍的关键。因此在自我介绍之前需要把握几个问题。

一、介绍前的准备

在做自我介绍的时候，一般会有两种情况：一是生活沟通，二是工作沟通。无论哪一种沟通，其目的都是为了寻求倾听者的接纳认同。为此，自我介绍可以从以下几方面切入：

(一) 寻找共同点

不论是个人交往还是工作交往，交往的目的就是为了在众多的不同之中找到相同点，使交往可以继续发展。而不是自顾自地介绍自己，不顾介绍的效果，这样会让自我介绍失去意义。

1. 人际交往

人际交往中，相同的故乡、相似的生活经历、共同的专业背景等等都可能成为交往的一个切入点，这些共同点可以形成一个彼此相熟的气场，一个相同背景的文化氛围。这样的氛围就能为接下来的沟通营造一个良好的平台。

2. 工作交往

有位学者型的官员，在他的身上有两张名片：一张是应对学者的名片，一张是为了行政工作而用的。这种有针对性的沟通，为顺利地开展工作起到了积极有效的作用。

3. 组织交往

与社会组织打交道的时候，个人与组织之间的共同点也会成为彼此接纳的一个重要前提，比如个人价值观与对方组织企业文化的相同或相似；个人专业方向和企业主营方向的相同或者相近等等。俗话说，这个世界上没有完全相同的两片树叶，但是大致相似的是非常多的。沟通就是要找到这些大致相似的切入点。

我是一个性格外向的人，毕业于××大学营销专业。开朗的性格让我体会到了友谊的快乐。

同时，我热爱体育，喜欢很多体育项目，诸如足球、乒乓球、网球等，尤其喜爱篮球，是校篮球队的一名成员，每年暑期都会到当地的体育用品专柜做导购，良好的业绩为我营销方向的求职发展打下了基础，增添了信心。同时，我非常认可李宁企业文化所表达出的理念：崇尚运动、诚信、激情、求胜、创新、协作。这一理念既是体育的精神，又是一个社会人不可或缺的一种优秀的素质，因此在大学里，不论是学习还是社会实践我都以诚信、激情、求胜、创新、协作作为自己的座右铭，并从中获益良多。求职李宁公司是我的理想，我相信在李宁公司的团队里我会有一个更好的感悟和提高。

这种在众多个人信息中找寻与沟通对象的共同点的做法，可以在对方心中产生共鸣，为自我介绍的成功奠定基础。

总之，交流需要在一个求同存异的理念下展开，因此，共同点的找寻就显得至关重要。

（二）寻找关注点

个人交往中，还可以通过介绍自己与对方相互关注、共同感兴趣的话题来进行友好沟通，以得到对方的接纳。比如热爱文学、关注军事、喜欢演讲等等。一旦了解了对方的关注点，那么接下来的交流就会有话可说，沟通就会顺利展开。

2003 年 3 月 18 日，国务院总理温家宝在十届全国人大一次会议新闻发布会上这样自我介绍：

我在中南海工作了 18 年，这是我们国家现代化建设十分重要的一个时期。我亲眼目睹了在邓小平同志和江泽民同志的领导下，中国改革开放和现代化建设所取得的巨大成就，中国面貌发生的历史性变化。中国的建设事业是非常伟大也非常艰巨的，惟有在党的领导下，坚持改革开放，走有中国特色社会主义道路，国家才能繁荣富强；惟有民主、科学、负责任的精神才能实现我们的目标。全国 2500 个县区，我跑了 1800 个。这使我更深的了解了国情和人民的状况，我深知人民的期待，我绝不辜负人民的期望。一定要以人民给我的信心、勇气和力量，忠实地履行宪法赋予我的职责，殚精竭虑，鞠躬尽瘁，不负众望。

从基层到中央的丰富经历、对改革切身的感受以及对民生的关注和对今后工作的信心，每一个内容都是众人关注的焦点，这些问题的交流让人们直观准确地认识了一位新总理，也非常自然地接纳了这位与民众同呼吸共命运的新总理。

总之，知己知彼，百战不殆。在自我介绍中，了解对方的共同点和关注点是自我介绍必备的功课。

二、介绍的语言要求

（一）篇幅短小，言简意赅

人际交往中，没有人愿意在长篇大论的言语中接纳一个啰嗦的人，而言简意赅的自我介绍更

能体现一个人思维的干练，表达的准确。因此，在自我介绍中尽量避免出现大段重复性文字，可以改用概述性较强的文字。

（二）描述客观，避免夸饰

在自我介绍中，客观表达胜于主观描述，因为客观表达能体现自我介绍的真实、真诚。而真实客观又是一种有利于听者的表达方式，不会给听者留下夸饰的感觉。因此，介绍中，避免使用“非常”、“特别”等这些极度的修饰语。

（三）逻辑严密，格调高雅

在自我介绍中，话题的推进需要有一个严密的逻辑思维，而不是假大空、不着边际；如果沟通语言思维跳跃太大，是在挑战听者的审美情趣。

我虽然读的不是师范生，但是我的长辈几代都是老师，看到家人辛苦付出的同时更能感受到他们桃李满天下的幸福。为了能实现自己成为一名教师的愿望，我自修了教育学、心理学等相关课程，并利用寒暑假参加了支教活动。在教学相长的过程中，让我越发享受这个职业对我在学习上的促进和在人生方面的引领，同时，每一堂课都能让我享受到自我价值实现的快乐；所以，我愿意以教师为我的职业。

这段表述，客观简洁，逻辑合理，使人接受轻松自然。

（四）重点突出，亮点醒目

自我介绍时，在大量的个人信息中，有许多值得表述的闪光点，这些闪光点很多是通过自己长期努力实现的，带着个人的审美情趣和价值取向，对个人来说是一份值得欣慰的收获，但是如果这些收获不是对方关注的，说出来往往吃力不讨好，不能实现当下自我介绍的目的。这好比，不是所有的珠宝都要在一个时间戴在一个人身上一样。

有时，为了准确地给自己的品位、价值观、审美情趣做一个定位，可以选取一个名人名言以达到点缀个人形象的效果。但是这种引用要符合逻辑，真实合理，且不宜过多，否则，会导致审美疲劳，个性不突出。

（五）理念时尚，体现修养

社会在不断发展变化，新的理念在不断产生，一个与时俱进的人能得到社会大多数人的认可。比如终身学习、以人为本、团队配合、尊重多元、积极主动等这些社会倡导的理念，是交往中人们非常看重的。

三、介绍的语言技巧

（一）处理劣势话题

在一些社交场合的介绍中，一般劣势话题简单回避就可以了，但是如果是求职，还需要正视

自己的不足，因为这可能恰是对方关注的部分，这样的介绍更客观公允，更能在交流中争取主动。比如，一个学中文的学生，去面试税务部门的公务员，而面对税务知识缺乏的短板，与其回避，不如直接面对：

作为中文专业背景来到贵单位，税务知识水平是我的短板。但是，我的大学在教会了我知识的同时，还教会了我学习的能力，在这个终身学习的社会里，在咱们这个学习型组织里，我会积极努力在短时间内提升我的税务专业知识，更好地发挥我求职的这个岗位的价值。

不回避问题而是提出解决问题的办法，这是赢得认可的一个很好的技巧。

（二）注意介绍语气

现在很多场合都需要自我介绍，因此自我介绍的风格也变得丰富多彩，有诗词型、搞笑型、抒情型、哲理型等等。很多自我介绍人都希望通过这些风格来突出自己的特点，引起大家的关注。但需要注意的是，不是所有的场合都适合这些独特风格的。一些娱乐性场合可以添加生动活泼的元素，但是正式场合比如说竞选、求职等场合还是要以正规、严肃、庄重为主。

总之，自我介绍是社交场合的一张言语通行证。空洞无物、个性不鲜明的介绍，如同一张污损的名片，其主人被关注的程度也会随之下降。

【演讲实践】

1. 分别设计参加学校社团、社会实践、求职的自我介绍。
2. 同学之间相互练习，针对对方，做一个自我介绍。
3. 为自己参加娱乐活动作一个自我介绍。

第二节　会议与节目主持

很多社会组织的形象沟通是通过举办一些专门性活动展开的。活动中，主持人起到了贯穿全局、营造气氛、拾遗补缺等作用，因此，主持人对于活动的成功举办起到了重要的作用。

一、会议主持

（一）主持人的素质和水平

1. 确定议题和议程

会议议题和议程是保证会议顺利圆满举办的前提，因此，作为主持人，了解议题的设计，参与议程的设置非常重要，这样可以保证主持人积极主动地介入活动始终。

2. 准时召开会议

主持人把握着会议的时间和进度，因此在与会者和主要参会人员到齐的情况下，主持人会准时宣布会议的开始。

3. 保持良好的会风

由于会议议题和会议的程序以及参会人员等诸多原因，会议中难免会出现一些变数，而此时的主持人就像是法庭的法官，对整个会议有着操控的责任，这样，即使活动中途产生一些变数，主持人也都可以积极有效的应对，保持会风的和谐。

4. 主持人言行举止要得体

会议主持人既是场上的灵魂人物，同时又是一个配角，因此准确的出现、恰到好处的穿插引导、及时应变的现场调控是主持人必须具备的重要素质；同时，不可喧宾夺主是主持人需要把握的分寸。

5. 控制会场，把握时间

有效控制会议的进程，把握会议的时间，对主持人来说是一个能力的体现，毕竟会议过程有着动态的变化，这需要主持人掌握会议的主题和预期的目的，适时决定会议终止时间，使会议简洁有效。

6. 归纳、总结，提出要求

为了体现会议的目的，会议结束需要以总结的方式展示会议的收获。这就需要主持人善于对会议进行总结概括，发现重点，突出亮点，并且会议主持人可以在总结之后发出倡议和号召，使会议的意义和作用得以充分展示和强调。

（二）主持人的语言

1. 语言流畅，开宗明义

主持人代表活动主办方，流畅自然的语言体现了活动主办方积极和认真的态度，同时，开宗明义会议的精神，对突出会议主题意义重大。

2. 言简意赅，紧扣主题

要言不烦是主持人言语的特点，把会议发散的讨论用恰当简洁的话语引到会议的主题上来也是主持人必须把握的分寸，显现了主持人引导疏理的作用。

3. 随机应变，临危不乱

应变能力就是积极应对紧急情况下的事态非正常发展的一种能力。主持人要用应变的言语来应对会议现场可能出现问题。一个好的应变常常是以四两拨千斤，达到化险为夷，化紧张为轻松，化尴尬为自然的效果。

(三) 会议主持词模式

1. 称谓;

2. 开场白(提出要求);

3. 介绍来宾(表示欢迎);

4. 正式开始;

5. 第一——第 N;

6. 归纳、总结,提出要求。

二、节目主持

节目主持人是节目现场的灵魂,他(她)掌控着节目现场的一切,因此巧妙机智的扭转,举重若轻的启发,救场如救火的应急,同悲同喜的分享是观众对主持人的期待,也是主持人提升沟通表达的努力方向。

(一) 独特的语言风格

作为一个主持人,每天要用至少一种语言说着不同的言语。语言是一种社会现象,而言语是一种心理现象,因此,语言只是言语的工具;所以主持人在语言表达的时候使用的是具有个人心理特点的言语(在汉语中,言语多半被约定俗成为“语言”来表达),有着很强的个人色彩。而正是因为这个强烈的个人色彩,有着独特个人语言风格的主持人才容易被观众接受。

(二) 稳定的掌控能力

社会的多元化决定了我们面对的人和事也是多元的,因此,为了达到引领观众的效果,主持相关话题的时候,需要主持人具备这类话题的掌控能力。而这种掌控能力一方面是技巧的问题,还有一个非常重要的方面,就是相关知识的掌握。通常意义上说的一个人擅长语言表达,并不能说明这个人适合所有话题。每一个学科都有着博大精深的内涵,为了交流的对等和掌控有力,主持人需要具备多方面的知识。

(三) 多元的包容能力

主持现场,主持人要担当起组织者的角色,发挥协调、控制的功能,以保证节目有序而精彩地进行。活动进行过程中,会遇到不同性格不同信仰的人和事,这时主持人应该以一种包容的胸怀和尊重多元的心态来客观地面对遇到的人和事,而不是充满言语暴力的歧视。

2009 年 12 月 23 日晨上海电台动感 101“音乐早餐”直播节目中,主持人某君和小某在播放音乐间隙,用上海话聊天逗听众。一名听众给节目热线发了一条短信:“求你们不要说上海话了,我讨厌你们上海人!”小某在节目中语调认真地说:“……这位听众,请你以一种团成一个团的姿势,然后,慢慢地以比较圆润的方式,离开这座让你讨厌的城市,或者讨厌的人的周围。”

以上是一个反面的典型例子，应引以为戒。主持人作为一个公共场合的语言表达者，应该以一种平和的姿态面对出现的不同心态的多元状况，而不是“以暴制暴”。否则，有损自身形象的同时，也影响所代表的媒体的形象。

(四) 应变的智慧

在现场，节目主持人就是一个指挥家。当一个节目现场展开的时候，主持人与嘉宾，主持人与观众的互动常常因为充满不确定性而变得非常刺激好看，但是这种不确定性对主持人来说也存在着极大的挑战。

一般情况下，一说到应变能力，很多人会立即想到巧舌如簧，其实，如果没有丰富的知识储备，所谓巧舌的应变就是无来头无逻辑的饶舌。因为，聪慧机敏的应变需要大量的知识作为应对的元素。

(五) 恰当的情感调动

白居易说：动人心者莫先于情。不管是欢情还是悲情，在主持现场，都需要有一份情感在观众、嘉宾和主持人之间展开。而这个情感的调动就要求主持人具备以下能力：

1. 开场热得快

参加活动的来宾的情绪被主持人操纵着，因此，主持人需要在节目一开始，甚至还没有开始就以暖场的方式调动来宾的情绪，使节目不至于出现前冷后热的现象。

2. 中场触景生情

节目主持中，话题、嘉宾等相关因素都可以成为情感调动的由头。一个好的情感调动，应该是不愠不火，恰到好处；过分煽情会使观众无法安放自己的感情而产生不愉悦的感觉。

(六) 良好的心理素质

俗话说：“不做错事的人，是不做事的人。”主持人在主持节目的时候，常常也会出现失误，但是要想积极地化解失误，必须具备良好的心理素质。作为一个在公共场合出现的人物，要敢于面对一切可能出现的不测。

主持人就像厨师，他(她)需要搭配各式食材，加上自己的厨艺，把一盘盘美味佳肴呈献给观众。主持活动考验着主持人的综合素质。

【演讲实践】

1. 主持一场班级或者所在组织的会议。
2. 主持一场辩论赛。
3. 主持一场校园演出或者单位年会。

第三节　就职演讲

随着以人为本，执政为民的思想不断深入，越来越多的管理者努力通过就职演讲来凝聚人心，展示个人形象，因此，就职演讲出现的频率越来越高。就职演讲的成功与否，对提振团队的信心，提升个人的魅力至关重要。

一、强调重点，切中要点

上任一个新的职位就意味着要面对一个新的挑战。优势与劣势，现状与未来，危险与机遇，这些问题都是公众所关心的话题。就职演讲中重点指出这些问题会给听众一种积极介入的良好印象，并且此刻也是统一思想统一认识，凝聚人心，共赴重任的绝好时机。对此，云南代理省长李纪恒的就职演讲做了很好的诠释。

坚定不移地贯彻落实中央对云南工作的明确要求，切实抓住和用好国家实施新一轮西部大开发战略和支持我省建设面向西南开放重要桥头堡等重大历史机遇，围绕实现“十二五”规划确定的目标任务，不动摇、不懈怠、不折腾，解放思想、开拓进取、扎实工作，努力在推动科学发展、和谐发展、跨越发展、可持续发展上有新作为。坚持立足省情，尊重发展规律，积极寻找中央精神与云南实际的结合点，创造性地开展工作，努力做出经得起实践、历史和人民群众检验的业绩。

……

多年来我坚守这样的信念：躬身做官、挺腰做人，言必信、行必果。我将始终牢记“两个务必”，严格遵守党员领导干部廉洁从政准则和廉洁自律的各项规定，牢固树立正确的世界观、权力观、事业观，切实加强党性锻炼和修养，坚守为官从政的“底线”，倍加珍惜组织对自己的信任，倍加珍惜为人民干事创业的机会，倍加珍惜自己的前程和家庭，敬畏党纪国法，敬畏权力，敬畏人民群众，敬畏社会舆论，为民、务实、清廉，表里如一、心口如一、对上对下如一，清白做人、干净干事，秉公用权、廉洁勤政，永葆人民公仆的政治本色。

对于一个省长来说，未来，工作是重点，反腐是要点，两个都是关乎工作成败也关乎百姓利益的大事，是民众希望听到的一份郑重的承诺。

二、求真务实，作风干练

求真务实的作风惠及的是工作对象，提升的是组织形象，锻炼的是工作团队，这是一个社会共同的审美，因此，对这一工作作风的推崇是很具有审美价值的。

我们会建立更开明的政府：市民不会只是政府施政的对象，而是施政的伙伴；

我们会建设更民主的制度:透过今年发表的绿皮书,我们会同市民一起摸索,寻求最有利香港、最广为民众接纳的普选模式;

我们会推动新经济发展:大力扩展金融业,并会以基建投资带动就业,为草根阶层创造就业机会,令基层劳工的工资增长;

我们会缔造更优良的生活:让市民享受洁净的食物、清新的空气、优美的环境、完善的文物保育;

我们会推动香港的新关怀文化:社会上仍有很多人未能分享香港经济复苏的成果,有不少人仍面对很大的生活压力,政府会加大社区投资,藉社会企业创造就业,为弱势社群带来希望。

这是香港特首曾荫权的就职演讲的一部分,这种承诺既是未来工作的方向,又是民众可监督对照的一个目标,体现了鲜明的务实之风。

三、逻辑严整,个性鲜明

演讲的真实性决定了演讲者的发言具有独特的个人魅力。在演讲现场,听众最关注的就是你怎么说。同样是做好工作,关心群众,类似的话语如果用一种模式化的腔调来表达,就会给人一种走过场打官腔的感觉;因此,发挥个人的智慧和魅力,用自己独特的思考和非同寻常的言语表达自己的观点,让听众听到的是换了别人就不能这么说的独特的个性化语言。

在这里,我代表新一届中央领导机构成员,衷心感谢全党同志对我们的信任。我们一定不负重托,不辱使命!全党同志的重托,全国各族人民的期望,这是对我们做好工作的巨大鼓舞,也是我们肩上沉沉的担子。……我们的人民是伟大的人民。在漫长的历史进程中,中国人民依靠自己的勤劳、勇敢、智慧,开创了民族和睦共处的美好家园,培育了历久弥新的优秀文化。我们的人民热爱生活,期盼有更好的教育、更稳定的工作、更满意的收入、更可靠的社会保障、更高水平的医疗卫生服务、更舒适的居住条件、更优美的环境,期盼着孩子们能成长得更好、工作得更好、生活得更好。人民对美好生活的向往,就是我们的奋斗目标。人世间的一切幸福都是要靠辛勤的劳动来创造的。我们的责任,就是要团结带领全党全国各族人民,继续解放思想,坚持改革开放,不断解放和发展社会生产力,努力解决群众的生产生活困难,坚定不移走共同富裕的道路。

习近平同志这段履职演讲,阐明中央领导机构对民族、对人民、对党肩负的重大责任。内容充实,语言质朴,条理分明,备受好评。

四、生动简明,情感真挚

就职演讲中有一个不可回避的问题,就是将以什么样的态度开展工作。而这种态度的表达既可以给公众以信心,同时也是将来验证其工作态度的一个参照。而这部分的内容需要回避假

大空的套话，要用真情实感感召听众。

1998 年 3 月 19 日，刚刚当选为共和国总理的朱镕基面对中外记者庄严表达：“不管前面是地雷阵还是万丈深渊，我都将一往无前、义无反顾、鞠躬尽瘁、死而后已。”

2003 年 3 月 19 日，温家宝总理对中外媒体也郑重宣誓：“我绝不辜负人民的期望，一定要以人民给我的信心、勇气和力量，忠实地履行宪法赋予我的职责，殚精竭虑，鞠躬尽瘁，不负众望。”

事实证明，在改革的第一线，在地震的最前沿，两位总理践行了他们就职时的诺言。

总之，在这个求真务实、追求个性的时代，就职演讲和其他任何演讲一样，需要避免通稿式的讲话方式，让沟通变得更接近听众，体现个性，彰显责任。

【演讲实践】

1. 模拟班长就职演讲。
2. 模拟一个社团干事的就职演讲。
3. 模拟一个公益组织管理者的就职演讲。

第四节　总结发言

人类的每一个实践活动都能总结出可供后人借鉴的经验，所以人类社会就是在前人不断总结成败的基础上进步的。总结是与团队分享成绩，汇总经验，探讨解决问题的一种方式。一个好的总结是下一步工作的开始；要想使得工作达到一种螺旋式上升，总结是其中的重要环节之一。

一、总结发言的分类

总结的分类有很多：思想总结、学习总结、工作总结等。从功能上分，有先进事迹总结、失败原因总结等。从范围上分，有小组总结、部门总结、公司总结；综合总结、专项总结等。从时间上分，有月度总结、年度总结。以上总结，不管是哪一类，首先都需要在成绩中找到特点，从而总结出具有规律性的经验；其次，要善于在总结中发现问题，找到解决这些问题的办法，使总结不仅仅是归纳而且是提高。

二、总结的写作

（一）客观概括

由于总结发言是在完成工作的基础之上的，因此对工作取得的成绩与不足需要有一个客观

的表述。由于是客观分析，因此语言力求简洁质朴、实事求是、全面准确、条理清晰，注重数据在总结中发挥的作用，尽量避开描绘性的文学语言，有话则长无话则短。

（二）主观分析

不同的总结其侧重点也不同，有一类总结侧重于总结成绩，淡化问题分析；还有一类，注重成绩之外存在的问题及其对它的分析。

这类针对问题的总结发言，其分析要做到有理论依据，用事实推理，在严谨的逻辑下归纳出事物发展的规律性，使之成为今后工作中具有指导意义的经验。

更多的总结是将客观概括与主观分析有机地结合在一起，这样既有表象的概括，又有深度的剖析，使总结真正达到提高的目的。

三、总结的禁忌

（一）报喜不报忧

不论是对上级还是下级，总结都应该客观、真实、全面地反映问题，报喜不报忧，不能真正解决工作中的问题，无法提高工作效率。尤其是在求真务实的当下，报喜不报忧的总结会给领导指导工作带来麻烦，起到负面作用。

（二）文字华而不实

夸夸其谈，贪大家之功为已有的总结，在夸大个人的同时，消解了团队的作用和战斗力，不利于今后工作的开展。

（三）语言理性不足

感性文字有余、理性表述不足的总结，给人有失客观公允的感觉；态度随意，也使总结有失严肃性。

××杯校园歌手大赛活动总结

××杯校园歌手大赛此次举办已经是第五届，此次活动由校团委和百灵社团共同策划实施，报名参加人数283人，通过三轮选拔，进入决赛的有15名选手。此次活动从策划到实施，有很多体会，也发现不少问题，特总结如下：

一、活动开展情况

（一）宣传力度大，参加人数多

此次活动通过校园网、校广播站、班级QQ群和学校户外宣传栏广泛传播，这种全方位多角度的宣传覆盖，使得此次活动参与人数空前。

（二）网络投票，观众积极性高

本次活动初赛阶段我们通过学校网络电视台上传各位参赛选手的一分钟视频，参与投票的

同学热情高涨，为宣传活动的知名度起到了很积极的作用。我们也开拓了网络推广的新经验。

（三）添加公益积分，提升活动亮色

与以往活动不同的是：本次活动，每位选手的总成绩有10%是公益积分，即每位选手通过自己的公益视屏介绍参加公益活动的感受。这项内容的引进，使选手在德艺上都得到了一个较全面的考评，提升了活动的美誉度，受到了广泛好评。

二、活动存在的不足

（一）此次活动由于节目审查不严，导致在才艺环节，原本规定只有动作或者语言两类，结果有两位选手还是以歌唱类节目展示才艺，与第一项比赛内容重复。

（二）活动实施阶段，背景喷绘悬挂太迟，导致现场喷绘彩墨的气味过大，给前排评委、领导和同学带来了不适的感觉。

（三）三号无线耳麦效果不好，断断续续，影响了个别选手的比赛效果。

三、解决办法

（一）以后类似活动，审查组一定要发挥作用，对审查出的不符合活动规范的节目给予事前提醒，保证活动顺利规范地进行。

（二）活动现场背景喷绘方案提前设计制作，制作完毕后应该放置一段时间，释放气味。

（三）活动前，检查耳麦的好坏，并制订合理方案，高效使用功能好的耳麦。

连续五届的歌手大赛，在丰富校园文化的同时也成为了校园的一个品牌活动，相信在大家齐心努力下，这个活动会为校园文化增添异彩。

上面的总结，成绩与问题都有涉及，客观概括与主观分析并存，言语客观平实，问题与办法之间逻辑关系清晰，是一篇能够反映问题且提出了解决办法的总结范例。

【演讲实践】

1. 为个人的学习（社会实践）或某一单项长期活动作一个总结。
2. 为所在集体的一年工作作一个总结。
3. 用专业眼光对某一行业的发展作一个总结。

第五节　庆典

庆典活动是宣传社会组织的一种公关手段。社会组织通过庆典制造新闻，引起社会的关注，同时把组织的美好愿景等信息通过庆典活动展示给社会。庆典是提升组织知名度和美誉度的一

个重要的手段，而庆典致辞是庆典上至关重要的一个沟通环节，其提升形象的目的明确，意义重大。

一、庆典的分类

（一）建设型公关的庆典活动

这类活动包括开业庆典、开幕庆典、婚礼庆典等，都是在一个组织建立伊始所作的宣传。这样的庆典，主要以介绍组织的概况，突出重点，突出特色，让来宾在短时间内对该组织的概况、特色、目标有一个大致的把握，以达到宣传提升形象的目的。

各位贵宾、各位朋友、先生们、女士们：

在硕果累累的金秋，我们迎来了"行万里"汽车服务有限公司开业典礼。首先，感谢各位来宾对我公司的关注和支持。"行万里"汽车服务有限公司是一家运用现代管理理念、注重专业技术形象、提倡服务赢得客户的高档的"五星"级车行，本车行积极向广大的爱车族人士提供个性化的汽车售后服务，并以强烈的品牌形象，统一的店面规划，优质的产品，全面的个性化服务以及完善的培训机制，跻身汽车服务行业之林。

"行万里"坚持以顾客为中心，将通过规范的科学的流程为顾客提供全方位的服务，通过专业的汽车顾问与顾客进行零距离的交流，通过对汽车进行预诊断为顾客提供全面地解决方案，真正成为顾客汽车服务的保姆，让顾客抛开用车的烦恼，全身心地享受公司服务带来的乐趣。

成熟的国际经验和中国市场的完美结合，是"行万里"不懈的追求。我们"行万里"全体职工会努力在工作岗位上实现个人价值和企业的社会价值，为中国汽车售后服务市场作出自己应有的贡献。

这个开业庆典贺辞对组织自身作了全面的介绍，并对服务项目作了很好的承诺，充分地宣传了自身的形象。

（二）维系型公关庆典

因为塑造形象是一个持续不断的过程，社会组织可以在建设型庆典之后继续开展诸如周年庆典、节日庆典、宴会庆典、毕业庆典等活动，进一步维系组织建立以来的形象；所以说，维系型庆典是建设型庆典的延续。

维系型庆典中致辞的沟通内容主要是总结过去，描绘现在，展望未来，以此来提升组织形象，激发内部凝聚力，吸引社会关注。在组织特色和未来远景的基础上，还需要添加获得成绩以及对长期关注支持组织的单位和个人表示感谢。内容紧扣庆典主办方的主题是庆典致辞的关键。

弘扬奥林匹克精神，共创世界美好未来

——胡锦涛主席在北京奥运会欢迎宴会上的祝酒词

尊敬的国际奥委会主席罗格先生，尊敬的各位贵宾，女士们、先生们，朋友们：

今晚，北京奥运会将隆重开幕，我们共同期待的这个历史性时刻就要到来了。我谨代表中国政府和人民对各位嘉宾莅临北京奥运会，表示热烈的欢迎！

在北京奥运会申办和筹办的过程中，中国政府和人民得到了各国政府和人民的真诚帮助，得到了国际奥委会和国际奥林匹克大家庭的大力支持。在这里，我谨向你们并通过你们，向所有为北京奥运会作出贡献的人们，表示诚挚的谢意！

借此机会，我对国际社会为中国抗击汶川大地震提供的真诚支持和宝贵帮助，表示衷心的感谢！世界各国人民的深情厚谊，中国人民将永远铭记！

女士们、先生们，朋友们：

2800 多年前在神圣的奥林匹亚兴起的奥林匹克运动，是古代希腊人奉献给人类的宝贵精神和文化财富。

现代奥林匹克运动，继承了古代奥林匹克传统，推动了世界体育运动蓬勃发展。

奥运会是体育竞赛的盛会，更是文化交流的平台。为推进人类和平与发展的崇高事业作出了重大贡献。

女士们、先生们，朋友们！

举办奥运会，是中华民族的百年期盼，是全体中华儿女的共同心愿。我相信，在国际奥委会和国际奥林匹克大家庭支持下，我们一定能够共同把北京奥运会办成一届有特色、高水平的奥运会。

现在，我提议：

为国际奥林匹克运动蓬勃发展，为世界各国人民团结和友谊不断加强，为各位嘉宾和家人身体健康，干杯！

这是一篇热情洋溢，充满真诚、和谐、真诚的庆典祝酒辞。感谢的语言朴实真挚，历史的回顾准确明晰，赞美的内容恰到好处。在总结现在，回顾历史，展望未来中，展示了中国人的热情和睿智。

二、庆典致辞的基本格式

（一）标题

由于活动的正式和重大，一般有大标题和副标题，充分说明活动的意义和名称。

(二) 称谓

面对各方嘉宾,必须要有一个全面而准确的概括,不可出现错漏。

(三) 正文

1. 交代活动背景

2. 致辞者的代表身份

针对活动的规模,致辞者需要将所代表的群体表达出来,以突出活动主办方。

3. 表达心情

表示欢迎、祝贺、感谢、问候。

4. 概括活动

对庆典活动的成绩、作用、意义作一介绍;对围绕活动的相关历史、当下、未来作概括描述,对参与活动的个人、团体、组织等表示欢迎感谢的内容都可以在这部分进一步表达。

5. 美好的祝愿

庆典活动是一个吉祥喜庆的活动,因此美好的祝愿、对活动所持的信心以及对未来成功的期许都是一种积极的表达。

6. 提议祝酒(酒会用:为谁、为什么而干杯)

不论是哪一种形式的庆典致辞,其语言都应该以一种亲切、感人、贴近、激励的表达方式呈现,因为庆典沟通的目的是拉近组织与公众的感情,传播易于公众接受的组织形象,以激励的方式鼓动典礼现场的来宾更好地关注组织、支持组织。

【演讲实践】

1. 模拟一所学校校庆庆典致辞。
2. 模拟一个商业活动开业庆典致辞。
3. 模拟一个运动会开幕致辞。

第六节　颁奖辞

颁奖典礼是社会组织展示自身风采,总结工作成果,表彰先进个人与先进事迹,沟通组织形象的一个重要的宣传活动,颁奖典礼对内可以强化组织文化,对外能够增强组织的美誉度。为了达到生动感召的效果,颁奖辞需要具备以下特点。

一、贴近性

贴近性就是颁奖辞要贴近每一个奖项的主题，同时还应该贴近每一个获奖者；只有用个性化的语言体现每个奖项的独特性，才可以使颁奖词避免空洞雷同，从而突出活动内容的丰富性，使活动宣传更能体现活动的主旨。

二、赞赏性

颁奖是对过去成绩的总结，在总结中，言语需要有概括的高度，赞扬的力度，同时还应穿插一些相关细节描述，因为先进人物和事件的闪光点需要打动听众，使颁奖活动的教育感化意义得以体现。

三、艺术性

颁奖活动洋溢着欢乐的气氛，观众期望在现场感受一种精神的愉悦，所以颁奖辞可以在艺术性上做文章，抒情、哲理、幽默、悬念等艺术手法和修辞手法都可以使用，使表现形式丰富多彩，观众受到愉悦的享受。

四、简洁性

要言不烦的颁奖辞起着画龙点睛的作用，同时对即将出场的获奖者还起到抛砖引玉的作用。因为，在颁奖现场，人们更多的期待是获奖人物的出现，因此颁奖辞不必言辞过多，考验听众的耐心。

五、感召性

颁奖典礼是一个充满感动的场合，因为颁奖现场有很多艰难而精彩的人和事可圈可点，为了体现颁奖的目的，颁奖现场需要有一种良好的情感互动以达到感召现场、感召社会的效果；因此，颁奖辞的贴近性、赞赏性、艺术性、简洁性都要服从于颁奖活动的感召性。

附 2011 年感动中国人物及颁奖辞

1. 科学泰斗　钱伟长

钱伟长(1912—2010)，江苏无锡人，中国近代力学之父，著名的科学家、教育家。

【获奖名片】赤子

【颁奖辞】从义理到物理，从固体到流体，顺逆交替，委屈不曲，荣辱数变，老而弥坚，这就是他人生的完美力学，无名无利无悔，有情有义有祖国。

2. 信义兄弟　孙水林　孙东林

孙水林，1960 年生，湖北省武汉市黄陂区泡桐镇人，建筑商。孙东林，孙水林弟弟。2010 年 2

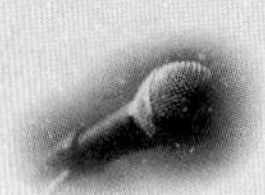

月 9 日，腊月廿六。在北京做建筑工程的孙水林决定赶在封路前，赶回武汉，给先期回汉的民工发放工钱。当晚，孙水林提取 26 万元现金出发了。次日凌晨，由于路面结冰，二十多辆车连环追尾，孙水林一家五口遇难。弟弟孙东林为了完成哥哥的遗愿，在大年三十前一天，将工钱送到了农民工的手中。

【获奖名片】信义

【颁奖辞】言忠信，行笃敬，古老相传的信条，演绎出现代传奇，他们为尊严承诺，为良心奔波，大地上一场悲情接力。雪夜里的好兄弟，只剩下孤独一个。雪落无声，但情义打在地上铿锵有力。

3. 康巴铁汉　才哇

才哇，青海省玉树州结古镇扎西达通村第三社社长。2010 年 4 月 14 日，青海省玉树县发生 7.1 级地震。才哇在废墟里刨挖的双手一直没有停歇下来……在紧张运送了近 30 多名受伤的各族群众后，他急急忙忙赶回家去。可那个时候，呈现在他眼前的却是亲戚们帮助他料理亲人后事的场面。

【获奖名片】铁汉

【颁奖辞】对乡亲有最深的爱，所以才不眠不休，对生命有更深的理解，所以才不离不弃，铁打的汉子，是废墟上不倒的柱，不断的梁。他沉静的面孔，是高原上最悲壮的风景。

4. 雷锋传人　郭明义

郭明义，从 1996 年开始担任采场公路管理员以来，他每天都提前两个小时上班，15 年中，累计献工 15000 多小时，相当于多干了 5 年的工作量。工友们称他是“郭菩萨”、“活雷锋”。他 20 年献血 6 万毫升，是其自身血液的 10 倍多。1994 年以来，他为希望工程、身边工友和灾区群众捐款 12 万元，先后资助了 180 多名特困生，而他一家 3 口人至今还住在不到 40 平方米的斗室里。

【获奖名片】传人

【颁奖辞】他总看别人，还需要什么；他总问自己，还能多做些什么。他舍出的每一枚硬币，每一滴血都滚烫火热。他越平凡，越发不凡，越简单，越彰显简单的伟大。

5. 舟曲之子　王伟

王伟，武警甘肃总队甘南藏族自治州支队舟曲县中队副中队长。2010 年 8 月 7 日晚，王伟带领 25 名官兵冒雨冲入泥石流现场。没有任何工具，王伟和救援官兵徒手掀开瓦砾，他与战友营救 20 多个小时，让 23 条生命逃离了死神的威胁，而自己怀孕两个月的妻子和岳父母一家四口人却遇难，被浑浊的泥石流无情吞噬。

【获奖名片】砥柱

【颁奖辞】大雨滂沱，冲毁了房屋掩埋了哭喊。妻儿需要你的肩膀，而人民更需要你的脊梁。

五百米的距离，这个战士没有回家，那个最漆黑的夜晚，他留给自己一个永远不能接起的电话，留给我们一种力量。

【演讲实践】

1. 对当下已经获奖的先进人物，再用自己的语言，重新为他们设计一套颁奖辞，对比中感受颁奖辞的写作。

2. 为校体育比赛优胜者设计颁奖辞。

3. 为优秀教师表彰设计颁奖辞。

第七节 新闻发布会发言

新闻发布会又称记者招待会，是社会组织直接向新闻界发布有关组织信息、解释组织重大事件而举办的活动。

一、发布组织发展新动态

这是一个公关时代，很多组织为了塑造自身的形象，需要借助新闻发布会发布组织相关的信息，借此展示组织形象。比如组织举办活动的信息发布，组织新产品信息发布，组织新班子信息发布等等，这些属于组织正面信息的发布。借助于这些发布，社会组织可以积极争取媒体的关注，并透过媒体与社会公众进行有效的沟通，以期提升组织的知名度与美誉度。

这类信息发布在沟通内容上需要做到：

1. 介绍详细

发布会发布组织的正面信息是为了提升组织形象，因此，详细介绍相关内容，可以突出介绍的目的，同时也会给听众留下深刻的印象。比如，在 2010 年 11 月 3 日召开的“重庆户籍制度改革情况新闻发布会”上，重庆市市长黄奇帆用三个多小时详细介绍了重庆户籍改革有关推进情况，并针对社会各界新闻媒体的提问进行了耐心的解答，使重庆的户籍改革获得了更多的理解和支持。

2. 亮点突出

要想突出一个事物，必须抓住这个事物的特征展开介绍，而这个特征就是亮点，只有亮点突出了，才能给听众留下一个鲜明的印象。“重庆户籍制度改革情况新闻发布会”上有一个最大的亮点——“转户进城”门槛降低，最大的突破——不让农民“裸着”出村。这些亮点的突出，为这次

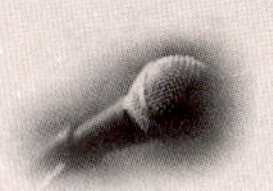

户籍改革针对民意作了一个很好地诠释,同时也很好地为政府树立了形象。

因为新闻发布会沟通的目的就是发布具有新闻价值的信息,因此新闻发布会忌有意夸大及沟通内容缺乏新闻价值等现象。

二、发布危机及处理危机的信息

危机是指危及组织利益、形象、生存的突发性或灾难性的事故与事件。在激烈的市场竞争中,每一个社会组织都可能遭遇意想不到的危机事件,而这些危机事件一旦被组织忽略就可能招来灭顶之灾。因此危机一旦产生,社会组织便需要通过新闻发布会等方式开展危机公关。

1. 发布危机信息,阻止流言蔓延

根据危机处理的5S原则中的速度第一的原则,应该快速召开新闻发布会。因为在危机出现的最初12至24小时内,消息会像病毒一样,以裂变方式高速传播。此时,在没有获得真实消息的情况下,公众对信息的饥渴就会导致流言四起。一旦流言蔓延,负面形象就会不断扩大。因此,发布危机详情,让公众知道得更多,是这类新闻发布会的首要任务。

2. 承担危机责任,真诚有效沟通

新闻发布方预备发布新闻的时候需要及时掌握公众对危机事件的了解需求。危机事件一旦产生,公众最关注的就是事件的真相以及责任归属,而偏离真相的遮掩只会激怒公众,使得发布会效果适得其反。因此,诚恳地承担应有的责任,给公众留下一个诚实的印象是获得公众谅解的一个很好的办法。

三、发布解决办法,快速赢得公众

发布危机详情,承担危机责任只是前奏,如何处理危机是公众持续关注的又一问题,因此,有一类新闻发布会是发布处理危机举措的。社会组织以此与可能出现的流言赛跑,以赢得沟通的主动。

某市人民政府辟谣新闻发布会发言稿

市民朋友们:

针对当前关于"某地某时某刻要发生大地震"、"震中将转移到某地"、"某某县政府正在组织疏散"、"某社区已通知房内人员撤离"等消息的流传,市政府抗震救灾指挥中心经核实证明,传言不实,请大家不要相信。为此,市政府组织召开抗震救灾首次新闻发布会,发布当前抗震救灾工作最新情况。

一、截至5月14日17时,因地震我市累计受灾死亡人数为20人,累计失踪3人,累计受伤421人,其中重伤50人,估计全市经济损失达33亿元;

二、截至目前，市委、市政府尚未收到来自上级地震专家及部门发布的地震预报通知，我市地震局尚未监测到近期我市有重大地震发生，请社会广大人民群众不要听信小道消息，不要随意散布谣言，不要制造恐慌气氛；

三、抗震救灾是我市党委、政府当前中心工作，各级各部门领导干部要按照省委、省政府及市政府抗震救灾指挥中心统一安排，坚守岗位、履职尽责，积极抗震救灾，切实保障广大人民群众的生命财产安全，维护社会稳定；

四、在当前抗震救灾的非常时期，市政府将更加广泛、充分地畅通信息发布渠道，第一时间履行告知公众义务，遇有重大信息，将通过电视台、人民广播电台、当地热门网站以及中国移动、中国联通、中国电信、中国网通进行短信发布，敬请广大群众放心。

这个新闻发言稿，速度快，科学性强，指出了谣言信息源的不准确，并明确了发布会信息的科学性和权威性，为危机的传播起到了很好的遏制作用。

新闻发布会，无论是一般信息发布还是危机信息发布，都是社会组织争取主动、积极沟通的一种方式，因此新闻发布会的沟通都要以摆事实讲道理，关注民生，提倡遵纪守法，崇尚科学的理念为前提，这样的沟通才能达到真正的效果。

【演讲实践】

1. 关注近期不断出现的新闻发布会发言稿，对照新闻发布会的要求和自己的诉求分析发言稿的成功与不足。

2. 为学校某社团的大型活动设计一个新闻发布会发言稿。

3. 为所在组织的某一项危机事件模拟一个新闻发布会的发言稿。

第十五章 即兴演讲

【导语】

即兴演讲——领导者、管理者的必备能力。

最富足的商人，不一定工作得最勤奋；最受欢迎的教授，不一定最有学问；最惹人心跳的女人，不一定长得最漂亮；最有魅力的领导，肯定不是完人。但他们都有一个共同的特质——擅长即兴演讲，随时都能完整地表达自己、沟通他人。

不只是手拿话筒站在台上才叫即兴演讲，凡是需要通过语言描述、表达自己观点和想法的都叫即兴演讲。即兴演讲就是随时随地有声有色、有板有眼地说话。

外交公关、文化渗透、鼓舞士气、下达指令、市场营销、职场竞选、工作述职、两性互动、亲子教育、沟通说服、传道授业、描述团队愿景、塑造价值、商务谈判等都需要依靠即兴演讲达到最佳目的。

即兴(即席)演讲是在某种特定的景物或人物、气氛的激发下，兴之所至，临场因时而发、因事而发、因情而发，自发或被要求立即进行的当众说话，是一种不凭借文稿来表情达意的口语交际活动。古往今来，欲成大事者、或求生存者，每天都在表达自己，说服别人。不管你从事何种行业，都会有演讲的需要。演讲已经成为现代社会竞争的工具。

【案例】

1945 年，中共中央警卫团按照党中央的战略决策，新编了一个干部团，即将奔赴东北战场，去参加收复沦陷区、扩大解放区的战斗。出征前夕，刘少奇同志特意给大家送行、致辞。少奇同志的送别辞，开场的话语很简短，只是说：“同志们听从中央的决定，要到东北去了，要我来讲几句话。”说到这里，他的话音停顿了，好像在那里思索起来。

稍停之后，激情洋溢地说：“马克思是干什么的呢？恩格斯是干什么的呢？列宁同志、斯大林同志，他们都是干什么的呢？他们，都是为解放全人类而奋斗的。你们这次

到东北去，同时是自己解放自己。你们要用自己的两条腿，去重新画地图；用你们的两只手，去插上我们新解放区的旗帜。你们到了东北，要靠什么呢？你们没有美式大炮，没有飞机，没有坦克，没有装甲车和汽车，暂时还没有铁路线和火车。你们就是有一条，这一条他们手里就没有——就是紧紧依靠马克思主义，紧密地依靠东北当地的人民。只要你们永远牢牢地记着，马克思是干什么的，同志们，胜利就一定是属于我们大家的！祝同志们一路顺风，到东北旗开得胜！”

话音刚落，大厅里立即响起了暴风雨般的掌声。少奇同志这次简短的即兴演讲，虽然只有几分钟，但却自始至终驾驭着听众，讲得激情洋溢异彩纷呈。相对而言，生活中的语言表达，以即兴的为多，很多时候我们都是无“备”而来，优势虽然有备，但更多时候需要临时发挥才能产生良好的表达效果，因此，即兴演讲的能力对每个人来说都非常重要。

第一节　即兴演讲的法则

所谓即兴演讲，就是演讲者在没有准备或没有充分准备的情况下临时发表的讲话，也叫即席演讲。即兴演讲的难度大，对演讲者的要求高，但也最能展现演讲者的才华与风采。它需要演讲者具备敏捷的思维、广博的知识、丰富的经验、熟练的技巧以及良好的心理素质。即兴演讲自成体系，应遵守如下法则。

一、有感而发，真实感强

即兴演讲是在事先没有安排和准备的情况下的演讲活动，完全是触景生情，有感而发，最能体现演讲者的真情实感，是最激动人心、最富有感情色彩的演讲艺术形式。

二、话题集中，时空感强

一般演讲者讲述的内容具有一定的普遍性和超越时空的特点，而即兴演讲则受具体场合、现实议题的制约，内容就地取材，主题由演讲者触景生情，因事而发，不可能有统一的模式，需“见什么人，说什么话；到什么山，唱什么歌”。因此话题内容选取的角度相对较小，说明议论求准、求精、求新。喜庆的场合，为人助兴；哀悼的场面，抒发哀思。特定的时空场所和社会氛围是演讲者赖以存在和发挥的土壤。

【经典范例 1】

2011 年 6 月 18 日，参加 2011 全国大学生演讲大赛的 114 名决赛选手和各位评委在青岛五四

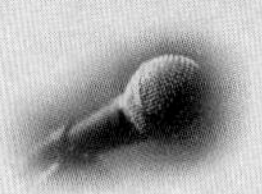

广场，齐声朗诵《青岛宣言》，放声高歌《党旗颂》。青岛市民、国内外游客纷至沓来，有的拾阶而坐，有的伫足欣赏，有的远处眺望，广场顿时热闹起来，现场有近千人。随着大赛组委会秘书长、中国演讲与口才协会副会长侯希平的一声号召，五四广场的即兴演讲开始了，选手激情踊跃，听众热血沸腾，掌声四处响起。广东演讲学会常务副会长、青年演讲家孙朝阳作为唯一一名评委代表受邀上台进行了即兴演讲。演讲内容如下：

站在青岛五四广场上，耳边回响着“还我青岛”的声声呐喊，那些热血青年为了中华民族的觉醒抛头颅、洒热血；这时，也想起周总理上学时对老师提问的那句经典回答：“为中华民族的崛起而读书”；今天，我们作为中华儿女要做什么，就是要为中华民族的伟大复兴而努力奋斗。我突然有个想法，我们能不能用当年喊出“还我青岛”的那份激情，举起我们的手臂，也喊出我们心中的铮铮誓言，这个誓言就一句话：为中华民族的伟大复兴而努力奋斗！（选手情不自禁大声说：好！）各位大学生、青岛的市民朋友们、各地的游客朋友们，我们一起来，大家说好不好？（近千人齐声说：好！）谢谢各位，请大家起立，举起手臂（略停顿），我们共同宣誓：（全场齐声高呼）为中华民族的伟大复兴而努力奋斗！

三、简洁精悍，达意为上

即兴演讲是临场之作，不宜过长，否则繁杂啰嗦，节外生枝，语言拖沓。贴近生活实际，短小精悍，简明扼要，亲切感人，具有思想性、趣味性、知识性的即兴演讲才是受欢迎之作。

【经典范例 2】陈嘉庚在厦门大学创办时的即兴演讲《致集美学校诸生书》

教育不振则实业不兴，国民之生计日绌……吾国今处列强肘腋之下，成败存亡千钧一发，自非急起力追难逃天演之淘汰。鄙人所以奔走海外，茹苦含辛数十年，身家性命之利害得失，举不足撄吾念虑，独于兴学一事，不惜牺牲金钱竭殚心力而为之，唯日孜孜无敢逸豫者，正为此耳。诸生青年志学，大都爱国男儿，尚其慎体鄙人兴学之意，志同道合，声应气求，上以谋国家之福利，下以造桑梓之庥祯，懿欤休哉，有厚望焉。

注：陈嘉庚是厦门大学的创办者，该演讲言简意赅，简洁明了地阐述了“教育救国”的主张。

四、以小见大，借题发挥

以点带面，从现象究本质，阐述具有普遍意义的人生道理、生活哲理、社会真理。即兴演讲不像命题演讲那样事先拟好讲稿，也不像辩论演讲那样事先进行模拟训练，演讲者往往是当场打腹稿，即席讲话；应说情况、讲道理、表看法、提意见，少绕弯子，切忌观点模棱两可、晦涩艰深，令人不知所云。

即兴演讲因为其“即兴”而有一定的难度，但其表达的结果应该符合特定目的，切合特定语

境，应该符合以下标准：

1. 思维敏捷，反应迅速；
2. 立意明确，内容集中；
3. 条理分明，逻辑严密；
4. 语势连贯，跌宕起伏；
5. 用语规范，贴切易懂；
6. 适应语境，话语得体；
7. 生动优美，诙谐幽默；
8. 委婉含蓄，意味深长；
9. 把握时机，灵活善变；
10. 言语和谐，语气适宜。

【经典范例 3】 兽·人·鬼——闻一多

刽子手们这次杰作，我们不忍再描述了，其残酷的程度，我们无以名之，只好名之曰兽行，或超兽行。但既已认清了是兽行，似乎也就不必再用人类的道理和它费口舌了。甚至用人类的义愤和它生气，也是多余的。反正我们要记得，人兽是两立的，而我们也深信，最后的胜利必属于人！

胜利的道路自然是曲折的，不过有时也实在曲折得可笑。下面的寓言正代表着目前一部分人所走的道路。

村子附近发现了虎，孩子们凭着一股锐气，和虎搏斗了一场，结果遭牺牲了，于是成人们之间便发生了这样一串纷歧的议论：

——立即发动全村的人手去打虎。

——在打虎的方法没有布置周密时，劝孩子们暂勿离村，以免受害。

——已经劝阻过了，他们不听，死了活该。

——咱们自己赶紧别提打虎了，免得鼓励了孩子们去冒险。

——虎在深山中，你不惹它，它怎么会惹你？

——是呀！虎本无罪，祸是喊打虎的人闯的。

——虎是越打越凶的，谁愿意打谁打好了，反正我是不去的。

议论发展下去是没完的，而且有的离奇到不可想象。当然这里只限于人——善良的人的议论。至于那“为虎作伥”的鬼的想法，就不必去揣测了。但愿世上真没有鬼，然而我真担心，人既是这样的善良，万一有鬼，是多么容易受愚弄啊！

注：本篇是闻一多先生 1946 年 1 月发表的即兴演讲，旨在谴责国民党特务在昆明各大、中学

校制造震惊全国的“一二·一”惨案。演讲含蓄凝练,寓意深刻,风格奇特,引人入胜,是即兴演讲中的佳作。

第二节　即兴演讲的话题

即兴演讲的话题,是建立在演讲主题基础上的,话题一旦确定,表达便由此开始。话题在即兴演讲中有重要作用,因此我们在选取话题时要慎重,尽量选取观众都感兴趣的话题,选取新颖独特的话题。

想好了合适的话题,还要学会用合适的方式提出来,例如:“请问您对中国的饮食文化怎么看?”运用疑问句式,委婉含蓄;“让我们来关注一下上海世博会的话题吧!”运用呼唤语,简洁明了;“我以为只重技能不重能力的高等教育人才培养模式是错误的”为论述式的表达,充满力量。

一、话题的选取

可涉猎的范围很广泛,但在话题的选取上,要注意以下几个问题:

对于自己不清楚的事情,不要冒充内行;

不要向陌生人夸耀自己的成绩,如个人成就、家庭富有等;

不要在公共场合议论朋友的失败、缺陷和隐私;

不要谈那些未有定论、容易引起争议的话题;

不要随意诉苦和发牢骚。

二、话题的引出

转换话题的要领在于适时的,用适当的方式,巧妙地将观众的注意力从原来的话题引至新的话题;而成功地运用这个要领的关键,则在于对新话题应当有较多的共同语言。以下几种方法可供参考:

1. 提问引导法:在表达陷入困境之时,不失时机地提出一些问题,通过问题开启对方思维,把话题引开。

2. 顺手牵羊法:在演讲开展的环境因素中,关注眼前的景色、物品、陈设、声音、气息、温度等,都可成为话题转换的可利用的因素。

3. 另起炉灶法:很果断地撇开原来的话题,直截了当地提出一个新的话题。

三、谦词与敬语

正确的使用谦词、敬语可以缩短与对方的心理距离，为彼此的谈话奠定良好的基础和融洽的气氛，尤其是一些陌生的公开场合，或是与自己地位悬殊较大的人说话时，更应注意谦词和敬语的使用。

谦词、敬语的形式多样，使用时要诚恳、适时、风趣，尤其是一些套语要注意使用的情境，看准时机。谦词、敬语的表达应有一定的艺术性，如果幽默风趣一点，会给对方留下深刻的印象，同时也会打破一些尴尬的局面。

第三节　即兴演讲的方法

在即兴演讲活动中，演讲者如果注重从有备、求精、求实、借"箭"等几方面去策划，其演讲水平将会明显提高，并取得良好的效果。

一、有备

即兴演讲虽然不像有稿演讲那样准备充分，但还是有一些东西可以事先做好准备的。一是可以备思路。一般来说，即兴演讲大多属议论式，即围绕一个观点组织几则材料进行论证和说明，有的可分成几个方面横向说，有的可从现象到实质纵向说，有的可正反、古今等对比说。许多赛场即兴演讲题不外乎这些思路，当演讲者抽签抽到一个题时，首先就要看它适合以何种思路或者模式展开。如"年轻，OK"，这个题目一看就抒情味较浓，实际上它是要向人们阐明"如何珍惜青春"的话题。它的思路可以是先横向，后纵向——开头用几个排比句道出年青的种种美妙，随后托出珍惜青春的主旨，然后列举当今种种浪费青春的现象并分析原因，最后回到主旨，照应题目，进一步强调。这样思路清晰了，语言材料可以在抽题后有限的几分钟内准备，甚至边说边组织都来得及。生活即兴演讲也可备思路，如某人被邀请参加一项活动，就得事先根据自己的身份地位预料一下是否有可能被要求发言，如果有，就要有心理准备。如教师参加学生的活动，如果被要求讲话，一般都是点评式的。这样的生活即兴演讲大致在事先可这样准备思路：先说自己总的感受，应以肯定居多，并结合活动实例分条说明；再指出缺憾之处并简析原因；最后提出自己的建议或希望。二是可以备语言。即兴演讲中可以不失时机地穿插几句俗语谚语、名人名言、古典诗词。这类言语可以分类准备，如发奋类的、勉励类的、警醒类的等，它们往往有凝炼、适用性强的特点。有时它们可作观点，有时它们可作点缀，恰当地使用将会使演讲文采大增。有些内容较明朗的生活即兴演讲，在事先就可选出几句针对性较强的句子或作开头，或作转折，或作结尾，如当要讲自励或勉励他人之意时，下列句子就可作选择：梅花香自苦寒来、腹有诗书气自华、为伊消

得人憔悴等。

二、求精

一是即兴演讲一般要求一事一议，短小精悍。这就要求结构精要，主干突出，不枝不蔓。如笔者在参加一位 80 岁的老医生的生日庆祝会时，根据自己的亲身经历和真情实感作了这样的即兴发言：开头，“我一直对奶奶有一种崇敬感，她医术精湛，医德高尚”。主体，用我儿时向奶奶求医时的见闻，分别从医术与医德两方面举一两个典型事例予以说明，并强调她的奉献精神对我成长所起的潜移默化的作用。结尾祝愿，“祝奶奶寿比南山”。整个发言言简意赅，切合气氛，赢得热烈掌声。二是即兴演讲的材料运用要精当。如笔者在训练学生进行即兴演讲时演讲者抽到的题目是“环境与成才”。演讲者是一位大三学生，这位同学稍做准备就登台演讲，从申奥成功、中国入世到西部大开发，社会大环境说了一大堆，但具体落实到成才时则草草收场。其实该演讲题目中的环境主要指成才的环境，只有与成才相吻合的环境才是我们所要突出的环境。而这种“成才环境”的事例随处可见。如果演讲者以此生发，来阐述环境的重要，那就比上述所说的大环境要恰当得多，收到良好的效果。这样的演讲既生动活泼，又真实典型，有很强的可信度与说服力。当然那位同学也讲了环境，其环境也很好，只是此环境与成才不能直接发生关系。

三、求实

一是即兴演讲的观点要实事求是，持论公允。如学生在讲“大学生恋爱之我见”这一题目时，有的给予充分肯定，有的却持否定态度，这未免都失之偏颇，而有一位同学认为有利有弊，如果那个“度”把握不好，一定是弊大于利，并举周围同学的大量例子予以证明分析，并劝诫同学珍惜大学时光，以学业为重。这样的观点就较符合客观事实。二是采用材料要么结合自身实际，要么结合现场实际。演讲者讲自身的实际，会更加真实深刻；结合现场实际，会使听众更加关心和注意，因为每个人最关注的是自己，当演讲的内容涉及某一听众，尤其是有肯定之意时，此时，演讲者会发现该听众目光中透出喜悦和兴奋。比如笔者经常参加学生的第二课堂活动，学生常要求作简短点评，我就习惯于联系学生现场情况。我常用这样的句子：“在这方面某某同学做得很好”、“正如某某同学所说的那样……”、“某某同学：你能简要说说你是如何取得这一成绩的？”等，这样学生就会因为他的被肯定或者被关注而对演讲者产生好感，还可使演讲者与听众之间的关系和谐融洽。

四、借“箭”

这里的箭，一是借名言、警句来开头；二是借当时的场景、主题来发挥。如在一对青年的婚礼

上，主持人便以结婚青年的所在地名为话头："他们这一对，一个在海南，一个在河南，可算是'南南合作'。各位来宾都知道，国际上有一个'南南合作'，那是世界经济发展的共同体。而他俩'南南合作'，可称为爱情发展的融合体。他俩南南相望，南南相吸，南南相追。现在他们正式南南合作，结成秦晋之好。"这种借引很有趣味性。三是选择听众所熟悉，易理解的事物为媒介，以激发听众的共鸣，迅速沟通演讲者与听众的心灵。即兴演讲大多数属议论性的。

【演讲实践】

1. 新生代表发言。
2. 教师节学生代表发言。
3. 毕业生离校发言。

第四节　即兴演讲的架构

许多人都对即席演讲或即席发言存在一种恐惧感，因此恐惧感就成为即席演讲或即席发言必须设法克服的一种压力。事实上，临时被要求发言，或多或少感到紧张是很正常的。只要不紧张到"语无伦次"或瞠目结舌愣在那儿总还算是无伤大雅。适度的紧张有时反而有益，因为这样往往更能流露出演讲者的坦诚与热诚，因而更容易赢得听众的共鸣和赞许。毕竟，听众对即席演讲者期望是不那么苛刻的。好的即兴演讲是需要提前做准备和组织的。

一、即兴演讲的准备

正如著名演讲大师戴尔·卡耐基所言：无任何准备的演讲只是信口开河，根本不是真正的演讲。因此，即席演讲虽不像一般演讲那样需要有充足的时间来进行准备，但也不是不用准备或不能准备的，预测性准备和临场性准备就是最基本的两种准备方法。

(一) 预测性准备

预测性准备，是在演讲之前有预见地做一些推测性准备，具体包括三方面的内容。

1. 心理准备。在参加一个会议或活动之前，可以先设想一下：自己是否有可能需要讲话？如果讲，讲什么？怎么讲？在心理上做好准备。有了这种心理准备，可避免突然被"点将"后的那种吃惊、慌乱、尴尬或恐惧心理，能够迅速实现角色转换：由配角转向主角，由听者转向讲者，快速进入演讲状态。

2. 材料准备。如果事先已经知道会议或活动的内容和主题，可以简单地翻阅一下相关资料，

临时扩大知识储备量以充实自己的大脑。这样，在被突然“点将”发言时，你就能对某一问题旁征博引，讲得头头是道，从而赢得听众对你刮目相看。

3. 酝酿腹稿。如果时间和情况都允许的话，演讲者还可以先酝酿一下腹稿，形成一个大体框架，如迅速概括演讲的主题、组织演讲结构等，明白自己要讲一个什么问题，如何讲清楚，先讲什么，后讲什么，如何结尾，把要讲的内容有条理、有层次地组织起来。值得注意的是，这个腹稿并不是一成不变的，随着演讲内容的逐步深入，可能在讲话过程中会随时改变或打乱原先的设计。

（二）临场性准备

有时，演讲者也可能在毫无思想准备、心理准备的情况下被突然“点将”，或者虽有事先准备，中间却突然出现意外，这时就要尽量争取临场准备时间。临场性准备的时间虽短暂，却为演讲者提供了宝贵的思考空间。由于临场性准备是以拖延时间为目的的，所以又称为延宕法，主要有以下两种：

1. 动作延宕。动作延宕就是利用某种动作来拖延时间，在施展动作的同时，让大脑快速进行工作，然后再开始讲话。比如：端起茶杯喝口茶水，拉拉椅子，向听众点头或招手致意，等等。这些动作拖延的时间虽然很短，却给了演讲者一个喘息的机会，让大脑去进行紧张快速的思考，同时调整了自己的心理状态。

2. 语言延宕。语言延宕就是先说些与主题关系不大的、无须深入思考易于表达的题外话，以便大脑迅速组织材料，确立讲话的主旨、中心等，然后再慢慢切入主题。这样，就可避免演讲中冷场的尴尬。比如，在一次演讲当中，忽然有人向演讲者提了一个挺刁钻古怪的问题，令演讲者一时难以回答，他就用了语言延宕方法解围：“这位听众问了一个很好的问题，我想大家也一定像他一样，很想知道我对这个问题的看法。那我就给大家做一下解答……”这样，在说这段话的同时，演讲者就可以使自己的大脑迅速活动和思考，等这段话说完了，他的答案也就组织得差不多了。

二、即兴演讲的组织

即兴演讲应做到十六字，就是“从容上台”、“镇静构思”、“热诚发言”、“大方表演”。当你在毫无预期的心态下突然被邀请上台时，千万不要任“紧张”这个“捣蛋鬼”把你整个人给控制住。你必须设法很大方很从容地接受那“突如其来”的“任务”，这是最要紧的第一步！如果你一时控制不了紧张的情绪，使得心脏骤然间怦怦然乱跳一通，那么你很可能在一刹那间浑身冷汗直冒，手脚发软，牙齿打颤，紧接着脑子里一片空白。如此一来，如欲顺利完成此项任务恐怕就少有可能了。因此，“从容上台”（或不必上台，只要起立或端坐即可）是极为关键的第一步。“从容上台”这四个字代表着镇定迎接任何“挑战”的素养——你得告诉自己：“不要怕，不必怕，临时说几句话没有什么大不了！”一旦完成了这种最根本的心理建设后，你就能面带微笑，气定神闲地抬头挺胸，

以健康优雅、充满自信的步伐走上讲台了。

在迈出这极重要的第一步的同时，当然要做好“镇静构思”的工作。严格说来，这两件事必须同步展开并且几乎同时完成。在任何正式或非正式的即席发言场合中，“镇静构思”的成果好坏直接决定该次讲话质量的高低。一般人往往误以为“即兴演讲”是连一点准备时间都没有的。实际上，从被点名上台的一刹那算起，到走上讲台或从座位上起立站妥为止，通常都能“偷到”三十秒左右的宝贵时间。有经验的即兴演讲者通常都能好好利用这段难得的时间，镇静而又迅速地展开“构思”的任务。即兴演讲最让人着迷的妙处也许就在这里。即兴演讲最困难的地方，说穿了就在于能否动脑筋想清楚要说什么和怎么说，因此，如何做好“临场构思”便成为决定成败的关键课题。

第一，要马上确定你针对讲题要采取什么样的立场，并依据你对听众背景和需求的了解，确定为何种发言目的而表达什么主旨。你可以从信息性、说服性、鼓舞性、娱乐性和社交性等选项中择定你的发言目的。同时据此急速敲定你打算呈现的基本立场和核心题旨。通常这种演讲都仅有几分钟长，所以你必须在很短的时间内把焦点集中在一两点，或顶多两三点与讲题有关的论点上。即使你一时有很多话可说，你也不宜贪多，必须加以取舍剪裁，只挑具有实质意义的重点来说。

第二，要看现场需要，在时间许可范围内处理演讲内容的布局事宜，亦即依照开场白、主体和结语三部分来把所欲表达的内容有系统地架构起来。

第三，要善于利用现场各种可用的资源，包括描述现场某些布置所带给你的某些联想，或评述其他刚讲完话的演讲者的某些与你讲题发生关联性的话语。这样做，很容易激发听众的高度兴趣和认同，而且你的机智表现也能有效增强你的感召力和说服力。

第四，要养成“站着思考”的习惯，增进边说边想的才能。倘若来得及的话，可以将上台前紧急脑力激荡所获得的主要论点，用几个关键词写在小纸条上，如果时间不允许这么做也没关系，只要心中牢记重点并依序妥为陈述就行了。在边想边说的过程中，可以尽量运用联想法、发问法、归纳法、演绎法、对照法、引述法、比喻法和举例法等思维方法，以便扩展“站着思考”的空间，并灵活打通有助于连结讲题的思路。只要讲题不过于生涩艰难，大概就能侃侃而谈，乃至出口成章了。

第五，在平时“多读书、多思考、多练习、多观摩、多演练”，尽量多下功夫，假以时日，就能培养足够的信心和能力，迎接即兴演讲的挑战了。这方面的信心与能力确实要靠长期积累的学养、胆识、眼光和经验才能逐步培育成功。因此，我们可以说，即兴演讲是可以而且需要事先准备——一辈子持续不断准备的一门才艺。

成功演讲的首要条件是在内容既新鲜又丰富的同时表达既生动又自然，所以通过上述“临场

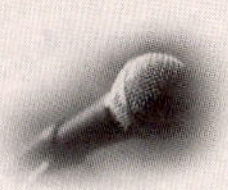

构思”的步骤之后，尚须实践“热诚发言”、“大方表演”的法则，将一流的内容通过一流的技巧发挥出来。

三、即兴演讲的架构

一般的即兴演讲比赛采取抽签式，临时准备时间较短。但演讲者平时如有较为丰富的准备，即便没有现成的与自己的准备完全吻合的题目，至少也不会觉得太陌生。尽管这样，要在比较短的时间内完整地打腹稿也是非常困难的。

首先是审题。比如前面提到的学校准备的一次演讲训练，演讲者抽到的题目是“环境与成才”。演讲者潇洒自如，侃侃而谈，从申奥成功、中国入世到西部大开发，社会大环境说了一大堆，但具体落实到成才时则草草收场，不能不使评委们感到遗憾。如果选用“动科系一寝室七位女生同时考上研究生”的事例，并由此而生发、阐述环境的重要，那可能是另一番境况。这样的演讲既生动活泼，材料又鲜活而典型，在完成演讲内容的同时，也宣传了自己学校，可谓一箭双雕，何乐而不为呢？值得注意的是，审题是演讲的第一步，同时也是最为关键的一步。

其次是结构布局、层次安排。为了获得好成绩，演讲者应该突出演讲的层次感。不管是竞赛型演讲还是实用型演讲，演讲具有层次感都会给听众留下深刻的印象。笔者认为，可以使用一些实用写作的结构方法。诸如首先、其次、另外、最后；第一、第二、第三、第四；一、二、三、四等等层次结构方法。这种层次结构方法让演讲者心里有数，同时听众、评委对其内容的结构轮廓有一个大概的了解，知晓演讲者讲了几个问题，它们之间的逻辑关系如何。这样，演讲者在同等条件下可能被给予较高的分数、较好的评价。听众听后也会记得他讲了几个问题。

第三，设计好开头和结尾。好的开头是成功的一半。对于演讲，有好的开头尤为重要。怎样才是好的开头呢？犹如文章的写作那样，文无定法，但大体要求就是新颖、开门见山。这是由即兴演讲本身的特点决定的。开头要新颖，要抓住听众和评委，要积极向上，给人鼓舞，给人力量，有感召力。其实演讲的主要功能就是宣传鼓动。当然即兴演讲不可能千篇一律，是灵活多样的。可以是先哲怎么说、文学家怎么讲、领袖人物如何论述，也可以是一个历史故事、一段神话传说、一则身边典型案例，但必须亮出你自己的观点。如前面的“环境与成才”，就可以从身边的人和事切入，把“一女生寝室七位同学同时考上研究生”的事件，用凝练的语言组织成一个小故事，以这个故事来作为开头。发生在身边的典型事例更能吸引听众的注意。演讲的开头所引用的名人名言最忌讳的是“俗”、“人云亦云”。演讲结尾也是很讲究的，或给人以力量，或提出问题让人深思，或展示自己的观点，或指出奋进方向。总之，结尾应余音袅袅，留下回味的余地，让听众有一种“言已尽而义无穷”之感。

第四，充分运用好支撑观点的材料，即事实论据与理论论据。对材料的要求是新颖、典型、得

体。演讲重在说理，而支撑观点的佐证材料非常重要。它直接影响演讲是否具有说服力，是否让听众和评委信服。材料可以是见诸报刊等媒体的国内外大事件，也可以是自己身边的平凡琐事，但一定要典型，通常所说的“以小见大”是也。材料也可以撤旧改新，关键是得体。

第五，即兴发言构思方法：

1. 表达强烈愿望——愿为事业献身——指出必胜的光明前途——表达感激之情。

2. 欢迎众人到来——表达高兴心情——表明自己观点(联系实际)——表达祝福。

3. (答谢辞)表示感谢——回顾过往生活——两者间相互促进——升华思想、感情。

4. 引出话题——介绍关系——双方情况说明——表达希望与祝福。

5. (颁奖辞)受奖人的贡献——具体介绍其贡献所产生的影响——赞扬其巨大贡献。

6. 说感受——分析原因——谈问题——道艰难——呼吁大家。

第五节　即兴演讲的技巧

一、快速思维技巧

即兴演讲具有临场性的特点，需要演讲者具有快速组织材料、整理语言、明确表达的能力。可参考如下技巧：三定、四思、五借。

1. “三定”：定话题，定观点，定框架

(1)定话题。选择适合于即兴演讲场合的、听众想听的、社会生活需要的话题，同时也是你想说的、你会说的、你说得明白的话题。

(2)定观点。观点要精练、深刻、言之有理。

(3)定框架。

① 开门见山式：也叫金字塔式。方法为：先亮出主题，然后对主题作较详细的论证和分析说明。

② 曲径通幽式：也称为卡耐基的“魔术公式”。方法为：先举例，再叙主旨要点，三说理由并进行论证分析。

2. “四思”：发散思维、集中思维、立体思维、逆向思维

(1) 发散思维

调动演讲者已有的知识积累和想象力、创造力去构建或破解，从同一问题中得出各种各样的答案，在处理问题中寻找多种多样的正确途径。多端、灵活、精细、新颖是它的特点。

【经典案例 4】网上最新的“文字”解读

中国的文字真厉害：上海，就是商海。欲望，就是渔网。老公，就是劳工。升职，就是升值。

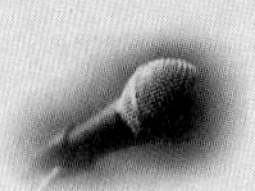

同居，就是痛聚。誓言，就是失言。男人，就是难人。理想，就是离乡。缘分，就是怨愤。失去，就是拾取。清醒，就是庆幸。结婚，就是皆昏。知道高考为什么要改在6月7号和8号吗？意思是："录取吧！"

(2) 集中思维

从通常被人们认为不值一谈的小事，或无须作进一步探讨的定论中，透过现象看本质，发现对时代、社会更有意义的事实。

【经典范例5】"道德犹豫症"

大家好，下面我诚挚邀请各位跟我分享一段我来比赛路上的小故事。在来比赛的路上，我看见一位老奶奶不小心跌倒了，但我用了长达五秒的思考时间才决定如何做。首先，中华民族的美德告诉我们要关爱老人，于是我朝着老奶奶跌倒的方向迈出了第一步；可多年的成长经验告诉我，不行，说不准别人认为是我把老奶奶推倒的，于是我收回已经迈出的步子；然而，内心的良知告诉我，不能这样，于是我又迈出已经收回的步子；最后，我决定了，不管你扶不扶，我扶了。就在我踏出那坚定的一步时却发现，老奶奶已被扶起。

在对自己为什么要思考五秒而感到懊悔之余，也觉得貌似很多事情按照这种情节也就能解释过去了，曾经的"德，国之家也"，在一点点慢慢流失。在对自己惊人的惯性反应能力叹息之余，更多的是一种无奈的求问，我们到底是怎么啦？再三思索无果的情况下，我拨通了父亲的电话，做医生的父亲直接给出了一个来自医生角度的准确答案——"道德犹豫症"。

心病还需心药医，该病症之良药就是我们内心的"真善美"。带着这剂良药，按照以道相待、以德服人、讲诚信、持孝道、扶正义、怀仁爱、存善念的方法服用，就俯身拾起了"跌倒"的道德。遵循老子所说："道生之，德畜之，物形之，器成之，是以万物莫不尊道而贵德。"我们相信，在明天，没有毒奶粉，没有地沟油，没有冷漠的看客，也没有所谓的路人甲、乙、丙、丁。

(3) 立体思维

任何一个演讲主题都有一个立体的层次构成，如何将其与"心口如一"、"形与神"相结合，还取决于选手的心理素质、气质风格、音质音色、构词句式、节奏感、时机选择等，这些都属于立体思维的把握与制导。

【经典范例6】对于一个城市的即兴解读

在2012年全国"寿光杯"大学生演讲比赛上，来自广西民族大学的杨学明教授作为评委代表进行了即兴发言：

寿光不是离天最近的地方，却是一个最热衷、最善于收集阳光的地方。昨天，踏上寿光这片热土，满眼所见，除了我久违了的那一排排笔直的白杨，一棵棵婀娜的垂柳，映入眼帘的是成排成行的，而且令人觉得兴奋和愉悦的太阳能路灯，我就在想，太阳能在这儿以这种形式被收集，阳光

能在这儿以这种形式被吸纳，转化成动力，转化成能量，那还有什么能阻挡道德的力量？我觉得今天在这儿，是天经地义，是水到渠成，是名正言顺。

(4) 逆向思维

由于受到从众心理影响，演讲的人围绕氛围所形成的话题或观点，往往人云亦云，缺乏创新，若能一反常态，独辟蹊径，就会产生意想不到的效果。逆向思维是制造跌宕的有效途径之一。

3. "五借"：借题发挥，借人发挥，借物发挥，借事发挥，借景发挥

"借"的东西很多，"五借"是泛指，它要求演讲者要善于观察现场，获取信息。比如，我们可以借一个字来做文章引发下去，谈天说地，围绕这个字尽情发挥。

二、快速思维训练法

快速思维的线路图：观察——抓话题——定语点——扩展语点（组织语言）——语序的排列——表达。

1. 定向思维训练法

定向思维是按常规模式进行的思维，培养人深入思考问题的能力，有助于养成透过现象看本质的思维习惯。

可以拟定一些比较容易的叙述、说明、介绍方面的题目进行训练。为了使思维有条理，可采用关联词训练法，下意识地在表达中加入"因为……所以……"、"首先……其次……再次"、"于是"等类似的关联词。

2. 逆向思维训练法

逆向思维，也叫求异思维，它是对司空见惯的似乎已成定论的事物或观点反过来思考的一种思维方式。敢于"反其道而思之"，让思维向对立面的方向发展，从问题的相反面深入地进行探索，树立新思想，创立新形象。当大家都朝着一个固定的思维方向思考问题时，而你却独自朝相反的方向思索，这样的思维方式就叫逆向思维。

3. 发散思维训练法

发散思维，是由此物想到彼物，并可能将信息向各个方向扩散引出更多新信息，实现闻一知十、触类旁通，是创新思维的一种思维方法。

三、表达技巧

1. 让有声语言的表达抑扬顿挫、错落有致

像白居易《琵琶行》中所描绘"大弦嘈嘈如急雨，小弦切切如私语，嘈嘈切切错杂弹，大珠小珠

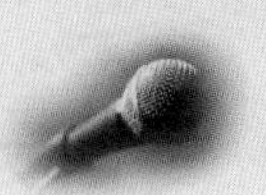

落玉盘”的那种境界，要求做到：

(1) 发音响亮：洪亮的声音有利于吸引听众。

(2) 双音节化：汉语中的双音节词响亮明朗，有顿挫变化感，易于表现语言的音乐美。

(3) 平仄相间：汉字一字一调，高低升降，起伏变化，作为平声字的阴平、阳平变化不大，比较平稳，而仄声字的上声、去声变化大，音声短促、音感强烈。二者要相间配合使用。

(4) 停连得当：声音要体现节奏感，不能像平平流水，应按语法、逻辑、感情的需要把发音化为一个个跳跃的节奏。

(5) 轻重得体：根据表达的需要把一些词语读得轻些，一些词语读得重些，轻重的确定一定要得体，要建立在语意的基础上。

(6) 快慢稳当：语速的快慢要看对象、看环境、看内容，既要做到“快而不乱”，否则含混不清，又要做到“慢而不拖”，否则松松垮垮，要快中求慢，慢中有快，快慢稳妥。

(7) 高低有度：说话要围绕一个基调进行，表达不能太平坦，要高低起伏，峰谷错落。

2. 巧妙运用比喻，化抽象为具体，化深奥为浅显。

比喻技巧的运用能形象地表现情感，化抽象为具体，化深奥为浅显，化枯燥为生动。

【经典范例 7】食品店经理就职的即兴演讲

各位：

今后我们八人就要同舟共济了，抵押承包，可不像张飞吃豆芽那样轻松，搞不好赔了夫人又折兵，我是不想把夫人赔上的，不知各位意下如何？这个食品店为啥由咱八个承包呢？这个“八”字，从古到今都是个有魔力的数字。八卦图变幻莫测，阴阳相继、相生相克的哲理于东南西北，于金木水火土最基本的方位和物质之中；八卦掌柔中有刚，在平缓绵延，滴水不漏的步法掌势中出奇制胜；咱八个人，又应了“八仙过海，各显神通”的古话。各位有什么绝招，不管是宝葫芦、芭蕉扇，还是何仙姑的水莲花，都可以使出来。不过，常言道，无规矩不成方圆，咱们也立个章程：一是要遵纪守法，讲职业道德。该交的交，该留的留，不能含糊。不做缺德买卖，将心比心，咱们哪位要是买了掺了假、爬了虫的点心，也会骂人家祖宗十八代的！第二，对顾客要热情。晴暖三冬雪，诚招天下客。脸上少挂点霜，不善于笑的，多看几段相声，多听几句笑话，案头上摆个弥勒佛。还要讲点仪表美，济公心灵够美了，请他老人家来站柜台恐怕不行。第三点，说出来有点不好听，大家在家不妨吃得饱点，最好不要到店里来补充营养，咱们这个店去年有一个月损耗点心200多斤，人人都说闹耗子，这也太有损我们的形象了。最后，请各位回家转告自己的妻子、对象、恋人，我们堂堂八条汉子，决不会把她们赔上去的，请她们等着抱“金娃娃”好了。

【经典范例 8】李大钊演讲：人生最有趣味的事——谈雄健的精神

历史的道路，不全是平坦的，有时走到艰难险阻的境界，这是全靠雄健的精神才能够冲过

去的。

一条浩浩荡荡的长江大河，有时流到很宽阔的境界，平原无际，一泻万里。有时流到很逼狭的境界，两岸丛山叠岭，绝壁断崖，江河流于其间，回环曲折，极其险峻。民族生命的进程，其经历亦复如是。

人类在历史上的生活正如旅行一样。旅途上的征人所经过的地方，有时是坦荡平原，有时是崎岖险路。老于旅途的人，走到平坦的地方，固是高高兴兴地向前走，走到崎岖的境界，愈是奇趣横生，觉得在此奇绝壮绝的境界，愈能感到一种冒险的美趣。

中华民族现在所逢的史路，是一段崎岖险阻的道路。在这一段道路上，实在亦有一种奇绝壮绝的景致，使我们经过这段道路的人，感到一种壮美的趣味。但这种壮美的趣味，没有雄健的精神是不能够感觉到的。

我们的扬子江、黄河，可以代表我们的民族精神，扬子江及黄河遇见沙漠、遇见山峡都是浩浩荡荡地往前流过去，以成其浊流滚滚、一泻万里的魄势。目前的艰难境界，哪能阻抑我们民族生命的前进？我们应该拿出雄健的精神，高唱着进行的曲调，在这悲壮歌声中，走过这崎岖险阻的道路。要知在艰难的国运中建造国家，亦是人生最有趣味的事……

这篇演讲是李大钊对于雄健精神的深思与见解，他用词形象生动，比喻形象贴切，颇有气势。

3. 善用排比，表达丰富感情

排比能使语言规整，语气协调，感情贯通，表达流畅。将排比运用在即兴演讲的开头、中间与结尾，能实现层层推进，振奋人心；或直抒胸臆，情真意切的效果。并且，排比的运用可以把要抒发的感情表达得更强烈、真挚；把大理阐述得更深刻、透彻。

4. 引用名言，增强说服力

即兴演讲时，可以适当地引用名人名言、公认的史料和数据以及广泛流行的成语、谚语等。这可以更好地点明主题，增强观点的说服力，启发听众。

演讲家李燕杰先生在演讲时就非常善于旁征博引，说古道今。听李燕杰先生的演讲，让人仿佛有驰骋九万里、纵横五千年之感。讲到美时，他引用美学家的话“一切美好的事物，只能包括在活生生的现实里”；讲到理想时，他引用保尔的话“理想是没有止境的”……围绕主题充分引用名言，使得李燕杰先生的表达意味深长。

5. 善用语气词，增强亲和力

在表达中，语气词的运用一定要亲切、自然，为表情达意而设。同时，还要注意，陈述、疑问、祈使、感叹与表达强调、委婉、果断、迟疑、生硬、灵活、蛮横、温和、悲切、思索的搭配，要心中有底，搭配得当。

6. 忌用口头禅，增强表达效果

即兴演讲要想吸引听众的注意力，求得听众共鸣，就要做到字字珠玑，而口语中的口头禅则是表达效果的劲敌。常见的口头禅比如：好像、也许、大概、那一个、然后、那么、嗯、啊、吧、好……这些口头禅容易分散听众的注意力，个别语句的反复出现，破坏了语言结构，使语句断续，每一次口头禅的出现，等于一次切割，把整个演讲过程切得支离破碎，给人以断续、离散之感。所以，要增强演讲的表达效果，就要切记忌用口头禅。

7. 幽默诙谐，听众喜闻乐见

即兴演讲中，运用笑话、故事等是一个很好的方法，表达时要轻松，配以微笑、点头，表现出真实感，用清楚而贴切的语言，不装腔作势，正视听众，求得共鸣。

8. 开篇奇巧，引人入胜

万事开头难，即兴演讲的开头切忌平庸冗长，空话连篇。或单刀直入，或迂回进攻，或敞开发问，或试探而进，一个干脆利落的开篇，可引起听众的重视，获得较好的效果。

(1) 单刀直入式：开篇便观点明确，态度鲜明，批判什么、赞扬什么和盘托出。

(2) 笑话、故事式。

(3) 引用式：引用名言警句启迪听众，振奋精神。

(4) 物件展示式：开篇便为观众树立形象思维意识，将观点物化，给观众以形象感、新颖感，易抓住观众的注意力。

(5) 自我介绍式。

(6) 提问式。

当然开头的方式还有很多，如悬念式、新闻式、猜谜语式、数字说明开头式等等。

9. 结尾祝愿，亲切真诚

即兴演讲的结尾就像一盆火，温存听众，让表达长留心中。结尾的方式有总结式、升华式、启发式、号召式等，如果能在结尾处用上几句祝福语，会让听者感受到演讲者的人性关怀，温暖如春。

10. 结构明快，减少客套寒暄

成功的演讲者懂得在听众意犹未尽时戛然而止，给人以振奋和鼓舞。成功的即兴演讲，应该拥有一个良好的开头，它能迅速地建立与听众的共鸣，打开局面，引入主题。同时，也要拥有一个意味深长的结尾，感情充沛，语言铿锵，给人鼓舞，让人振奋，留下无穷的回味与无尽的遐思。

【演讲实践】

话题一：十年同学聚会上的即兴讲话

话题二:婚礼上的即兴讲话

话题三:公司新春茶话会上的即兴讲话

话题四:新年晚会上的即兴演讲

话题五:救灾募捐中的即兴演讲

话题六:即兴课堂点评

话题七:全国青年歌手大奖赛上的即兴发言

话题八:长辈生日宴会上的祝酒辞

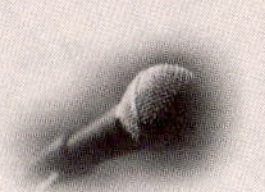

第十六章　辩论演讲

【导语】

演讲按表达的方式来分，有命题演讲、即兴演讲和辩论演讲。命题演讲比较容易掌握，它展示的是嘴皮子；即兴演讲有一定难度，展示的更多是脑瓜子；而辩论演讲既需要嘴皮子，又需要脑瓜子。如果把这三种演讲形式比作行舟的话，那么，命题演讲就是顺水行舟，开口就行；即兴演讲是逆水行舟，不进则退；辩论演讲则是在大风大浪中逆水行舟，你不打倒对方，对方就将你打倒。所以说，辩论演讲是一种高难度的口头语言表达活动，它需要有较高的语言表达能力、思辨能力、知识储备能力和临场应变等能力。辩论演讲不仅是一种斗智斗勇、唇枪舌剑的语言技巧，也是在工作、生活、学习中无处不有、无时不在的语言表现形式。现实生活中人们为了寻求真理，明辨是非，权衡得失，处理分歧，获得成功，都会展开辩论。

第一节　辩论演讲的含义和特点

一、什么是辩论演讲

辩论演讲是人类文化心理素质和思辨能力的一种外在化的表现形式，是为了探讨现实问题，认识社会矛盾，发展思维品质而进行的言语交锋和唇舌之战。说得具体一点，辩论演讲指辩论双方运用口头语言就某一特定问题的是非曲直、优劣正误进行阐述、论证、责难、辩驳，确定自己的论断，占领理论上的优势中心，寻求科学真理，以求最后肯定正确的认识，取得共同的见解所进行的演讲。

辩论演讲的哲学基础是矛盾。古人说，“相反相成”。这就是说，事物矛盾运动和发展的过程，其本身就是矛盾双方既对立又统一的规律的表现。辩论演讲就是一种既对立又统一的矛盾体。古代的中国、希腊、印度的思想家们，就是主张通过辩论揭露对方的矛盾，进而克服这些矛盾，获得双方共同承认的真理。在辩论中，正方和反方之间，既存在着对立关系，具有相互排斥、相互否定、相互限制的不相容的一面；同时，对立双方又处于统一的辩题之中，存在着相互吸引、相互渗透、相互补充的趋势和相互转化的可能性。

正确理解辩论演讲的定义，必须把握三点：第一，辩论演讲，必须要有一个共同的辩论对象，辩论双方由此形成相异的且构成矛盾或冲突的观点。如果不是同一个对象，或者虽是同一个对象，但没有形成相互矛盾冲突的观点，则不能构成辩论。第二，辩论双方都认为自己所持观点是正确的，对方的观点是错误的，由此展开一场运用各种方法证明自己的观点，反驳对方观点的言语交锋。第三，“射人先射马，擒贼先擒王”，在辩论中，只有抓住辩题中的核心矛盾，对辩题的核心内容做出正确的界定，辩论才有可能出现“针尖对麦芒”激辩的精彩。如果辩论中的一方没有找准辩题核心，那么在辩论中就有可能出现一个“说东”，一个“说西”，或者出现“一边倒”的局面。

辩论中的核心概念，是指事关己方取胜的重要概念。一个辩题中需要定义的概念很多，但核心概念只有一个，抓住有利于自身的核心概念，就会处于主动。应该注意的是有时正反双方的核心概念并不一致，在审题时要注意。辩论中如果双方寻找不到“题魂”或者不能在“题魂”上辩论，那么辩论就会像“两条永不相交的平行线”，形成不了有效的交锋，辩论也就不会精彩。“题魂”是双方争辩的焦点，题魂可以在确定辩题范围和语境、了解辩题历史背景的基础上，通过使辩题变窄和分析双方立场之利来寻找。

在1993年“第一届国际大专辩论赛”大决赛上，持人性本善观点的正方台湾大学代表队和持人性本恶观点的反方复旦大学展开辩论。台湾大学代表队“性本善”的观点的解释比较宽泛，似乎好辩一些。因为善可以解释为“善良”，继而又可以进一步解释为“心地纯洁，没有恶意”。正方只要抓住“没有恶意”便可以大做文章，而不需从伦理学的善行立论，把自己逼入死胡同。而复旦大学“性本恶”的观点从社会学的角度，以时代不同、环境不同导致的人的需求不同、社会需求不同为破题入口，在辩题中隐含着“当今的社会是一个奋发向上的社会，这样的社会它需要的不是颂扬，而是批判，充分认识到自身的不足，才能获得前进的动力，相反如果一味地沉溺陶醉于过去就不可能有很大的进步”的命题。复旦大学由于抓住了“题魂”，对辩题做出合理的解析，在辩论中一直处于优势，最终获取比赛的胜利。而台湾大学代表队由于没有对辩题做出合理的界定，没有找到“题魂”，出现了辩论主旨不明确，辩论没有明确针对性的过失，可以说直接导致了辩论的失败。

二、辩论演讲的主要特点

1. 雄辩性

辩论演讲区别于命题演讲和即兴演讲，最本质的特点是对立双方不同观点的辩驳，表现出强烈的针锋相对和直接抗衡。辩论双方都力求用最鲜明的论题、最充分的论据、最有力的论证，来树立己方的论点而驳倒对方的论点，针锋相对，穷理竭智，雄谈阔论，信心十足，具有极强的雄辩性和论战性。

2. 理论性

辩论双方为了在论战中形成自己的强大的说服力和辩论优势，都必须诉诸逻辑思维，致力于对辩题的理性发掘和完美论证。因而使辩论的内容具有理论上的深刻性和系统性，甚至能迸发出创造性的思想火花，从而具有无可辩驳的辩论锋芒和震撼人心的理性力量。

3. 即兴性

辩论不同于一般演讲，如命题演讲可以按事先准备好的较为理想的讲稿去讲，但辩论不能这样。虽然，辩论也应当有充分的准备。可是，由于辩论是双方面对面的口头交锋，对方如何阐述论点，运用什么样的论据，怎样进行论证，以及提出什么样的问题、怎样驳诘，都是不能预先知道的。因此，在辩论过程中，双方都必须根据辩论所处的特定的情形，考虑辩驳内容，组织口头语言，既要有理有据，形成凌厉的攻势，又要机智巧妙，显示出赛场的风度。这就决定了辩论活动具有极强的即兴性，要求辩论者具有过人的临场应对才能和灵活的口才。

4. 竞争性

一般的演讲是一种个人的单向演讲行为，演讲的目的在于宣传自己的观点，表达自己的感情，以取得听众的理解和支持。而辩论演讲则是双方针锋相对的较量，主要目的是造成“你错我对”的结果，从而战胜或者说服对方。

另外，随着时代的发展，人类的政治、经济、军事的竞争越来越激烈，为了求得认识的一致，为了辨析是非曲直，上自联合国讲坛，下至街头巷尾，大到国际争端的调解，小到商务活动的谈判，都需要进行辩论演讲。于是辩论演讲这个古老的语言艺术，在当今又焕发出青春，而且越来越具有竞争的色彩。

三、辩论演讲对辩论者的要求

辩论是一种综合性、实践性很强的思想交流活动，辩论涉及许多学科，如语言学、逻辑学科、演讲学、心理学、伦理学、法学等等。要想使自己成为雄辩之才，就需要刻苦学习各种知识，熟练掌握辩论的各种技法。所以，辩论演讲要求辩论者具有坚持真理的信念、捍卫真理的胆略、博识多闻的知识、能言善辩的口才、随机应变的机智、谦让容忍的品格。

1. 坚持真理的信念。辩论的最终目的是坚持真理、宣传真理，辩论的过程，实质上是真理探索和传播的过程。如果辩论离开了这一目的，那就会成为毫无意义的斗嘴，甚至成为无聊的吵架。因此，辩论者只有在确信自己的观点是真理，并坚定不移地信奉它时，才可能为之而“舌战”。连自己也不相信的观点，偏要去强词夺理，那不是辩论，而是诡辩。那么，什么是诡辩呢？我们看看下面这个例子就知道了。

有两个学生请教老师：“什么叫诡辩呢？”老师并没有直接回答这个问题。而是提出这样一个

问题:"有两个人到我这里来作客,一个人很干净,另一个很脏。我请这两个人去洗澡。你们想想,他们两个人中谁会去洗呢?"

"那还用说,当然是那个脏人。"学生脱口而出。

"不对,是干净人。"老师反驳说,"因为他养成了洗澡的习惯;脏人认为没什么好洗的。再想想看,是谁洗了澡呢?"

"干净人。"两个学生改口说。

"不对,是脏人,因为他需要洗澡;而干净人身上干干净净的,不需要洗澡。"老师又反驳说。然后,他再次问道:"如此看来,我的客人中谁洗了澡呢?""脏人!"学生重复了第一次的回答。

"又错了,当然是两个人都洗了。"老师说,"干净人有洗澡的习惯,而脏人需要洗澡。怎么样?他们两人到底谁洗澡了呢?"

"那看来就是两人都洗了。"学生犹豫不决地回答。

"不对,两人谁都没洗。"老师解释说,"因为脏人没有洗澡的习惯,干净人不需要洗澡。"

"有道理,但是我们究竟该怎样解释呢?"两个学生不满地说,"你讲的每次都不一样,而又总是对的!"

"正是如此,你们看,这就是诡辩。"

2. 捍卫真理的胆略。辩论的对手水平有强有弱,身份有高有低,能力有大有小。辩论者如果确信自己坚持的是真理,那就应该不因论敌的强大而胆怯,也不因论敌是权威而气馁。这就是说,辩论要有捍卫真理的胆略。

3. 博识多闻的知识。辩论是一种智力、知识以及语言表达技能的综合性较量。其中知识面的广度与深度在辩论中起着很大的作用。诸葛亮在舌战群儒中,如果没有通今博古的知识,恐怕很难在辩论中对答如流。古今中外的各方面知识,都可能成为辩论中击败论敌的有力武器,武器越多、越精,"杀伤力"就越大,这是十分浅显的道理。

4. 能言善辩的口才。辩论是一种面对面的言语交流,双方都依靠口述来表达自己的观点和理由。口述就要运用不同的语调、语气、语势,不同的语调、语气、语势可以获得不同的效果。正确的内容还需要有完善的形式加以表达,辩论者要"战胜"对方,不仅要有无懈可击的思想内容,还必须研究和运用能取得最佳效果的表现形式。因此,辩论者应该注意口才的训练。

5. 随机应变的机智。辩论是一种双方对答的口语形式,你可驳我,我可驳你。辩论者虽然事先可以对论敌作充分的分析研究,做好充分的准备;但是,意料之外的情况几乎是难以避免的。所以,辩论特别需要机智灵活、巧问妙答、左右逢源、随机应变的能力。

6. 谦让容忍的品格。辩论双方都有获胜的愿望,因此,辩论过程中往往容易急躁,甚至情绪冲动。辩论的交锋在于论理,而决不是斗气,辩论中变辩为骂、变论为吵,那是最不可取的,有理

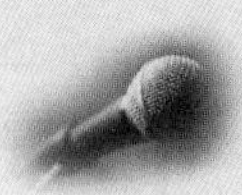

不在言高。辩论者必须坚持说理，切忌因急躁和冲动而要态度、拍桌子甚至干戈相见。所以辩论者应该培养一种谦让容忍的品格，要在友好、和善、理智的气氛中进行辩论，坚持"说理一步不让，动火退避三舍"的原则。

第二节　辩论演讲的类型和作用

一、辩论演讲的类型

辩论如果按辩论的语言媒介不同来划分，可分为书面辩论和口头辩论；如果按辩论主体人数来划分，则可分为双方辩论和多方辩论；如果按其在社会实践中的不同应用来划分，则可分为竞选辩论、政治辩论、法庭辩论、谈判辩论、学术辩论、论文答辩、辩论赛、日常辩论等。

辩论演讲是适应领域较广、情况较复杂、要求较高的一种演讲形式，一般来说分为三类：即日常辩论、专题辩论和赛场辩论。

1. 日常辩论

日常辩论，是指人们在日常生活中随时随地发生的争辩。生活中，每个人都会因自己的思想与他人相异而发生争辩。争辩体现着人类社会的民主和自由，反映着人类社会的文明和进步。社会群体中的每个成员，都应该正确地掌握和运用争辩这种方式，以适应社会群体生活的需要。因此，我们在进行日常辩论时，要注意以下几点：

一是要把握日常辩论的随机性。日常辩论随时随地都可能发生，一般以眼前突然发生的事件作为争辩的对象。因此，争辩都是即兴的。争辩的语言要求短小精悍、言简意赅、一针见血、一语中的。

二是争辩对象要有意义。辩论的本质意义在于批驳谬误，探索真理，通过争辩明辨是非。除了赛场辩论，为了锻炼思维，培养口才而"求胜不求真"外，一般来讲，辩论双方发生争辩，首先必须考虑争辩的积极意义。争辩的问题无非是两类：一类是关于原则性问题的争辩，另一类是属于琐碎小事的非原则性问题的争辩。前者是必须的，而后者则显得多余。

三是争辩要襟怀大度。争辩的巨大作用在于辨明是非，认识真理。争辩各方要通过据理力争，互相学习，取长补短，以促进思想的深化。辩论各方为了坚持自己的观点，可以展开激烈的论战。但彼此间应互相尊重人格，尊重真理，应当采取商榷的态度、平等说理的方式。每个争辩者都要明白，任何人的思想都有局限性，世界上没有无所不知、无所不晓的人。只有通过各种不同思想的竞长争高，才能使真理越辩越明，才能提高和发展自己的思想。在争辩时，争辩者应襟怀大度。如果自己的观点被证明是错误的，就要有从善如流的雅量，及时承认错误，纠正错误；如果自己的思想被证明是正确的，也要谨慎地注意吸收对方思想中的合理成分，以充实和完善自己的

思想。

四是争辩要有礼貌，争辩不是争吵，争辩者切不可纵感情，凭意气。争辩双方应互相尊重人格，不能言语尖刻，讽刺挖苦。争辩的语言要有分寸感，要注意礼貌，特别是在某个话题引起你强烈的感情冲动时，更要注意克制情绪，保持彬彬有礼的举止，避免使用过激言词而伤害别人的自尊心。尊重他人是尊重自己的前提，争辩者要想使自己的思想被他人理解和接受，就应该在争辩中显示出对对方的礼貌和尊重。

2. 专题辩论

专题辩论是指在专门场合下对某一领域或某一部门的特定议题进行的辩论。专题辩论包括法庭辩论、会议决策辩论、外交辩论、谈判辩论、毕业答辩、竞选辩论和座谈辩论等。

专题辩论的专门性，决定了专题辩论中不同类型的不同性质特点。例如：法庭辩论主要表现出它的客观性、公正性和对抗性；会议决策辩论则主要体现出它的集体性、选择性和预测性；外交辩论则主要表现出它的政治性、原则性、灵活性、含蓄性和礼节性等等。

专题辩论的专门性，还指专题辩论知识的专业性和职业身份的限制，即在进行某一专题辩论时，有特定的专业知识范围，有特殊的职业身份的专业术语，有自身的所谓“行话”。因此，在进行专题辩论时，应针对不同的专题把握不同的特点，运用不同的方法。

3. 赛场辩论

赛场辩论是有组织地将辩论按照一定的规则，作为竞赛项目来进行的活动，是围绕同一问题，双方当面交锋，各自论述自己的观点和见解，抨击对方论点，揭露对方谬误的一种团体辩论演讲比赛形式。实质上，赛场辩论是一种对现实生活中的辩论——日常辩论和专题辩论的模拟，它的特点主要表现在如下几个方面：

一是从辩论的目的看，日常辩论和专题辩论都是为了达到真理性的认识，辩论双方都有说服对方或被对方说服的心理准备和客观可能。而赛场辩论的主要目的，不仅仅是达到真理性的认识，而是通过比赛来训练辩论的能力和技巧。因此，它主要以击败对方为主要目的，双方都力求说服对方，而不被对方所说服。被对方说服就意味着比赛的失败。所以，辩论赛对开发广大青少年的智力、训练辩论技能、提高口才等方面都有积极的意义。

二是从辩论的内容范围看，日常辩论和专题辩论都可以针对对方的人和事，如就对方的某个观点或行动、某种品性等进行辩论。而赛场辩论则奉行对事不对人的辩论原则，只针对对方辩友的观点展开辩论，而不涉及对方个人的品质、能力和行为。此外，由于辩论赛以取胜为主要目的，所以在辩论内容上，只要能“自圆其说”，驳倒对方就可以取胜。因此，辩论的结果，胜方的观点不一定代表真理，而败方的观点并非一定是谬误。

三是从辩论的评判看，日常辩论和专题辩论的胜利，在于本方的观点说服了对方，在辩论时

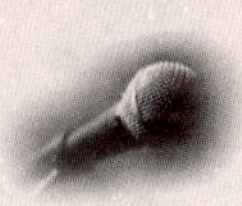

一般只有双方在场，只要考虑怎样对付对方的观点即可。而赛场辩论的胜负，决定于评判员的评判，以及现场观众的心理倾向对评判员的影响。因此，赛场辩论的双方，既要考虑以充分的论据和有力的反驳使对方失利，又要注意自己的语言美和仪态美，以争取听众和评判员的好感和同情，最终取得辩论赛的胜利。

四是从辩论的表达方式来看，日常辩论和专题辩论若要表达自己的观点和批驳对方的错误，要注意以委婉的方式，即不伤害对方自尊心和刺激对方情绪。而赛场辩论则不考虑心理相容的表达方式，不怕刺激对方，对方越失态，越过分激动，越对本方有利。

五是从辩论的组织程序看，赛场辩论属于一种竞赛，竞赛的公正性要求有一套严密的组织形式和竞赛规则，辩论时必须严格遵守这些规则。辩论双方的人员组成结构，每一个人什么时候发言，发言的时间多长等等，都有严格的规定。相对来说，日常辩论和专题辩论的要求就没有这么严密，也没有必要这样来要求。

二、辩论演讲的社会作用

辩论作为批驳谬论、探求真理的一种方式，在人类社会生活中具有重要作用。其主要的社会作用表现如下。

1. 有助于认识真理

辩论虽有多种类型，但其根本目的都在于使人们明辨真假、是非、优劣，认识真理。真理总是同谬误相对而存在，相斗争而发展起来的。这种斗争的过程就是辩论的过程。

2. 激励新思想

水本无化，相荡乃成涟漪；石本无火，相击始发灵光。智慧只有在和智慧的碰撞中才会发出熠熠的火花，才会产生新的思想。

3. 统一人们的认识

正是由于人们的认识不统一，才产生辩论，而通过辩论就可以使人们认清事物真相，比较各种认识的优劣、得失，从而在新的基础上使认识得到统一。

4. 开发智力

每个社会成员，特别是青少年通过参加各种辩论，可以使自己头脑灵活、思维严密，对问题反应迅速、眼光敏锐，考虑问题深入、全面；可以提高自己观察问题、分析问题、解决问题的能力，从而使自己的智力得到开发。

5. 培养竞争意识

辩论实质上也是一种竞争，它是认识的竞争、智力的竞争。一个人要想在辩论中取胜，就必须有不甘退让、不屈不挠的精神。那种一遇别人反驳就畏缩不前、窒塞不畅、沉哑不振的人不可

能取得辩论的胜利。

6. 增长知识

辩论的过程是一个信息交流过程。对一个问题要展开辩论，辩论各方就要收集与此相关的各种知识，并且要整理这些知识，这本身就是增长知识的重要途径。在辩论中，各方把自己所得到的信息传递给对方，这又使各方得到了许多新的知识，丰富了阅历。

7. 提高语言表达能力

不管是书面辩论还是口头辩论，都离不开语言。特别是口头辩论，是辩论各方面对面的唇枪舌剑，它要求参加者必须说话清晰有条理，用词准确丰富，语言精练，以理服人，以情感人，注意语态、语气、语境等，所以，辩论是培养语言表达能力的好机会。

8. 自卫的武器

一个人在社会上生活，有时会受到别人的攻击、诽谤、诬陷，甚至诬告。一个善于辩论的人就可以用辩论这一有力的防卫武器推倒一切强加在自己头上的不实之词，洗雪冤屈，从而保护自己的声誉、利益以至生命。

9. 扶持正义，攻击弊端

通过对社会问题的辩论，可以唤起人们对社会问题的注意，从而动员舆论力量去支持正确的主张或行为，斥责错误的言论或行为。

10. 提高民族素质

公民参与各种辩论，这正体现了人类社会的民主和自由，反映了人类社会的文明与进步。通过辩论，可以使整个民族的智慧得到开发，激发全民族探求真理的精神，同时也可以看清自身的优缺点、长短处，不断提高民族素质。

第三节　辩论演讲的原则和艺术

一、辩论演讲的原则

辩论演讲是一种双边活动。虽然双方尽可以唇枪舌剑，巧言利舌，但都必须遵循辩论的基本原则。否则，辩论就可能辩不下去，或者变成诡辩，或者变成强词夺理的强辩，或者变成毫无意义的争吵。因此，辩论的双方都必须遵循辩论演讲的基本原则。

1. 平等原则

辩论演讲的平等原则，主要包括以下几个方面的内容：

一是要反对官气十足的霸道的辩风。在辩论演讲中，不论是平等关系间的辩论，还是上下级

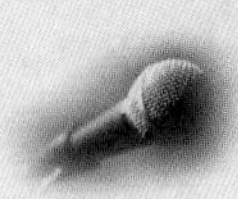

之间、官兵之间、长辈和晚辈之间、师生之间等等所开展的辩论，只要辩论一开始，双方就不应该有等级、地位、辈分、权力的差异，否则上级压制着下级，下级畏惧着上级，辩论就不能真正开展起来。只要是辩论的对手，双方就应该是平等的，双方只能以理取胜，以理服人，绝不能以权压理，唯我独尊，以势欺人。

二是反对搞人身攻击。辩论不能搞人身攻击，不能揭人隐私或嘲笑别人的生理缺陷。辩论的双方都应互相尊重人格，即使是敌对式的辩论，无论辩论多么激烈，也应保持人格的平等。

三是双方都应有辩护和反驳的平等权利。辩论不能由一方独占论坛，垄断发言时间。双方都应有同等的发言权利和发言时间。在众人参加的辩论中，要让每个人都有讲话的机会。特别是那些没有裁判和没有明确辩论程序的日常辩论和专题辩论，辩论者更要自觉遵守平等原则。

2. 充足理由原则

辩论演讲必须坚持充足理由原则。充足理由原则主要包括以下三个方面的内容：

首先，充足理由原则要求论理要充分，以事实为依据，事实和根据要足以证明论题，足以令人信服。要言之有理，持之有据。

其次，充足理由原则要求辩论中的论据还必须与论题有必然的客观联系，辩论者不能脱离客观，不顾实际而主观人为地去玩弄事实和强扭论据与论题之间的逻辑联系。

第三，充足理由要求论据必须真实。辩论者不能随便地捏造事实，不能任意曲解经典和名人的原话，更不能依赖论题的真实性来证明论据的真实性。因为论题是一个尚未确知真伪的判断，才需要论据来证明它是真实的。如果论据的真实性需依赖于论题的真实性来证明，那么，这样的论据就是不真实的。

3. 同一原则

辩论演讲中同一原则的主要内容指：一是要求辩论双方应在同一思维过程中使用有确定内涵和外延的概念，而且是大家都能确切领会的概念。二是要求辩论双方在同一思维过程中，对辩论所涉及的概念、认识应力求同一。三是要求辩论者在明确了概念的内涵和外延之后，在整个辩论过程中，不能再变换原概念的含义和外延，不能对原概念进行重新定义，或把近似或不同的概念互相混淆，要始终保持概念的确定和同一，否则就是偷换概念，违反了同一原则。四是要求辩论双方要有确定的论题，整个辩论过程，双方都应自觉地始终围绕论题确定的范围展开论争，不能转移论题和偷换论题。五是要求辩论双方应用同一标准去衡量是非，否则公说公有理，婆说婆有理，致使有些本来可以达到统一的分歧，永远也得不到正确解决。

4. 不矛盾原则

不矛盾原则要求辩论者的思维不能违反逻辑，辩论者对论题的看法不能既肯定又否定，或者前后矛盾。论证所用的事实、数据，所引的理论论据等，不能前后不一致。自相矛盾的观点和论

据，以及违反逻辑的推理，都将不堪一击。辩论的双方都应该按正确的思维方式展开辩论。

5. 排中原则

排中原则主要包括三个方面的内容：一是要求辩论者的态度、看法和主张应十分明确，不能含含糊糊。亚里士多德说："一个人对于该判断的事物不作判断，只是混混沌沌，含糊暧昧，与草木有什么区别。"辩论需要双方观点明朗，不能模糊搪塞，更不能见风使舵，趋炎附势。二是要求双方辩论的观点应该是对抗性的。例如正方认为"中国加入世贸组织利大于弊"，反方观点就应该是"中国加入世贸组织弊大于利"。如果双方观点不对抗，辩论也就开展不起来了。三是要求双方对抗性的观点中，必有一方是正确的（竞赛辩论可除外），如果双方对抗性的观点同时是错的，这就没有辩论的需要和辩论的价值了。真正的辩论是关于同一对象的两个矛盾命题的是非之争。遵守排中原则，我们将可避免许多不必要的论争。

二、辩论演讲中的十忌

辩论活动是人们以探索真理、发现真理和发展真理为目的的思想和语言的交锋。辩论双方必须遵守良好的辩论道德，避忌和反对以下十种不良辩风。

1. 忌以势压人。辩论中，双方应遵守"真理面前人人平等"的原则，心平气和，以理服人，决不可自视高人一等。特别是长辈与晚辈，领导者和被领导者之间辩论时，长辈、领导者更应采取平等的态度，决不能声高气粗，教训别人，理亏时更不能发脾气，耍态度。

2. 忌歪曲事实。"事实用于雄辩。"任何辩论，都应以事实为根据。辩论中涉及的事实是一种不以辩论双方的意志为转移的客观存在，是"无言的证人"。凡是不尊重客观事实，企图靠主观臆断、肢解事实、歪曲实情、制造假象或伪证等手段进行辩论的，都是不严肃、不道德的行为，也往往以失败而告终。

3. 忌揭人之短。辩论中应尊重对方的人格。不论双方观点如何尖锐对立，辩论如何激烈，都不能揭人之短，搞人身攻击，特别是不能揭人隐私或嘲笑论敌的生理缺陷。只有尊重别人，才能获得别人对自己的尊重。凡是把一些与辩题无关的内容，如论敌的隐私或生理缺陷等拿来当作石头掷向对方的，往往反而暴露和损害自己，不仅会失掉听众的信赖，而且也会使自己的辩论变得庸俗和毫无战斗力。

4. 忌争吵不休。古人云："大辩不争。"一个人的修养和气度，在辩论中能够充分地显示出来。辩论时能否沉着、冷静，直接关系着论题阐述的好坏。因此，在辩论中切不可让理智做了感情的俘虏，说出粗俗不堪的话语，甚至大吵大嚷，恶言相向。因为凭感情用事，无谓地争吵不休，这本身就是非理智的行为，已经超越了辩论的界线了。

5. 忌转移论题。在特定的辩论场合下，辩题一般只有一个，必须遵循辩题的中心和主旨进行

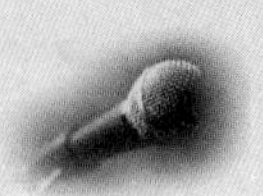

辩论，不可有意无意地转移论题。因为论题的随意转移，辩论就成了扯皮。如果发现论敌在理屈词穷以后故意偷换论题，这就表明了论敌的失败，应当立即指出，免得浪费口舌。

6. 忌强词夺理。在辩论中必须坚持真理，服从真理。无论正方或反方，为本方观点辩护或反驳对方观点，其目的在于辩深论透，求得正确的认识，因而对方言中事物真义，就应停止反驳，而主动地转入另一话题，而不要固执己见，拒不承认。

7. 忌独占论坛。在团体辩论中，要让每一个队员都有发言的机会，依靠大家的智慧和合力搏取辩论的胜利。任何队员都不应逞强好胜，独占讲坛，造成一言堂。

8. 忌前后矛盾。辩论中要尽量避免事实、论据、数字、观点的前后不一，甚至出现自相矛盾的现象。任何论据以及逻辑推理的漏洞或矛盾，都会授论敌以把柄，导致本方的被动甚至失败。

9. 忌重复啰嗦。在辩论中，发言要简洁精练、切中要害、生动活泼、引人入胜。在团体辩论中，特别要防止本方队员发言相互重复。重复不仅浪费时间，辩驳无力，而且给人理屈词穷的感觉。

10. 忌结论过多。辩论必须有明确的结论。正确而有说服力的结论是在摆事实、讲道理、分清是非的基础上才得出的。过多的陈述结论或只陈述结论而无实质性的说理和证明过程，不但不能令人信服，反而会使人越听越不耐烦。

三、辩论中因人施辩的艺术

在辩论中，要通过语言来把握对方思想活动的脉搏，以言追心；通过考察对方的举止神态来捕捉对方思想的微妙变化，观色析思；了解对方，熟悉对方，知己知彼；根据不同的对象，采取不同的辩说方式，因人施辩。这便是辩论艺术中因人施辩的方法。具体说来辩论演讲因人施辩的方式有如下几种。

1. 与智者辩宜博。所谓智者，是指那些思维敏捷、机灵聪颖的人，与这样的人辩论，就一定要旁征博引，显示你的博学多才。因为聪明人容易看低别人，而只佩服比自己聪明博学的人。如果他感觉你的水平一般，见识平平，你与之辩论，由于一种虚荣心支撑他会拒绝你的意见，即使他明知你讲得有道理，意见是可取的，但他亦不能甘心认输。

2. 与愚者辩宜比。如果你的辩论对手是一位迟钝、见识少的人，只要努力将辩论的问题陈述与解释清楚。这些人的理解力、接受力与反应力都是较差的，你要想办法将道理说得明白浅显、通俗易懂。所以，宜用比喻来将道理说得生动耐听。运用比喻时，要特别注意喻体的浅白，尽量使用对方早已熟知的东西作喻体，这样才能更加奏效。

3. 与长者辩宜曲。所谓长者，是指年龄比自己长、辈分比自己尊、职位比自己高、威望比自己大的人。与这些人辩，最大的障碍，是辩者过于尊重他们，而难以启齿；或对方恃其尊威，盛气凌

人,而迫使辩者无法启齿。因此,说辩的方式就要"曲"。所谓"曲",就是施用迂回曲折的辩术。不好意思明说的,可旁说;不敢明说的,可暗说;不能直说的,便绕着说。通过迂回曲折的途径,不露痕迹地把自己的观点输入对方的潜意识里,让他明理而诚服,或心里暗服。

4. 与下者辩宜善。所谓下者,是指年龄比自己小、辈分比自己嫩、职位和威望都比自己低的人。与这类人辩论,应注意充分利用长者的风度,施行善术。如果想依靠居高临下的气势压服对手,要么口服心不服,要么事与愿违。因此,辩论时不能以势压人,要淡化"官"气,反对官霸辩风。不能"有权就有理",俨然以主宰者自居,视下者为"民",视自己为"主",盛气凌人,这样将堵塞言路,而宜采用一种平和的、理性的态度。

5. 与明者辩宜直。如果你的辩论对手是一个通情达理的明白人,你不必转弯抹角,浪费时间和精力,应该直接把你的意见明明白白地和盘托出。只要你的道理说得言之有理,对手一般不会蛮辩胡缠。相反,如果你吞吞吐吐,左试右探,这类人并非愚人,他定会揣测到你有真言不愿吐,他会觉得你不信任他,从而产生反感,增加说辩的困难。

6. 与怨者辩宜泄。当你遇到满腹怨言的辩论对手时,最适宜的辩术,是先耐心地倾听对手的发泄。有时,对手找你发泄,只是想出出气而已,并不企望解决什么。摸准对方这个意图,你不必跟他辩解,先任其发泄完,他发泄得越痛快,问题接近解决的程度越近。因为一个人内心的积怨得以发泄后,心理上的不满已经自解,发泄的欲望得到满足,剩下的其他问题就不难解决了。并且,对方在发泄过程中,往往不自觉地透露出不满的真实原因,这就给你提供了解决问题的信息,你就能从中找到说服的突破点。

7. 与傲者辩宜捧。生活中,有些人只爱听亦只能听好话,听不得逆耳之语。这种人的心理特点是自尊心极强,不能客观正视自己,傲气十足。与这类人辩论,要特别小心别伤他的自尊心,特别留意顾全他的面子。施用"美言"、"陪衬"等"捧"术,是对付这类人的最佳方法。

8. 与刁者辩宜刁。生活中,有些人惯用诡辩、强辩刁难人,企图在进入辩论正题之前,先将你难住,让你不辩先败。对这种人你也应采用以其人之道还治其人之身的方法,运用刁钻的"返还术"针锋相对,以刁治刁,治服了对方,才有可能辩理明旨。否则,你无法进入正题的辩论。

9. 与善辩者辩宜守。辩论中,有时虽然真理在你手中,但对手是个擅长说辩的人,故极难将他说服,欲辩胜不能,欲罢辩不甘。这时,你宜改用"守"术。

首先,你要自始至终含而不露,切莫让对方看出你有"辩不赢"的焦急,要努力保持着一种镇静自如,即不激动,也不冷漠的神态。让对手既不能说你对他所说的理由不感兴趣,但也无法看出你真正的兴趣之所在。这个时候,你是充分发挥你的自控力,靠它来取胜。要特别慎言,出语严密稳妥,不能有破绽。此时若有错漏,善辩的对手就会乘虚而攻。

其次,是以守待攻。采用多提问的方法,实行自卫。最好能够多提一些难题,向对方连连发

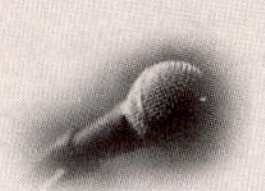

问，使对手忙于筹思应答，无暇进攻。你则以逸待劳，静观其变，抓住他的疏忽，伺机反击。或者采用不断加固自己“堡垒”的办法，减弱对方攻势，坚持自己立于不败之地的原则与观点，令对手久攻不下，劳其心神。

第四节　辩论赛获胜技巧

辩论赛作为一种比知识、比谋略、比机敏、比心理、比逻辑、比智慧的综合性比赛，可以使参赛者在赛场上“纵谈天下大事，施展胸中谋略”，展现自己的大智大勇和辩才，因此，一直深受人们的欢迎。那么，如何提高自己的辩才，从而获得辩论场上的胜利呢？

一、辩论赛获胜的前提

要想获得一场辩论赛的胜利，辩手就必须充分做好赛前的准备，具体来说要注重破题能力、辩驳能力、合作能力等几个方面的训练与培养。

1. 破题能力，即解析辩题的能力。辩题解析包括概念的明确、判断的完整，以及逻辑设计、论证方法等方面。在明确概念时，可以通过查询辞书、诉诸权威、依据某种理论来定义概念，同时定义时要紧紧抓住核心概念；当下定义的方法对己方不利，或者下定义比较困难时，可以采用对对象进行多种性质和属性的多角度的描写和叙述的方法描述概念，以对己方有利。然后通过了解辩题的历史背景或者确定辩题的语境条件，完整地理解辩题后来寻找“题魂”——双方争辩的焦点。在找到核心概念和抓住题魂的基础上，构架整个辩论的逻辑结构，写出己方各辩论阶段的辩词。

2. 辩驳能力。自由辩论阶段的进攻和防守之策也很重要。辩论过程中，听、说、问、答、驳，处处有讲究，时时藏玄机。掌握一些攻防辩驳的技巧，并能灵活运用，可以使你在辩论场上所向无敌。听，即要听清楚对方对关键概念的界定，立论的理论和逻辑框架，支持其论点的论据，语言、情理、逻辑上的漏洞，对方的提问和对己方的反驳等；说，即己方辩论陈词时语速是否恰当，语言是否简洁，是否具有逻辑性和条理性、攻击性、艺术性和通俗性等；问，即能否主动使用反问、连环问、二难问、设问等提问技巧来掌握辩论的主动权，揭露对方的错误和漏洞，抨击对方的要害，强化己方的立论等；答，即回答对方的提问时，能否用以问代答、避而不答、以答代问、驳对方提问的前提等回答技巧来冲破对方问的控制，摆脱对方所设置的圈套，做好防守并能设法变被动为主动，陷对方于被动等；驳，即能否采用例证法、攻其要害法、利用矛盾法、巧换概念法、归谬法、反守为攻法、针锋相对法、幽默法等来攻击反驳对手以取得胜利等。

3. 合作能力。辩论赛不是辩手个人的单打独斗，而是整个辩论队伍的联手作战。因此，每个

辩手无论有多高超的辩论技艺都必须化为整体的一部分，选手之间要重视整体配合。辩论中的整体配合主要有辩手与辩手之间的、辩手与辩题内容的、辩手间相互的协作和辩论队伍整体风格的形成等。在组织好辩论参赛队伍后，要结合每个辩手年龄、经历、知识结构和个人性格的特点，来安排一到四辩，尽量做到使辩手本色和辩论角色相契合。在自由辩论阶段，可以通过传卡片、就近分组、确定发言次序等来做好协作，同时练好当己方队友说错话时如何弥补的"补漏"技术。

二、辩论赛的一般战术技巧

辩论场上，常常是唇枪舌剑，寸理必争，何人取胜不仅决定于阐述的道理，也在于所运用的辩论技巧。虽然真理只有一个，但辩论技巧的高下，往往决定了辩论的结局。因此，研究和提高辩论的艺术技巧是十分必要的。下面仅就辩论中的战术性技巧作一简要介绍。

一般战术技巧，即辩论中常用的基本战术技巧。辩论的基本要求是使人对事物的是非、因果、异同、利弊、联系等有一个清楚的了解与认识，使人明白事实的真相。因此，辩论中要战胜对方，基本的战术和首要的办法就是"辩明"，使对方明白。一般战术技巧有以下几种。

1. 辨析术

辨析即分析，分析立论的理由，分析理由的内涵，使之条理清楚，因果分明，主次分明，表里分明，以证明自己观点、理由的正确，显示自己立论的严谨。

2. 辩白术

辩白即解释、说明，把立论的根据、理由讲清楚，把论据，特别是事实、论题说明白，以释疑惑，显示自己立论的确凿无误。

3. 辩正术

辩正即辨别真伪与是非，指出对方论据不真实，指出对方论据似是而非，歧义丛生。

三、辩论赛的进攻技巧

辩论赛的进攻战术，一般可分为正面、侧面、包围、迂回等。正面进攻，指直接驳斥对方的论点，尤其是中心论点；侧面进攻，指从侧面驳斥对方的论据，或指出对方论据逻辑上的毛病；包围进攻，指对对方核心论点周围的分论点及论据逐一进行驳诘，最后推翻对方的核心立论，全面否定对方的命题；迂回进攻，指远距离的进攻，如从挑剔对方的辩论态度不妥或辩论风度失礼进行诘难，进而抓住对方辩论企图，深入进行驳诘。辩论中，具体的进攻战术技巧有很多，这里只简要介绍几种。

1. 攻心术

中国军事家历来认为，善战者攻心为上。辩论之首，攻心亦为上。《鬼谷子·权篇》中剖析

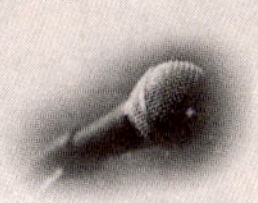

说：论战对手有智者、愚者、富者、贫者、勇者、怮者、贵者、贱者等，这就要求人们以博、辩、势、利、高、谦、敢、悦等不同方式从容对待。掌握对方心理，进行心理交锋，进而攻心服敌。俗话说："树怕剥皮，人怕伤心。"而攻心术，正是通过心理分析的方法，把论敌的意识活动，乃至潜意识活动进行"曝光"，进行心理交锋，达到辩而胜之的目的。

攻心术是应用对方心理的对策，其主要功能是使对手心理失常，其具体方法是向对手施加心理压力，或正向压力或反向压力。正向压力，给对方"戴上一顶高帽子"，无缘无故背一个包袱；反向压力，给对方以"心理曝光"，增加一个心理负担。施压后，使对方不能正确判断事理，陷入失常状态。正向施压，一是满足对方的自尊心理，二是平衡对方的挫折心理，三是淡化对方的逆反心理。反向施压，一是利用对方的怯阵心理，二是揭穿对方的狡赖心理。

2. 借力术

借力术是指辩论中利用对方的弱点和矛盾来进行攻击的战术。利用对方的弱点进行攻击，可望迅速突破对方"防线"，尽快取得辩论的胜利，如对方立论不甚周延、解释不尽合理、表达欠妥等弱点均可利用。利用对方的矛盾进行攻击，是指对方甲乙两人之间出现矛盾时，及时加以利用，或拥甲制乙，或借乙攻甲，使裂痕加深，阵线瓦解。

3. 网开一面术

辩论中，常常是欲速则不达，欲求全胜反而不易获胜。因此，应当"网开一面"，给对方留一条退路，留一线生机，减少与消除对方"负隅顽抗"的心理，从而取得辩论胜利。

4. 攻其一点术

攻其一点术，是指辩论中紧紧抓住对方的某一点作为"突破口"，集中力量，力求迅速突破。

四、辩论赛的自卫技巧

辩论演讲中自卫战术技巧，指采取守势、坚守自己的主张与论点的战术技巧。

1. 堡垒术

堡垒术是辩论中减弱对方攻势的一种战术。可采用不断加固自己"堡垒"，坚持自己立于不败之地的原则与观点的方法，令对方久攻不下，攻势渐渐减缓；也可采用适当方法转移对方攻势，即转移对方的攻击方向、攻击对象，如使其由正面进攻转为侧面进攻，由实质性问题转为枝节性问题，均可使对方攻势减弱。

2. 劳乏术

劳乏术是采用多提问题的方法，向对方连连质问，使对方忙于筹思应答，无暇进攻，而我方则以逸待劳，静观其变，伺机反击。

3. 断后术

断后术是辩论中防止对方转换论题的一种战术。辩论中，应防止对方转换论题，力求使辩论紧紧围绕中心论题进行，如对方将论题转换到对方所长、我方所短的论题上，显然于我方不利；再如，对方用转换论题，甚至胡搅蛮缠来掩饰自己的失误与疏漏，也会给辩论造成严重阻碍。因此，在辩论中遇到对方有意转换论题时，应当及时指出，迅速纠正。

五、辩论赛的反击技巧

辩论演讲中的反击技巧，是指在辩论中对对方的进攻作出反击的战术技巧。反击技巧在辩论艺术中有很多，这里简要介绍三种。

1. 返还术

辩论演讲中的返还技巧，是指在辩论中以其人之道还治其人之身的一种战术。在辩论中，用对方的观点、方法、逻辑、推理来回击对方，用对方已承认的事实、道理来回击对方，或利用对方分论点之间、论据之间、论点与事实之间的矛盾来回击对方，可使对方陷入自相矛盾、难以自圆其说的境地，使其论点不攻自破。

2. 归谬术

归谬术是辩论反击中经常使用的一种战术技巧，即反对别人的论点，并不一定要去正面驳斥，而是先假定对方的命题为真，然后以对方的命题为前提加以演绎，导引到一个显而易见的荒唐的结论上去，并将之推向极端，推出明显荒谬的结论，从而达到以同性的大谬破同性的小谬的目的。

3. 幽默术

幽默术是指在辩论演讲中运用幽默技巧反击的战术。在辩论中，巧妙灵活地运用幽默技巧进行反击，既可使对方茫然失措，尴尬难应对，又可使听众产生共鸣，有利于我方在辩论中获胜。幽默术的具体运用有调侃法、歧义法、叠缪法等。

【演讲实践】

1. 你参加学校组织的各种辩论赛了吗？你的表现如何？有没有想过自己也可以成为最佳辩手？

2. 就某一辩题自己充当正反两方来据理力争。要求自己在3分钟内完成正反双方的十次转换。

3. 请为以下即将掉进对方话语“陷阱”中的主人公“圆场”。

(1) 英国诗人乔治・莫瑞是一位木匠的儿子，他颇受当时英国上层社会的尊重。他从不隐讳

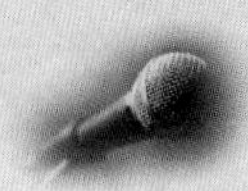

自己的出身，这在当时的英国社会是很少见的。

一天，一个纨绔子弟与他在一处沙龙相遇，嫉妒异常，欲中伤诗人，便高声问道："对不起，请问阁下的父亲是不是木匠？"

诗人回答："是的。"

纨绔子弟说："那你的父亲为什么没有把你培养成为木匠？"

如果你是诗人，你会如何作答？

(2) 市场上有个卖肉的人为了多卖点钱，在给顾客剁肉时总是尽量多带些骨头。有的顾客不满意，说："你给我这么多骨头干吗？我是买肉又不是买骨头！"卖肉的说："没有骨头哪来的肉？"

这是一句明显不讲理的话，但买肉的顾客往往无言答对，只好忍气吞声。如果你遇到这样的情况，你该怎样驳斥卖肉的人？

(3) 一个药剂师走进一家书店，从书架上拿起一本书问营业员："这本书好看吗？""不好意思，没读过。"营业员回答。"你怎么可以卖自己没读过的书呢？"药剂师很生气。如果你是营业员，你将如何回答？

提示：这些问题如果直接作答，都会使自己陷于一种被动。回答时可以借对方的语言、方法、手段来借力打力。

主要参考文献

1. 颜永平编著:《演讲艺术与实践》,海潮出版社 2002 年版。
2. 颜永平、文若河:《会说话,得天下》,北京大学出版社 2008 年版。
3. 何欣主编:《口才训练》,中国政法大学出版社 2010 年版。
4. 张宏梁:《口才学教程》,上海教育出版社 2004 年版。
5. 彭清一、司马剑明:《藏在你口中的财富》,机械工业出版社 2011 年版。
6. 翟杰:《魅力口才三支剑》,新世界出版社 2011 年版。
7. 李志勤编著:《演讲狂飙》,中国图书出版社 2010 年版。
8. 邵守义等主编:《演讲学教程》,高等教育出版社 1993 年版。
9. 颜永平、卓雅编著:《会说话赢天下》,机械工业出版社 2010 年版。
10. [美]爱因斯坦:《用专业知识教育人是不够的》,《山东教育》,2008 年第 15 期。
11. [美]约翰·哈斯林著,马昕译:《演讲力——从听众出发》,世界图书出版公司 2010 年版。
12. 王健:《让思想冲破牢笼——一堂震撼人心的创新思维课》,北京大学出版社 2007 年版。
13. [法]加斯东·巴士拉著,张逸婧译:《空间的诗学》,上海译文出版社 2009 年版。
14. 赵玲:《论态势语的价值》,《西藏民族学院学报》(哲学社会科学版),2010 年第 1 期。
15. [美]戴尔·卡耐基著,刘祜译:《卡耐基演讲与口才》,中国城市出版社 2006 年版。
16. 孙海燕编著:《口才训练十五讲》,北京大学出版社 2003 年版。
17. 吴洁茹、王璐:《播音员主持人语音发声教程》,中国传媒大学出版社 2006 年版。
18. 林鸿编著:《普通话语音与发声》,浙江大学出版社 2005 年版。
19. 吴弘毅主编:《实用播音教程——普通话语音和播音发声》,北京广播学院出版社 2002 年版。
20. 欧阳友权、朱秀丽编著:《口才学教程》,高等教育出版社 2004 年版。
21. [美]斯迪芬·E·卢卡斯著,俞振伟译:《演讲的艺术》,复旦大学出版社 2007 年版。

后 记

当今中国已经步入信息时代，几乎每个人手中都有信息终端，信息的生产和传播日益立体化、平民化。这是一件好事，必然会对中国社会带来深远的影响；然而，这些信息不免夹带个人的情绪，比较零碎，缺乏独立思考，若不加以管理引导，长此以往，将造成整个社会思想的世俗化与平庸化，整个民族有失去理性与凝聚力的危险。这对正处在急速上升时期的中国来说，并不是一件好事。与此同时，我们很高兴地看到，一些地方正在努力建设社会大讲台，广大知识分子积极承担演讲责任，争做演讲者，广大市民热心聆听，积极反馈。这说明，演讲这种传统的沟通形式，在新时代承担着新的使命。

演讲与口才不仅仅是一种语言艺术，也是一项社会事业；不仅仅是一种实用工具，更是一项文化使命。中国是一个传统的演讲大国，中华文明，特别是轴心时代的文明，都是靠演讲来传播的。这种传统一直延续到近代。然而，在现代化进程中，中国演讲界没有及时跟上，我们整体语言表达能力和水平与发达国家尚存在差距。为此，我们感到，必须改变中国演讲与口才的窘况，尽快培养大批演讲人才，特别是青年演讲人才。十多年来，我坚持在高校开设了演讲与口才的课程，受到学生们的热情欢迎。演讲教学面临三个问题：一是缺乏教师，二是缺乏教材，三是缺乏科学的教学体系与教学方法。

我和杨赛共同拟定了全书的提纲，向这些活跃于全国高校“演讲与口才”讲台上的教师邀稿，并很快得到了张爱凤、徐少华、杨学明、李军、周光凡、王琪、李霞、王晨琛等老师的响应。这些教师，都年富力强，有着丰富的演讲实践与教学经验，能把问题讲到点子上，能解决演讲初学者的基本问题。

《演讲与口才教程》书稿草成以后，我们又得到了李燕杰老师、刘吉老师的审阅与指正，并赐序，这些都给了我们无穷的鼓舞和动力。在此，我谨向参与编写的作者表示深深的谢意；向李燕杰老师和刘吉老师表示崇高的敬意和衷心的感谢！

很幸运的是，华东师范大学出版社王焰社长看了我们的编写计划，大力支持。编辑范耀华对教材的编写工作提供了全程指导与协调。在此一并表示感谢！

更幸运的是，很多高校的教师也十分关注和支持这本《演讲与口才教程》，他们不断打听教材的编写进度，甚至提前告知订书计划。这让我们十分感谢，也十分惶恐。老实说，在这么短的时间内，要拿出一本让教师满意、让学生满意、让读者满意、让我们自己也满意的教材，实在是一件很难的事情。但我们每一位撰写者，都倾注精力，辛勤耕耘，每一个章节都经过了三次以上的修订，力争将自己多年来从事演讲与口才教学和实践的经验与智慧分享出来，力求本书能得到读者和同行的认可。

我们在编写本书的过程中，参阅了有关演讲与口才方面的论著(见“主要参考文献”)，吸收了一些专家学者的研究成果和有关资料。由于篇幅有限，未能一一注明，特请见谅，并对作者致以真挚的敬意和感谢!

由于时间仓促，水平有限，书中肯定还有很多不足之处，恳请专家、同行和读者斧正，不吝赐教，我们将会在修订时不断完善。

颜永平

二〇一一年十一月二十日